汉语佛学评论

第七辑

上海古籍出版社

目　录

Contents

1

明治日本禅学研究

导　论
——现代佛教学术研究方法学综合解说*

[日] 木村泰贤

一、明治以来至大正时代
佛教研究的现状

自明治以来，佛教的研究有长足进步。尤其近来，在种种方面，出色的学者辈出，佛教的研究遂更为深广，就斯学而言，实是庆事。虽可视为此乃是随从一般学问进展的自然趋势，但不外于也是近来各宗大学设备逐渐整然，公立大学的所谓印度哲学讲座逐渐充实，更且一般人对于佛教之研究也逐渐产生兴趣所导致。加之，西方国家的东洋学者，尤其是佛教学者所采用的批评兼具细心的研究法，对于国内佛教学界给予强烈刺激等，相率地皆使佛教的学术研究更为兴盛。

从而在成果上，对于种种问题皆予以注目，可以说简直是德川时代的佛教学者等梦想所不及。尤其佛教历史方面的研究乃是近代佛教学之趋势，从而在此一方面，有诸多可观的研究成果陆续被发表。

的确，佛教的研究是大为兴盛。但克实言之，此仅为单方面的观察。若从另一方面看来，现今的佛教却是处于室碍难行的状态。此因往昔的俱舍学、唯识学、天台学、华严学等基于分科的训诂学研究法，逐

---

* 本文译自木村泰贤著《真空より妙有へ》第一篇第一章（东京：甲子社书房，1929 年，第4—39 页）。

渐背离时代,但新研究法的根本方针尚未确立;加之,学问研究的常态是,随着研究逐渐趋向细微精致,对于全体的注意力也趋于散漫,如此导致无论作如何的区划,以何等的方针进行研究,都难以视为是彻底研究佛教全体之道。如此一来,学者或基于兴趣,或基于必要,对于种种部门或种种题目进行研究,虽有相当的成果,但对于自己是以何等方针进入佛教学的何等部门,以及对于全体的研究此具有何等意义,完全不在意。换言之,可以说只是安于零零散散的片段的研究,此即是佛教学界的现状。

从而学者之间往往彼此欠缺理解,仅各自进行自己的研究,更且坚执某一题目某一方针为是,以他为非,如此的现象绝对不少见。最为显著的例子是,对于研究方法,古式训诂学者与新式自由研究家之间,在研究法上存在着争议。虽是古式学者逐渐凋零,新式学者终见获得胜利,但不能忽视的是,同样以新式学者自居的人仍不免其弊。

以大乘为主而进行研究者,视原始佛教及小乘佛教的研究者为迂腐而轻蔑之;反之,原始佛教以及小乘佛教的研究者,讥笑大乘佛教的研究者为粗杂。着重于历史考证者,非难从事教理组织之研究的人过于草率;专门研究教理者,则贬称考证派是拾枯叶之手。如是等等,因于不同立场而轻视他人所学,乃是佛教学界的现状。当然,如此的争议未必是公开的,但至少存在于私底下的谈论等之中,此乃斯学的研究者亲所见闻。从而对于佛教学,意图进行较新研究的人往往迷失其方针,难以决定其研究态度,也是自然之理。

基于如此现状,目前最为为难的是各宗的大学。此因各宗的大学其设立之主要目的,在于以各自的宗学为中心,对于佛教全体,是以具有权威且富含有效性的探究为其理想,但如前所述,研究的方针不能确定,对于如何才能达其目的甚感困惑。往昔对于教科只是简单的区分成宗学、余乘学,以各种古典作为教科书,对此等进行极为简单的探究,完全与进步的佛教学没有交涉。因此在佛教学上,不仅不能获得有权威的知识,更且如此古式的研究,其应用也极为狭隘,在佛教思想的弘

扬上,恐是助益不大。

若是如此,如何进行才是具有权威,且富于有效性? 如前所述,若不立其研究大方针,则无法彻底解决教科的配置、授业的方法进行等问题。如是,不得已之下,采取新旧交替暂且予以敷衍的,是各宗大学佛教探究的现状。其结果是,相较于其他辅助学科,学生对佛教的课程兴趣欠缺。因此在知识方面,或在信念涵养方面,不能达到预期效果,乃是不能避讳的事实。

佛教的研究虽然盛行,但从某种意义而言,却是停滞不前,吾人观察的理由实在于此。

若是如此,如何打开此一局面? 此当然是大问题。尤其是对于各种状况,若欲一一就其研究方针与方法等探究,则非一朝一夕可以解决。而且最后的问题,往往是归结于人与金钱,可是此两者的问题又完全逸脱出吾人此次之所欲论述的研究主题。但无论如何,从理想的立场而言,若不以某种方式,若不确立根本的大方针,若不揭出其之所据,则隆盛的佛教研究终究不能获得大效果,此乃笔者最引以为忧的。如是,笔者所作的种种规划固然尚未成熟,未能予以具体的解决,所述极为粗略,但笔者相信未必毫无所用,故在此斗胆提出,敦请识者赐教,祈愿真正的方策因此得以树立,此即是笔者撰述此文之所以。

二、关于预备知识或参照学科

虽总说为佛教,然其范围涉及多方面,其文献也极为广泛,此固然毋庸赘言。从而为进行全体研究,作为正当理解与批判的准备,需要种种预备知识,而且也有必要参照种种学科。因此,首先就此述之。

首先就语言观之,佛教文献中,最为完备的,当然是汉文大藏经。作为佛教的研究者,当然有必要熟悉汉文。但汉文佛经主要是翻译自梵文,无论是术语,或是表现法,乃至在文体上,自成一种特色,因此,一般的汉文之外,更需要通达佛教汉文。基于此义,即使是今日,笔者认为对于代表性的古典,佛教研究者仍须具备大致的训诂学习,种种思想

之外,也要通达种种文体,此乃佛教研究上不可欠缺的一种准备。往昔将古典的训诂研究视为佛教研究之眼目,固然是落伍的思想,但就基础的准备而言,仍有其必要。

但仅依汉文研究佛教的时代已然消逝。中国、日本的撰述另当别论。汉文圣典既然大抵译自梵文以及其他印度语、西域语,就有溯其本源之必要。更且此等原典纵使非其全部,但直至今日仍陆续被发现、整理及出版。在进行佛教研究时,若不以此等为基础,进而对照汉译、藏译,确定其意义,则无法得其根本。从而就此而言,研究佛教——得其根本——语言学的准备,梵语、巴利语,若有可能,西域的古代方言等也有必要通晓。尤其作为诸多大乘经典之原语的梵语,作为南方佛典之圣语的巴利,若不能大致通晓,可以说根本没有论述佛典的资格。在汉译方面,虽已费尽千言万语,但仅只借由一册原典,当下即能完全推翻先前的研究,此一情况并不是没有,故当切记切记。就翻译而言,汉译是占第一位,但此外也有藏语、满语、蒙古等语的藏经,皆各具特色。尤其藏语的藏经中,包含诸多原典已佚失,汉译也不见传的经论,且其译文近于直译,在佛典的研究上,具有次于汉译的重要地位。所以,若有可能,应学习藏语,此在佛教研究的准备语言学上,极为重要。

此等古代语之外,佛教研究的准备语言学上,不可忘记的是近代的西洋语。印度文明的科学性研究,相较于日本,可以说西洋较为盛行。从而对于佛教部门,英、德、法语等的研究成果众多,几乎是不胜枚举。其所影响,是致使今日的日本佛教学大为进步,此如前述。因此,若不参照此等的研究成果,佛教的研究终究无法是世界性的。从而通晓此等的西洋语,在佛教的研究上,与其说是较为方便,不如说时在今日已是不可或缺的一个条件。

如是,就语言学论之,作为佛教研究的研究,本国的语言固然毋庸赘言,梵语、巴利语、汉文、藏语、英语、德语与法语的学习都是必要的。当然就个人而言,全部通达此等应是几近于不可能,但就理想而言,还是应有朝此努力的心理准备。实际上,若不通达其中的三、四种,尤其

是汉、梵之外,也通达一种西洋语,可以说完全不具有专门研究佛教的资格。若不具有此功力,其研究可以说是眼界偏狭,在材料的使用上,过于狭隘,故其成果不能完全。

进而若依学问性质的立场论述其准备的知识或可参照的学科,同样也有种种,虽是如此,然今揭其较为主要的如次。

毋庸赘言,佛教是宗教,因此,为阐明佛教的特质,首先有必要了解何谓宗教。若非如此,则无法了解在种种宗教中,佛教占有何等地位。从而基于必要,对于宗教学、宗教史,也应有大略的理解。尤其对于出现于佛教前后的印度的各种宗教,更有必要具有深厚的造诣。因为佛教在中国、日本等虽已有特殊发展,然其源头是在印度,从而其中含蕴诸多与印度其他宗教共通的要素。对印度一般的思想若欠缺理解,将无法区别何者是佛教的特殊思想,何者是与一般共通的思想,从而对于佛教的特长或真髓,自然无法完全理解。

佛教是宗教之外,就其所具印度思想之特质而言,也可说是一种哲学。从而哲学性地处理佛教,并阐明其特质,在佛教之研究上,乃是一种重要的方法,至于在进行时,参照西洋哲学当然是极为方便。因为批判的、论理的,是西洋哲学的特长,所以,在佛教哲学的研究上,应用其方法,正是得以阐明其思想的哲学意义之道。而且佛教的教理中,可以说含有诸多神学的问题,更且其中与基督教相同题目的,绝对不少。至少作为他山之石,佛教的研究者若能大致了解基督教神学,佛教教理的研究也可以更为精致,亦即此乃是极为必要的准备。

若是如此,对于佛教作历史研究时,需要何等准备?有关此一方面,将在第四项论述,现前首应注意的是培养一般史学研究法的知识。亦即诸如文献的处理方式、遗迹遗物的鉴定法、年代的确定方法等,举凡历史研究的方法皆应学习,并将此应用于佛教历史的研究之上。佛教中所流传的史传,可说是大致的事实与传说相混而成,因此,对于此等,若不培养充分的鉴识能力,真正的佛教史终究不可得。尤其就此而言,最麻烦的是,佛教圣典的成立时代大抵不明。大乘经典等,几乎无

一得以确定其成立年代。因此,在阐明佛教发展史时,若不依据史学研究法,对于——史料,给予非常致密的考证,终究不能获得完全的联络。

上来所揭是有关佛教研究必须了解的主要知识与学科。但克实言之,前文所述绝非所有准备既已殆尽。在进行特殊题目之研究时,不可忘记更需特殊的准备。例如研究佛教的心理论时,有必要参照一般的心理学;研究佛教的世界观时,也有必要比较耆那教与婆罗门教的世界观;为了研究中国佛教史,中国史之外,对于道教与儒教等也有必要大致理解。总而言之,今后的佛教研究,无论任何部门或题目,应基于最正确的材料,若不尽可能广泛地从诸多方面得其资助,终究不能得其全貌。新的佛教研究法的特质,实在于此。

但上来所述,并非意味着全部的准备尚未齐全之前不能进行佛教研究。此因前述的——事项,纵使是大略的,若就得以应用的程度而言,几乎是毕生的事业。笔者在此所主张的是,纵使极为困难,但至少应多加用心,须常注意于此,在进行佛教研究时,尽可能的学问正确,更且具有广泛的文化意义。

三、研究的区划(三大部门)

心理具有上来所述的准备之后,即逐渐进行佛教研究,若是如此,应将此分成几种部门? 细分的话,当然可分成众多项目。但论其主要的区划,笔者认为分成三大部门最为恰当。亦即可分成历史部门、教理部门与实际部门三大类。依据历史部门阐明佛教发展的次第,依据教理部门论究佛教的宗教哲学意义,依据实际部门研究并确立其作为宗教的实际机能。更且理想上,此三部门相即不离,三者之间应有联络,相互支持,可以说是三位一体的进行研究。当然实际言之,此三部门之中,包含有关佛教的所有题目,因此独自研究其全部将是不可能的,但总的说来,理想上,此三部门合一,是佛教研究的最高目标,此当切记莫忘。尤其各宗大学等在编制教科时,应改变从来的组织,提出立足于此三部门制之方案,从而亦应以此三部门为基点,拣选各种专家为其教

授。笔者相信此乃停滞不前的佛教研究得以打开新页之所以。此因据此才得以立于全体的基础之上,作合理的分科,同时也得以开启钻研学习其总合精神之方法。更且对于任何部门,其研究方法不可墨守旧习,而应彻底发挥学问的批评精神。得以净化佛教,增其真光的推进研究的,在于新的研究精神,此当切记莫忘。

因此,以下稍就在进行前述三大部门的研究时,特需注意之处,略述笔者所见。

四、历 史 部 门

毋庸赘言,佛教自释尊立教以来,至今业已经过两千五百年,从而无论是教理或教势,当然有过种种变迁。而研究此变迁之次第的,即是历史部门。

若是如此,此一部门可作几种分类?此中虽可分成种种项目,但就题目的性质而言,分成教势史与教理史两大项将是学问性的分类。前者主要是就佛教外在的趋势,亦即有何等人物出现,彼等有何事迹,以及教团的分裂、部派的盛衰、传道的状态、教团组织以及它与一般文化的关系等等的问题,阐明其间的变迁以及发展次第。反之,后者(亦即教理史)是专就其内在的思想方面,亦即阐明从原始佛教,经由小乘教乃至大乘教,其教理之变迁与开展。当然,实际上,作如是区分有其难度,但至少为方便于研究,对于佛教史的研究,有必要分成前述两大部门。

首先从教势史观之。众所周知,佛教的史料方面,印度所能提供的,可说极其贫乏,反而中国与日本所存较多。虽然如此,但可称为史传的,大抵是高僧传,因此,在一般形势的阐明上,显然有所缺憾。如是,基于此等材料而提出的从来所谓的佛教史,主要是以僧传为中心,述说其活动——某一时代有某一高德出世,开创某宗,获得某一权高位重者尊崇,开创某寺,等等。对于类此的事项有较多论述,其他的重要事项往往舍弃不顾。亦即有关当时一般思想界与佛教的交涉,因佛教

传来或兴起,当时的民族文化有何等变化,政治与佛教的关系如何,进而大至佛教全体隆替之起因,小至佛教内宗派之起因,如此等等,作为教势史最为必要的文明史的记载极为贫弱。而此正是从来佛教史的一般形态。当然,借由一一论究此等事项而观察佛教的大势,无论在材料的搜集或作判断,可说非常困难,但总的说来,对此一方面加以注意,乃是教势史的主要工作。若忽略之,将是从来的佛教史,进一步言之,将是佛教史家的一大缺憾。两千五百年之间,佛教在种种方面的具有特色的发展,并非只因于个人的特殊力量,实际上,如前所述,是经由直接或间接的种种事情所促成,因此作为佛教史,若无法阐明此等事情,可以说并没有真正完成其任务。

所幸近时意图研究佛教与政治、佛教与经济、佛教与文学美术、佛教与社会事业,等等,与历史相关的学者渐增,虽只是部分,但就弥补前述缺憾而言,实感大为欣慰。但今后佛教的教势史研究上,当切记莫忘的是,于综合此等的研究之外,更须依佛教文化史的立场,以全面的观察与叙述为中心而进行研究。从而材料上,不应仅局限于佛教方面,而是广泛搜索各个方面,凡是与佛教文化史有关的,皆应取之,且予以正确且丰富的研究。

其次是教理史的研究。大约在十数年前(明治时代),对于所谓的教理史的研究,是指针对一定的论师,以及部派的主张,依其年代顺序而进行研究。至于作为其基础的经典,则完全视为佛陀亲口所说,故用以判断经典所载之别的,仅只基于所谓的"教判论"。今日的学者不再以此研究法为满足,自然能促使斯学有所进展。亦即对于今日所见的经典已有千百年的发展,尤其大乘经典中的某些经典是佛灭后千年才成立的见解,教界仍未能达成共识。从而所谓的教理史的研究,应是对于此等圣典的成立次第予以阐明,并探究此等与部派思想以及论师思想之间的关联,借以厘清佛教教理的开展,此乃是斯学研究者共同一致的意见。

若是如此,在进行教理史之研究时,何者应予以注意? 首先是,必

须确定何者为原始佛教或根本佛教。此因佛教中虽有所谓的大小、权实、显密、圣净等种种区分,然究其本源,则是原始佛教,是故,原始佛教的特质若不能明确,则无法确定各种教理开展的出发点。基于此意,近时对于原始佛教的研究相当盛行,其自身的问题之外,更探究其教理史方面的出发点。第二,在探究种种教理从原始佛教的开展径路时,当然必须征于经论文献,但对于隐藏于其背后的心理论或论理论的经过,也应多加注意。经论上的记载往往只是揭出其结论,若不寻出隐藏于其背后的论理,则其间发展之脉络恐无法获得。基于此意,在进行佛教的教理史研究时,需要培养能从文字中发掘出其思想的眼识。第三,应予以注意的是,如同前述的教势史,应阐明当时的思想界与佛教思想的交涉。因为佛教教理的种种发展,孕育自原始佛教之外,承自当代种种思想的,也不在少数,从而若阐明其间的交涉,佛教教理开展之所以则得以了解。

教理史的研究上,有如是种种应注意事项,但在此必须指出的是,对于第二项的应用,尤其日本佛教存在着必须深加考虑的问题。此即应如何确立自己的宗派的教理确实是原始佛教之所发展?

从前的宗学大抵是应用相承说与教判说。一般皆主张自己的宗派最契于佛陀本怀,但时至今日,至少就学问的立场而言,若依前文所述理由,无论相承说或教判说皆无法维护其所说。如是,为维持佛陀与大乘诸宗派之间的联络,只能从自己宗派的立场探究原始佛教的论理开展,从中寻出其历史的必然性。但若依据笔者的研究,此乃是若不施予诸多冲撞,则无法完成的问题。因为表面上看来,原始佛教与行于日本的某些大乘派之间,有非常大的差异存在,但若从内在而言,仍有得以从佛陀的人格,或从佛陀的内证,或从佛陀的说法导出的理由。可叹的是,日本佛教学界,尤其各宗的大学并不将此视为重大问题。今日各宗大学佛教学教授所呈现的奇观是,在此课堂中,该宗派的所谓宗学大家对于往昔所传宗学完全不加丝毫批判,并辩称,无论从相承或从判教言之,我宗乃是佛陀出世本怀之代表;但在另一课堂中,文学士的某教授

则在佛教史的课程中,探究大乘教的成立年代。此间的调和之道若不重视,最可怜的,莫过于台下听课的学生。由于不知何所依循,对于宗学遂抱持不信或怀疑之念,之所以如此,追根究柢,无非在于不重视作为调和法的教理史的方法。总的说来,在性质上,今后此一问题乃是取代从前教判论的重大问题。笔者甚至敢如此断言:对于各宗之宗学,此乃是其生存与否之问题,否则有关大乘教派与世尊的联络,终将在只是传说的批评声浪中失其立场,此当切记莫忘。

五、教 理 部 门

近来佛教的研究较为兴盛的,至少就专家所喜好的而言,主要是着重于历史事项的研究,对于教理方面则不甚重视。当然在种种的佛教学校中,仍有俱舍的教理、唯识思想、天台或华严的哲学等的讲授。但立于高处,将佛教纯粹视为思想的问题,批判性地或组织性地论究此中所含种种题目的风气,近来不免有大衰之感。从而就佛教杂志等见之,对于教理的认真评论非常缺乏,先前井上圆了博士撰述《佛教活论》或村上博士撰述《佛教统一论》而提振教界气魄之举,今已不得重见。此因历史事项之研究较能确实进行,其成果亦因其事项而较容易举出,反之,教理问题的处理上,其述说方式必须平凡化,否则将招致种种方面的批难。因此对于教理的研究若仅停留于古典(诸如俱舍论、唯识论)之探究,不采用以新的组织方式论究之方针,则斯学的研究绝无可欣之倾向。佛教学者常自诩,在哲学的深度上,佛教是世界第一之宗教,但在现今状态下,其事实如何证明?今日的佛教研究所呈现的状态是,虽说是研究佛教,但对于佛教中必须给予解决的种种问题——不论古人是如何论述——皆不能给予任何解答。例如佛教是宗教,此乃万人周知之事实,但对于"何以佛教是宗教"之问,今日的佛教学者之中,有几人能给予明确回答?对于宗教的定义,宗教学者最常采用的,是神与人的人格关系,或者对于宇宙的绝对依凭的感情等。若依据此一定义,原始佛教与般若系的大乘佛教等,不能说是宗教,从而若欲依循佛教的见

地,则有关宗教的定义必须依从其他的立场,否则,佛教中将有不属于宗教的流派,但众多的佛教学者对此却不作任何考虑。举例而言,佛教的心理学,在古代的心理的考察之中,可说相当卓越,西洋学者如此认定,日本的佛教学者也如此夸口。但若进一步提问何者是佛教心理学的长处,或许彼等对于五遍行、五别境、大地法或大善地法等所谓心所的说明颇为详尽,但若从学问的心理学的立场而言,能指出其优缺点,得以为今日的心理学研究提出贡献的人有多少?

更举一例言之,佛教采用善恶业说作为其根本教理,因此,作为其结论,在意志论上,是决定论,在命运观方面,则是宿命论。此乃一般人之所认定,实际上,对佛教作如此判定的人也不少。但若依据经典所述,佛陀并不是决定论者,也未必是宿命论者,相反的,极端的决定论或宿命论,乃是佛陀之所破斥。若是如此,就要问其根据为何?佛陀主要是依实践论的立场,通常对于理论性的并不作说明,因此,今日诸多佛教学者并不视此为重大问题。但事实上,此一问题的解决,对于佛教而言,是非常重大的问题。此外,佛教中的自力他力论、救济观、忏悔论、迷悟论等,无论是教义学或宗教哲学的问题,都是极为重要的问题,但从专家的立场而言,近来就此予以根本性的论究的,或许是笔者寡闻所致,至今未曾见闻。对于现代所发生的种种事象,应以佛教精神给予强烈的批判以及给予指导,但在佛学上有深厚造诣的人却往往三缄其口。当然在众多的佛教学者之中,多少存有仅埋头于古典的研究,不触及时代精神的人,对此类人士笔者表示赞叹。但多数的学者对于作为佛教徒必须解决的问题却不加以注意的态度,实令人不胜唏嘘。佛教中,至少就材料而言,此等问题固然毋庸赘言,其实含有解决种种哲学问题的方针。所以佛教学者的通例是,一旦某一主张风行,而佛教中已有类似的思想,便顿时辩说佛教早已言及此等。如是,倭铿(Eucken)、柏格森(Bergson)、泰戈尔(Tagore)、胡塞尔(Husserl)等之所言,佛教学者认为并不稀奇,但奇怪的是,若是如此,何故不在彼等提出之前,先提出自己的主张?归根究柢,其因在于众多佛教学者从来仅只遵循先哲所给

予的问题及其解决之道,在教理研究之方针上,对尝试从教内寻出解决近代人之疑问的方法欠缺兴趣。笔者绝不赞成盲目追随近代的思想化与姑息方法,但至少对于佛教内所包含的种种思想,以及作为当然的义务,对于佛教内必须解决的问题,在题目的选择上,在处理的方式上,除了沿袭前人之外,还应推前数步,才是真正研究佛教教理之道。

若是如此,立于如此见地,研究佛教教理时,应注意的事项众多,但主要有如次数项。

一、作为其材料,当然是前项所述的历史的研究,尤其教理史的研究成果,但在作组织性的处理时,必须采用所谓的方法论。究竟是将此视为宗教或视为哲学?总之,必须决定目的,确定范围,确定出发点,确定论究的方法,穷尽论述其问题的范围。但此际特应注意的是——如先前教理史所述——切记莫忘对于思想进展的经过,应给予细心的思考。因为佛教的思想极为高远,尤其某些又特为繁琐,且往往是略去其思想进行经过,仅只揭出其结论。而此进行的经过若不依种种征证予以补足,则不能完成学问的组织,但从来的佛教学者往往忽视之。佛教难以被一般学界接受的主要原因在此,故今后对此应特加注意。

二、佛教教理的研究未必需要对所有的佛教思想都予以辩护。更且若将有价值的思想与无价值的思想置于同列,看似公平,其实则不然。必须无忌惮地批判其优缺点,既强调其中的真,同时,对于不该存在的要素,也应指出其弱点。佛教的净化运动其本源实出自于此。

三、论究或整理佛教思想时,所用语言尽量使用现代语。其术语若有原语,应参照之,尽可能翻译成现代语最为理想。此论究结果不仅有助于令一般人理解,实际上,整理者在厘清自己的概念上,此也是必要的手段。此因佛教一般多用关系疏远的术语与表现法,若完全沿用,虽大致可了解其意,但往往因此暧昧的观念而招致误解,故应改变往昔所用的表现法。若能如此,自己是否真正理解其义,从来习惯使用的术语有否需要给予内容的研究等,则昭然若揭。据此大致可以增加思想的正确与致密。

六、实际部门

近来,佛教界逐渐觉醒,在种种方面,开始发起实际运动。亦即借由退则改良教团组织,进则改善国家社会,图谋佛教精神的实际化。尤其就所谓的社会事业言之,无论是个人或团体,佛教徒所经营的,其数相当多,此诚然可欣可喜。但无可讳言的是,其气势不彰,成果大多不可观。何以故?固然经营法与运动法拙劣是其原因,但就笔者所了解,其因在于对于其事业欠缺根本的确信,从而对于其事业缺乏热情。由于长久接受德川时代的保护政策,教团对于能发起活泼的实际运动的机能全然忘却,但时势既已变迁,若不发起实际运动,本身的存续将有困难,然而对于此一现状,仅只焦躁地追随西洋输入的运动法等,却怠于提出自身特有的部署。如是,无论是其教团的改良运动,或所经营的各种社会事业,或对国家社会的思想的挑战,完全只是模仿与追随,真正能从佛教精神发露而出发的,可说非常少见。在此情况下,如何唤起泼辣的精神?其运动之所以微温,也就不足为怪了。无论是社会事业,或是传道事业,宗教在发起实际运动之际,若意图借此维持或发展其宗教的社会势力,可说已是所谓的有所得心。至少从第一义的立场而言,此乃是不能契合宗教事业真髓之所以。佛陀劝诫对于善事不应存有所得心的理由,全在于此。宗教事业应以能完成其根本精神为主,若不幸因而招致其宗教衰运,仍应义无反顾地出发,如此才是其本义。如是,真正之魂魄才能涌现。何况是欠缺护法精神,仅只以盘腿端坐等缓和社会非难,亦即只是以微温动机出发的众多佛教徒的事业,如何能生意盎然?若真正论及佛教的根本精神,就其本来立场而言,为了个人以及社会,应具有完成所有施设的灼热精神,此征于大乘之理想的菩萨大誓愿,应是无可怀疑的事实。佛教并不是主张若不依据追随则无法独立完成种种施设的宗教,此无论从教理,或从历史事实看来,都清楚可知。若无法了知此中意涵,仅只依据追随勉强完成其职,对于如何具体化佛教根本精神的根本问题却忽视不顾,难免会招致徒趋风潮之咎。佛教

15

徒必须反省之处实在于此,更且将实际施设根本精神的研究视为佛教研究的必需分科之所以,亦在于此。

若是如此,其研究方针如何?毋庸赘言,第一,以前项的历史与教理作为背景,尤其依实际化的立场对此作直接的观察与整理。亦即就历史而言,研究从佛陀时代,经由阿育王,乃至中国、日本,佛教的精神如何呈现于实际的施设,尤其所谓的社会事业等,同时,批判其利害成否之迹。又就整理而言,当然是以佛陀活动的精神以及菩萨实践的誓愿为基础,尤其是有关大乘精神的处理方式,须特加注意。亦即将从来的观念或信仰上已经完成的,移之于实际社会,更且从中探求将来理想的指示以及实行精神之原理。例如变现种种形态,救度众生苦厄的观音菩萨是理想,但由此联想到我人也是观音之分化,在实际社会中,实现观音行,即是契合佛教精神之本义;又如死后往生极乐是我人之理想,但以极乐为模型,努力于此土实现之,则是佛教徒的任务等。如是,无论是诸佛诸菩萨所构成的净土,或是其救济的活动的施设,乃至作为大乘佛教之蕴奥而到达的泛神的世界观等,皆属我人将来于此土实现之理想,朝此努力乃是佛教徒之任务。若能有此确信,雄大的实践的气魄将会自然涌现。

如是,此乃首要的准备。第二项应予以注意的是,为因应现代,如何将其精神具体化于种种施设?首先有必要洞察现代社会的真相。亦即从各个方面研究现代事物,对于现代思想之倾向及其中心势力,乃至优缺点等,应作科学的研究并且予以评判,进而依据佛教的理想,随处适切地应用佛教精神。若非如此,无论其根本精神如何卓越,其成果终究不能显现。除此之外,强将流行的倾向结合佛教精神的浮薄态度,应大为警戒。根本方针是彻底地完全依据佛教精神。若非如此,将有主客颠倒,亦即以佛教精神为副,以组织与运动为主之虞。

近来各宗大学皆设立实际科或社会事业科等科系,从种种方面研究实际的施设,确是一大进步。但此中的大部分其所行并不彻底,往往以仅有社会事业经验者为讲师,认为只要有适用上的学习,即可达其本

来目的。实是不可思议。此乃是视末技的应用为首要而非根本精神，因此，纵使出自佛教徒之手，终究也只是组织，也只是事业，而欠缺气魄，此乃学校当局者必须深思的。如是，如何调和地联结根本精神与适切的事业，令彼等浑然成为一体，将是今后的大问题，需要认真的研究。此乃是订此为研究三大部门之一之所以。

七、全体研究的两方面

上来粗略地述说了佛教研究之大方针。毋庸赘言，此只是大体之方针，以此大方针为背景，具体研究种种题目时，更需下特殊工夫。但笔者在此最为强力主张的是，如前所述，在研究任何题目时，常将前述的大方针置于心中，明确意识到自己是以何等方针担当何等部门，觉察自己在全体研究中的地位。宛如盖一座房子时，各个木匠虽随其所长，负责各个部分，但最终仍不可忘却全体的构造。同此，佛教各部的研究者不可忘却此等最终仍应汇整成全体研究的材料。从而所有的研究者当然预先需要对于全体有大致的理解，之后虽进入专门的研究，但仍应不断参照其他部门或项目的研究，且与彼等不断协调。往往佛教研究者流于固陋之所以，在于过分专注于专门而不顾及其他，故在此有必要特别强调。

若是如此，所谓全体的研究，具体而言又是如何？就笔者所见，此有二途。其一是平面的方法，另一是立体的方法。所谓平面的全体研究，是前述的三大部门及其细分，换言之，是以枚举式的研究汇整其成果。亦即作教势史（以印度为首，涵括各国）、教理史（以原始佛教为起点，涉及所有佛教思想）、理论的教理学（涉及所有问题）、实际的教理学（与所有实际施设有关的理论的根据）的研究，并汇整之。相对于此，所谓立体的全体的研究，是以其中的某一主张某一立场为中心，为重振之而使用全体的材料。亦即以新的形态表现往昔各宗开祖所作的判释精神。前者可说是依据客观方法的研究法，后者则是依据主观方法的研究法。但都以佛教全体为对象，此即是全体研究的两方面。朝

向于何者,固然依研究者的兴趣与地位而定,但依笔者所见,作为研究,当然应依据前者,但在作为佛教国度的日本,学界应依据后者的研究法,此乃是思想界之大所期盼。若只依据客观方法的研究法,由于公平对待,缺乏内在的统一,故不能获得新的力量;反之,若只依据主观方法的研究法,虽不免流于独断之弊,但得以统一,且能获得新的主张。至于将朝向于何者,至少就现状而言,还只是准备时代,此当切记莫忘。故不轻率不冒进,乃是忠实做学问的态度。只是不可忘却最后终将以此为目标。

(释依观　译)

佛教思想的开展与禅的考察*

[日] 木村泰贤

一、佛教中的禅的地位

禅(dhyāna)或三昧(samādhi),从佛教的德目而言,是三学之一,是八正道之一,是六波罗蜜之一,但若立于宗派立场,禅宗是诸派中的一派。故就此而言,作为佛教的修道法,禅虽占有极为重要的地位,但也只是种种的行法之一而已。虽然如此,实言之,此仅为表面观察。若进而考察,禅并非诸德之一,而是佛教思想之基调。佛教的所有思想,都是禅的考察之结果,彼等系依据禅的思惟才被体验化。正如若无祈祷,则无有生机盎然的基督教;若脱离禅观,则无有生机盎然的佛教。然而当佛教思想逐渐分化后,虽内在仍有禅观,但表面上则着重于理论的教理说明,结果是,佛教堕于学解的分际而丧失其真生命。就某种意义而言,此乃是佛教遭遇的不幸命运。俱舍宗是如此,成实宗是如此,法相宗是如此,天台、华严宗也是如此。此等的背后皆有禅观存在,其教理的方针无非是用以作为禅观的准备。但当重要的禅观被视为教相的一部分,重视理论的处理甚于实践时,遂成为理论派,丧失了禅之特质的实修意义。若无四禅四无色定的修行,则无俱舍宗;若无五重唯识观的实践,则无法相宗;若无基于二谛的空观之实修,则无三论宗;若无止观

---

* 本文译自木村泰贤著《真空より妙有へ》第一篇第四章(东京:甲子社书房,1929 年,第 72—91 页)。

之实修,则天台宗丧失其生命。而令丧失此禅的学解佛法回归其本来精神,即是禅宗的任务。但今日的禅宗仅投注于祖录之提唱与坐禅法的讲述,忽视坐禅本身,实与学解佛法无异。总的说来,佛教之真髓——就视此为体验之教而言——完全在于禅或三昧,因此其教理组织完全出自禅观,从而于禅观中发现其最后的妥当性。此无论在实修或在理解佛教上,皆当切记莫忘。

就脱离实修而说明禅而言,笔者亦无异于他人所为,但作为希望正确理解佛教思想的学人之一,此下将稍就前文所述,再作敷衍说明。

二、为教理之母胎的禅观

首先从何故佛教思想是依禅的考察而成立、依禅的考察而完成的理由述之。实言之,以禅的考察为背景而成立的思想不限于佛教。印度的思想,最迟在《奥义书》时代以降(公元前 800—前 600),是以内观的方法,亦即术语所说的瑜伽(yoga,相应)的观察法,作为真理的发现与体验之道而进展,而佛教的禅的考察同样也来自此一学风。今暂将一般所论置之一旁,专依佛教的立场,探寻其思想与禅的考察之间的关系。

如笔者一再述说,佛教的思想无论其表面是呈现如何的理性,也绝非基于为理论而理论、为知识而知识提出,而是以体验、以达其皮肉骨髓为其目标。反过来说,是作为获得达其皮肉骨髓的体验性的保证而作为教理,而被倡导。此中,含有禅的考察作为其思想构成,以及体验化不能欠缺的方法论之意义的契机。

禅的考察,在性质上有两方面。其一是消极的方面,另一是积极的方面。消极的方面是抑制感觉,抑制表象,舍离一切妄念杂念;积极的方面是,如是统一精神,极度集中注意力,专念于某一公案,而融入于全部意识。以术语表示,前者,亦即消极的方面,称为"止"(śamatha),后者称为"观"(vipaśyanā),依止观均等而见真理,是体验此之要道。此乃是佛教之方针。亦即依"止"而防止精神散乱与动摇,同时获得一种

解放感,趋近于法悦状态;更依"观"而与观念的内容一致时,此中已无内外的区别,无主观客观的对立,尽天尽地,悉成一则公案,此即有真理真正成为自己皮肉骨髓之感的心理根据。故从佛教的立场而言,无论理论如何精锐,理想如何高远,也只是知识的范围,只是一种图案。若不以此图案为基础,依"止观"的方法,彻底转换改造我心,则不能真正具体化。若非如此,所谓八万四千法门也只是画饼而已。但佛教的思想不只是理论而已,被视为以灵之更生为目标的宗教的原因,全在于止观。

三、禅观的内容

成为问题的是,若是如此,佛教的禅观的内容是依何者而给予? 同样说为禅观,但外道禅、佛教禅、小乘禅、大乘禅等的观法有种种,并非一同。此看似简单,却是极为复杂的问题,实与佛教思想的开展有深厚关系。首先从极为简明浅显的立场而言,佛教禅观的内容主要是由佛陀的自觉与教说所提供,故吾人依止观一再进行佛陀所悟的思惟,乃是佛教的禅的考察之正课。但若进而思之,佛陀的自觉既然是依菩提树下的禅观而成就,则后世的佛教禅观的种种相未必即是历史佛陀的三昧,后世的禅观者给予相当创造的,实是不少。因此在考察佛教禅观的内容时,若不推及此创造的原动力,则不能说是完全。因而若穷尽地论究,必须追寻至极复杂的心理经过,不过笔者在此将简略分成三段而作观察。

第一应予以考察的,是一般的原动力。亦即何故吾等进入禅定,体验一定的内容时,关于其法喜禅悦状态的一般心理根据的考察。简言之,此主要不外是"对永远生命的憧憬"与"解脱的要求"所促成。如后文所述,一般而言,此乃是宗教心之根柢,尤其在印度,至少《奥义书》以降的诸思想是如实以此二大要求为其根柢;佛教的禅观,若溯其本源,不外于也是此力所催成。尤其在佛教中——此将于后文述之——大体上,"解脱的要求"虽是强烈的原动力,但逐渐地转成是"对永远生

21

命的憧憬"。据此,禅观的内容,至少表象上,遂有某种程度的差异,因此虽是一般论,但前述的原动力,在理解佛教的禅观时,是不能忽视的第一阶段。

第二是受前述之力所催发的佛陀本身的禅观内容及其发表形式,正是佛教禅观的出发点。依据传说,佛陀在菩提树下端坐思惟,遂成就佛果。至于其内容,既然是自内证,当然是神秘中的神秘,是所谓余人所不见的境地,唯佛与佛的境地。但佛陀不仅自内证,更以一定的形式发表之。此即是四谛观、十二因缘、四念处、四无量观等佛一生所说之法。据此,禅观的内容成为表面化,成为教理化,同时,至少形式上,尔后的佛教禅观无论是形式上或内容上,皆以前述的佛说作为规准,依据佛说而给予规定。

第三应考察的是,以前述为出发点,禅观内容与表面教理逐渐开展的契机。就形式而见,如前所述,佛陀所给予的教理与弟子所修禅观的内容应以一致为其原则,所谓教禅一致的本旨也在于此。但吾等对于禅观内容与表面化的教理的关系,有必要作更深入的考察。这是因为,既以禅观为本位,则予以表面化的教理,只是其转译,所以是否与原先完全一致,则有再作检查的必要。故若依此立场而言,教禅一致之说,实言之,只是一种要求,实际上未必一致,两者之间实有某种程度的差距。第一,禅观内容完全是自内证的体验,若论其蕴奥,实属体验者以外难以体会的超经验的范围。相对于此,若予以转译,或予以教理化与组织化,内容的真实度将被扭曲。第二,教理的解释方面,大体上应以众人一致为原则,但若将此移至禅观,禅观者个人的气质或潜在的意识将有自由运作之余地。此若与一般的创造的原动力结合,有时将获得与表面教理方针稍异的灵感,因此而获得安心立命的境地。第三,无论是四谛观,或缘起观,或四念处观,或四无量观,皆属禅观的内容规定,但予以扩展时,遂形成一种形态。故将此移至禅观时,并非其全部,有时是依其中的一部分(例如对于缘起观,说为依识有名色,依名色有识;对于四念处观,则说为心是无;对于四无量观,或说慈观或说喜观)

作为具体公案,这是相当常见的。

从而此际,部分性的禅观内容,其地位超出表面的教理,得以更为高深,也是自然之数。如是,基于前述三种理由,佛陀所揭示的表面教理与弟子的禅观内容之间,原则上虽有应该一致的要求,但实际上,至少在广狭浅深的程度或表象化的方式上,产生某种程度的差异,也是难以避免的自然状态。对如此的差异——大抵而言,是既深且自由——当弟子更将禅观内容表面化与教理化时,据此而成立的最初的教理组织,至少在解释上有某种程度的变更,也是自然之数。此中,即存在着表面教理受禅观之力推进而逐渐分化、复杂化,遂朝种种方向开展的契机。在重视创造更甚于传承的大乘,此特为显著,无论是从内在见原始佛教的缘起观所导出的般若空观;或是从表面见废弃空观的华严的无尽缘起观;或以此等为背景的佛身观,或净土观,皆是依三昧所感得的结果,此乃众多圣典明白之所揭示。但此等也只是表面的教理化、组织化,各居其宗派的立场,此固然毋庸赘言。

总的说来,大乘佛教有种种分化,但至此时期,发展出种种的三昧观,而此等的观法内容也逐渐被教理化。

要言之,既以禅的考察为其中心,而禅的体验与表面的教理又具有如绞绳般的关系,且相互规定,因此,佛教教理的开展遂逐渐产生变化且复杂化。然其变化的原动力——对于教理的表面解释之变迁姑且不论——主要虽是依据禅定三昧内含的创造力,但此间的"解脱的要求"与"对永远生命的憧憬"互为表里,若其中的某一方占有较强作用,则或是成为真空的教理,或是成为妙有的观察,此乃是同样的佛教分成种种之所以。

四、禅观内容的普遍化

更成为问题的是,若是如此,何者是此禅观内容,亦即此三昧表面化与教理化的契机? 当住于某种三昧时,其自身虽构成一个独立世界,但从外在看来,主要是个人的、主观的体验,并不具有客观的妥当性。

迦叶的三昧阿难不知、阿难的三昧迦叶不知之说,正道破此中状况。但为将此境地传予他人,为令他人获得如我之满足,为令他人获得如我之解脱,将此予以教理化时,对于三昧的内容有必要赋予一般的妥当性。此即是新的立场或宗派兴起的原动力,且是教义组织者最为致力之处。其方法有种种,但笔者认为可约为如次三种立场。

第一是三昧内容的客观化,亦即将此视为客观的事实之表象或思念。若仅将此视为主观的想念,则只是个人的财产,但若将此表象化、客观化与事实化,由于自己的思念仍立于万人共通的基础上,故此中具有普遍妥当的价值。佛教的世界观或净土观大抵是依此经过而构成,此如后文所述。例如以禅的心态为基础而构成欲界、色界、无色界的三界说,或依般舟三昧(pratyutpanna-samādhi,佛现前三昧)所感得的佛陀以及净土,或依所谓的指方立相的西方净土,都被视为是于一定方所的客观的存在。

第二是论理的组织禅观内容之道。尤其以对象难以被表象化的——例如空观,例如真如观,例如法界观——最为必要。大体上,禅观的特色是,纵使其经过推理,但最终仍是脱离推理,脱离思虑,透过直观而直接密契真理。佛教教理中,禅观被视为现量智(直接经验)的理由也在于此。但此内在的直接经验,其性质上,只是体验者自己而已。为予以一般化,至少作为至此的顺序,有必要给予论理的基础,以及依据思惟的法则。此即是佛教呈现哲学开展的契机,例如《中论》辩证论地说明空;如《唯识论》以阿赖耶识为中心,认识论地导出万有;如《起信论》以真如为中心,从本体论的立场(半是认识论)说明世界。其形式上虽是论理的思辨,但实言之,不外是对于依据禅所体得的直观真理给予论理的形式。

第三是依据以心传心的一般化的方法。依据先前的两种方法,个人的禅观具有普遍的形式,由于是以基于直观的体验为主,因此为确定也适合他人,最直接的方法,仍是将此直接传予弟子,传予信者,令彼等获得与自己同样的体验。无论是将禅观的内容实在化或给予论理的体

系,都是用以揭示至此的图式与道行的手段。实言之,如一再指出的,既说为体验,自然是冷暖自知,论理所不能及,说明也不能及。此中,作为直接确定其妥当之道而被提出的,即是以实修实行为桥梁,师资之间依以传心的方法,体验同一内容,体验同一境地,在所谓的默识心通之间,有同道唱和之道。禅宗所采取的方针是,直截了当地依此方法,直逼未教理化以前的佛陀的自内证,故高唱不立文字,教外别传。但实言之,此未必限于禅宗,只要是真实的佛道修行,大小乘皆常依此方法行于师资之间,此乃无可怀疑之事实。只是禅宗的立场是以般若为背景,更且以动态的体验为目标,又是表象化或论理化所不及,才导致此以心传心之法最常被应用。

如是,依应用前揭三种方法的某一种,或三种方法全部应用,对于个人的三昧的内容给予适合一般的教理组织之形态,因此佛教教理似乎是作为与事实相关的认识,作为与理论相关之组织而成立。但当禅成为体验化其事实或其理论的一种方法时,教理原是其之所出的三昧,反受教理的方针所规定。但在以禅的方式体验化此教理组织时,自然而然,各人又某种程度地添加其独创的三昧。所谓的异安心或分派,实是脱离其教理规定,随意加入三昧,亦即因表面的教理改变而产生的教会现象。实言之,佛教思想的开展常因此而推进,此如前述。

五、认识方法的禅观

如是,佛教依据禅的考察而认识真理,体验真理,进而具有创造真理之力,今稍变更立场,将讨论作为认识真理之方法的禅的考察具有何等任务,借以阐明佛教思想的特质。

毋庸赘言,禅是一种神秘的直观方法。若论其蕴奥,可说是一种止扬经验,直接以心内的睿智达观实在的真相的方法。因而对于禅的考察,无论对此的教义学如何说明,若就获得经验的事象的正确认识之道而言,此一方法未必适用。三昧的特质在于去除妄念杂念,思想集注于一处,此乃一切考察不能欠缺的心理准备,但禅的本质不在于经验的整

理统合，因此不能采用经验的科学的认识方法。至于若在禅的思惟经过中，加入经验的、科学的，只是透过经验上所认识的三昧素材，并不是基于三昧的认识之结果。

禅的考察，亦即三昧的本质的任务，直截了当而言，在于彻达心性。直接切入生命的跃动。虽不能作科学的说明，但至少从深层的生活要求而言，对吾人的本质——不得不认为生命的真髓是以超越肉体、超越感觉的统一与自由为属性的那一物，禅的考察，如前所述，正是逼近于此的唯一之道。

今稍从佛教的立场说明之。佛教虽有自我观、心性观、生命观等种种看法，然其根本立脚地，皆是予以实践——"无论如何，首先是舍吾等之小我，于此中开启自由的天地（心境）"。作为舍此小我执的事实根据，佛教所主张的，是无我论，是缘起论。为表现其自由的心境，使用种种术语，或说为空，或说为如来藏，或说为涅槃，或说为佛性，或说为常乐我净，但主要是对于所谓的"杂念境界唯证相应"的那一物的转译之差异。笔者姑且称此为基于小我执的小生命（小我），小我执打破的当体则称为绝对的生命（大我），此二者代表吾等精神生活的两个方面。而且佛教所说的真正不动的生活，立足于生命之根本的生活，是在所谓绝对生命之体得或实现中，才被打开。佛教的禅或三昧的目的全在于此。其消极的方面，亦即"止"的方面，正是司掌打破小我执的方面；其积极的方面，亦即"观"的方面，对于其内容虽假借种种表号，但终究以能符合不可说、不可思议的那一物为最高目标。只是将此转为语言时，如前所述，或说为空，或说为涅槃，乃至或说为大日，或说为阿弥陀佛，有种种差异，但本质上，无非是立足于心性自体的开发，生命自体自由跃动的灵性的活动。笔者先前将禅视为认识方法，认为其最后的对象是生命的原因，也在于此。因此，以禅的考察为中心而开展的佛教思想，终究不外是如何规定小生命（现实的生命）与绝对的生命的关系，以及如何将此运用于禅的组织。

如此看来，佛教的方针似乎无大异于数论派与吠檀多派。因为无

论是吠檀多派,或是数论派,皆以舍假我归入真性实我为目标,而且此系依禅,亦即依瑜伽而实现,在此观点上,是与佛教同一。对此,笔者举出如次二点,作为佛教思想的特质。

第一,数论或吠檀多认为绝对的生命是自初始就被给予的。相对于此,佛教认为被给予的是现实的生命,理想的生命反而是舍离对此现实生命的我执之当体所表现的一种心境。亦即吠檀多与数论看待绝对的生命体是就其体,佛教则是就其用。

第二,数论与吠檀多认为若安住于其理想的生命,则与现实的生命无任何关系,表面上是绝对生命的积极化,但在生活上反而极为消极。相对于此,佛教是着重于绝对的生命的用,因此其活用的表现,必须经由现实的生命,故相对于向上门的否定现实的生活,却来门是再给予新的意义。此既已显现于佛陀的人格本身,尤其在教理上,是大乘特为显著的主张。例如菩萨十地的阶位中,是于其第八地完成平等界(绝对的生命本身的境地),于第九地,若无对应差别界(现实的生活)的准备,则佛果不能成就。净土往生的信仰中,认为往相(绝对的生命的归入)之上,应有还相(差别界的归来)。总之,一切的大乘皆以某种形态主张从平等界回归差别界。尤其直截了当以此为标志的,是所谓的祖师禅,在现实的活动中,打开绝对生命的活动是其方针。可以说此乃是吠檀多派与数论派等所不得见的佛教特长之发挥。

(释依观　译)

禅的种类及其哲学的意义 *

[日] 木村泰贤

一、禅的意义

在论述此问题时,首先有必要对于禅的一般观念略作述说,否则欠缺议论基础。

虽说为禅,但未必只是禅宗的禅,其中有各种种类。首先就禅的语义见之,此乃是来自梵语 dhyāna(巴利语 jhāna)之音译,详称为禅那(驮衍那)。所谓禅那,其语根有思惟(dhyai)或静虑之意,但在印度思想史上,其使用法颇不一定。六派中的瑜伽派将此置于八种禅修阶位之第七,故可视为修行阶位之一;小乘佛教特立四禅,是种种禅修法的一种特定行法,而大乘所说的禅那波罗蜜中,包含所有的禅修种类。

虽然如此,但主要也是遣词用字上的差异而已,论起禅的本质,主要是心注于一境,专念于某一事物。若勉强作阶级上的区分,禅那与三昧(samādhi)之间可作区别,但大体上,无论说为三昧,或说为禅那,所指实是相同,亦即将一心一境的观修法称为禅那,或称为三昧。原始佛教所揭示的八正道中的正定,即是 samyaksamādhi,故三昧一语可总括禅修的一切。此征于大乘立六度之际,是以第六的禅那波罗蜜作为代表,即得以知之。

---

* 本文译自木村泰贤著《解脱への道》第三章(东京:大东出版社,1929 年,第 81—104 页)。

对于禅的意义,笔者是依循此广义之通称。又禅宗所说的禅的概念,至少在形式上也是依循此一用法,此当切记莫忘。某些不入流的俱舍学者认为禅只是四禅的名称,又某些狭量的瑜伽派研究者认为dhyāna 其阶位较低于三昧,凡此之说,皆非正确,故特为申明之。

禅修虽是身心相应的全一的修行,但若分而考之,实具有两种要素。其一是形式方面,其他是内容方面。

形式方面,身体若安静,则有助于精神统一,换言之,是属于身体方面的修炼。而此乃任何禅修共通形态。此一形态颇为重要,无此条件,禅定不能成立。所谓的坐禅,若就外形而言,不外于是此一方面的练习。但禅的本意不只在于精神上的统一,就外形而言,若不以统一的精神力思惟某物,则禅的意义不能完成。因为若只是精神统一,虽有身心保持平静的功能,但不能开悟。所说的开悟,主要是指能获得精神上实现某种理想的自觉,故其理想必须成为思惟之标的,常成为精神统一之中枢。所说的禅的内容,实意指此所念标的。

佛教中,或以止观一语取代禅,而此语最能呈现上来所说之意。"止"是指心情平静,"观"是指基于止而作思惟。佛教常主张止观均等,心情若过分平静,将堕入无气力的半睡眠状态;若过分思惟,将导致心的散乱。两种情况皆不可取,故将处于沉着、平静的状态,且一向专念于理想,称为止观均等。禅的本质全在于此,此当切记莫忘。

二、禅 的 种 类

如是,禅的修行不只是精神上的统一,其中还包含着概念。若是如此,依其观念的内容,禅自然有种种区别产生。唐代的宗密禅师在《禅源诸诠集都序》卷上将此分类为五种。

第一,外道禅,所谓"带异计,欣上厌下而修者",亦即认为我以外,另有神的存在,可视为是厌此世界而到达神界的修念方法。奉神秘主义的基督教徒等,专念神、盼获得恩宠的观法包括于此中。

第二,凡夫禅,虽信奉佛教,但只信因果道理,未臻于真实教法者的

修行。宗密称此为"正信因果,亦以欣厌而修者"。

第三,小乘禅,所谓"悟我空偏真之理而修者",坚信无我的道理,以灭我见为目的的修行。

第四,大乘禅,所谓"悟我法二空所显真理而修者",亦即非只自我,也达观外界一切空,以探究其一切空之妙谛为目的的修行。

第五,如来最上禅,悟自己是本来佛,为予以实现而修的禅观。宗密说为"若顿悟自心本来清净,原无烦恼,无漏智性本自具足,此心即佛,毕竟无异,依此而修者,是最上乘禅"。此又名祖师禅,或称一行三昧,或真如三昧,或如来清净禅,达磨门下所传之禅即此。

宗密所作的以上五种分类,虽然简单,但甚得要领。故大体上,可以认为禅的种类有如上几种,但若更确实而言,虽被列于外道禅,吠檀多派中,也有怀类似如来最上禅之理想而修的人,而佛教中,也有相信我等之外,另有佛的存在,希望蒙佛摄取的方法,故宗密的分类未必正确。笔者的意见是,分成四种,并无不可。此即先前作为解脱观之种类,所举的往生天国等四种理想的禅观。

如是,禅既然有种种种类,则依此所到达的境地也有种种区别,而其修行者的人格自然也有种种不同色彩。若以身心分离为目的,以否定生存意志为期而修者,自然成为厌世的、无活动的;若以往生天国为目的而修者,因具有感情的、信仰的色彩,自然成为他力的;而相信自己即是实在的人,因为是自立的、活动的,故具有乐天的性格。

上来所述,是与禅有关的一般观念。据此,再稍就其宗教哲学意义述之。所说的宗教哲学意义,是指对于生命问题或自我问题的探讨上,禅具有何等根据。此因人生的一切若能与生命问题或自我问题有关联,才能发挥其真正意义,对此,宗教是以直接当面的问题看待,此中若无充分根据,则不具有真正永远的价值。

若是如此,对于生命问题或自我问题,禅具有何等根据?实言之,关于生命论,笔者已于他处,就"生命観より見た宗教の意義"(由生命观所见宗教之意义)"無限生命と解脱"(无限生命与解脱)等问题,屡

屡论之。当然此等未必是以禅为中心而述说,但既已触及禅的内容,故此处不再重复述之,将仅就自我的问题论之。当然其生命论也包含在其中——因此,顺序上,首先从何谓自我开始。

三、何 谓 自 我

何谓自我——古来哲学者、宗教者的目的,无非在于解决此自我。西洋的苏格拉底提出"了解你自己",故直至今日,自我的问题常是哲学上的中心点。就印度而言,释尊出生以前的二三百年,《奥义书》中有关此一问题的探讨既已圆熟,故成为一切思辨考察之基本,直至今日。从而此一问题的解释,因人因流派而有种种差别,无法一一枚举。故此下将征于一己之经验,处理此自我的问题。

常识上,所谓自我,是指此身体。然若问及一般人,何谓"我",大多的回答是认为身体的全部即是我的范围。虽是相当平凡的回答,但此正是以自我观察为出发点的观念,此当切记莫忘。但自我的观察绝非仅止于此。若再细思,将可发现是相当不完全的。

简言之,将身体全部视为"我",若不幸丧失手足等时,自我岂非减半?想必绝非如此。又若从其他方面而言,若此身体是"我",则身体以外的,即非是"我",亦即非我,但实际上,吾等常将自己的妻子、自己的子女,视同自己,其因何在?

依如是的探索看来,将身体视为"我"并不正确,此将是毫无可疑之余地。因此,若依笔者所见,吾人的自我观是伸缩于内与外。换言之,具有一方面逐渐内缩,另一方面渐次向外面开展的倾向。所谓内在的,是指渐次内省探求吾人本质的方法,就一般的心理经过而言,是由肉体推进呼吸,由呼吸推进心。进而同样的心中,既有被见与能见,也有能作用与所作用两方面,故其全体并非自我。此因所谓自我,通常是以所谓的常一主宰为义,既然有所动与所观的差别,若将此视为自我,则是自相矛盾。若是如此,则必须于心的深处探求自我。

何者是潜藏于心之深处的自我?总的说来,是感觉的、所动的,且

与外界的知觉有关系的,是受肉体支配的,此等心象同样在心中,但作为非我而可消灭的。因此,真正的自我是在此等的内部,令此等成为可能的,可以说是纯粹主观或纯粹活动的原理。但知觉或分别,亦即概念作用毕竟来自经验,亦即含有非我的要素,故不能直接将吾人的概念视为自我。此因自我若是如此,则此自我是吾人知觉的对象,而判别却在更深之处。

若是如此,自我本身应是绝对的,理论上,是作为最后的假定而成立,实际上,是仅依直观才能获得。总说一句,是言语道断,心行处灭。

如是,内部探求自我的经过,是以身体为出发点的基础,逐渐遣去其中非我的要素,最后到达某绝对的位的方法。图示如次。

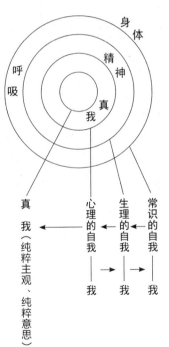

如图表所示,至少形式上,吾人的真我是内部的,更且是在最内部。虽然如此,但此主要是自我的方面,另一方面更有开展的方面,亦即外延的观察。

基于方便,再从将身体视为自我的观察述说。

若身体全部是自我,则无自己身体的,必然都是非我。然而实际上,吾人或有将他人直视为自我的一部分,亦即如前所述的父母、妻子即是。就身体而言,虽是非我,仍视同自我,甚至自己虽失去身体,仍希望父母、妻子生存。在心理学上,此当然是因于爱,或因于同情的结果,但具有以保存自己为根本要求的生命,更且爱他心生起之因何在? 此若不以自我的范围具有自我扩大的性质释之,则不能发现其原因。

实际上,此自我的扩大不只是对于父母、妻子,也对于乡党,对于国家,进而及于全人类,乃是历史上明显之事实。被称为仁人、志士,乃至

圣者的人视国家为我,视全人类为我,为此而欣然献身。通常称此为自我牺牲,但若就笔者所见,此举并不是否定自己,而是扩张自己,将国家视为自己,将全人类视为自己所致。据此,认为自我是无限地扩大,亦即可及于绝大,将是妥当的。

亦即在形式上,是与先前的内省的自我相反的方向前进。亦即先前是在身心的组织上,逐渐将身体的要素视为非我而遣去,相对于此,此时是将通常视为非我的逐渐当作是自我。

据此看来,我是以肉体为中心而扩展至两极,形式上,有极大与极小之区分。但必须注意的是,此极大与极小实际上却是一致的。看似矛盾,但若达观真相,绝非矛盾。

四、绝 对 我

如上来所述,我的范围有种种,但实际的意义上,最为低级,从而范围最狭窄的,是将肉体视为我的观点。此充塞在六尺空间,只过七十年寒暑的,若是我,则人类的自我远劣于象等。人类若无精神生活,则在种种方面,都远不及其他动物,从而若只是执着于附随此肉体的,而无力探寻欲望之意义的,皆应名之为物。

此征于实际上只执着于肉体事项者,其外在方面既无收容人之力,内在亦无内省之力的事实,得以知之。反之,若由于逐渐远离肉欲束缚而深入于精神的,外在方面,其活动范围将更宽广,同情他人,将他人也视为我。舍身为仁之说,不外此意,但实际上,若不能顾及我身,也不可能有高超的道行。逐渐推进此理时,被视为内省的绝对我之位若同样适用于外延方面,则与贯通于全宇宙的我是一致的。亦即我观之发展是内观与外延成正比,内观若深,其外在的活用则广。要言之,由于脱离感觉的、肉欲的要素,故无论内在的或外在的自我,都逐渐扩展。深度内观的圣者具有以无限慈悲欲将一切众生摄之于我的誓愿,其因在此。

吾人的自我若具有如此性质,则何者是其本体? 无论如何,作为最

后的假定,笔者认为必然有作为吾人本性的绝对生命或绝对我存在。若非如此,仅只五尺之躯与七十年生命的吾人,不能满足内在的或外在无限扩展的要求。吾人的生命,亦即自我,无论时间上或空间上,所以能朝向无限的方面,若不认为其本性是与无限绝对的大我相连结,则不能了解此意。但此大我,实质上,绝对不能脱离吾人本性,必须是其根柢。若脱离吾人本性,则此乃是他我,不能促进自我的扩大。

当然此绝对的生命,不属于吾人相对的认识之范围,因此概念上虽作如此表述,然真相实是不可知,不能如实知晓。理论上,依自我发展的方向乃是精神上的实在,以生生的活动力为本质,所形成吾人的本性,是永久不变的绝对自由之本体,必须如此思考才合乎道理。在实践上,吾等以此为理想而迈进,无论是社会的或是直观的,予以实现时,此中才有妥当性,才有认定的根据。

无论说为真如,或说为法身,或说为佛心,乃至说为神明,不外于是指此绝对我。若依古时的解释,此绝对我是既有的客观事实,由此分出现实的各我与世界,但时至今日,此一观点已不能维持。现今的解释是,作为最高之当为(Sollen)须依实现才得以存在。虽然如此,无论理论上或实际上,若不能如此,则我的意义不能满足,因此,既已是存在,更且无论是此世界或生物体,皆以其绝对的我为根柢而向此前进,即是其存在之意义。从而若依此见地,万有皆悉依存于作为终极原因的绝对我,一草一木之中,清楚显示绝对的意义,尤其是吾人的精神驀直到达大我之通路。

五、大我的实现法与禅

虽相当迂回曲折,但吾人依从生命活动的法则,进而又从自我发展的径路推进,遂到达绝对我。

若是如此,此应如何实现?大体而言,吾等的生命活动皆朝向实现绝对生命迈进,笔者在他处对此已有所述。毋庸赘言,对于绝对我,此乃是相当合适的理论。此因所谓自我,不外于即是生命意识到此自我

之当体,两者之间并无区别。但更进一步,欲直接予以体验时,绝对不能外求。无论是从文明史的研究,或从国家的成立组织探索,或是解剖道德现象,都不能获得。此等仅能揭出其方向,不能显露大我的本质。因为此等现象虽是朝向绝对生命之活用,但终究是相对的。绝对生命的获得必须依据绝对的方法。此即是宗教。因为一切宗教,消极的方面,是成立于要求解脱,但积极的方面,是以某种形态树立绝对者,或说为佛,或说为神,或说为真如,或说为空等:名称虽异,然其本质必然是树立超越小我的绝对原理,更且与彼融合。更且此等以种种名称表显的绝对原理,不外于是绝对我的异名,对此笔者既已述及。

若是如此,此等宗教是以何等方法予以实现与体验?当然依宗教的不同,其方式也有种种差异,然其中心不外于一方面制御感觉,另一方面专念确守理想标的。确实意识及此,且提出将绝对我于内心具体化的,即是禅。如前所述,禅有形式的方面与内在的方面,依止观均等,同时实现感觉制御与理想确守是其特色。亦即依先前所举自我观的图解,将身体收于呼吸,呼吸收于精神,精神集中于真我,直接与绝对我融合,即是禅的特色。达磨禅所说的直指人心见性成佛,不外也是指此。

当然,如前所述,同样称为禅,但有种种方式。虽然如此,归根究柢,其差异在于如何写象绝对我。若就原则而言,至少于潜在的,都含有前述的我观,且期许实现之。此即笔者视禅为一切宗教的要道之所以,又,实际上,就印度而言,自《奥义书》以降,也是任何学派皆悉采用禅之所以。(参照拙著《印度六派哲学》中之"瑜伽部")

所说的禅之证悟,指的是依精神统一之力而到达冥合真我的状况。《奥义书》直称此真我为妙乐,若依禅宗有证悟经验的人所述,至此域时,其感受的欢喜无可言喻。此时的境况是,脱离从前支离破碎的生活,并安住于全一绝对之境。此一境地是吾人的精神力殆尽,而入住无差别平等的本位,故无法以言语说明。除了所谓的冷暖自知,自己亲身实验之外,别无他法。禅宗等在揭示悟后风光时,经常使用充满矛盾,甚至看似毫无意义的言句之所以,也是基于此实是不合乎一般论理,但

勉强给予说明所导致,因此成为超论理的说明。

六、达磨禅的特色

如是,禅是体验绝对我之要道,但若论其活用,则依禅的种类不同,彼此未必同一。解脱味与安心立命的自信同一,但具体的于生活体现时,又依教理不同而产生种种差异。或彻底以隐遁为要旨,或特尊超逸恬淡,或参与实际社会的活动等,以种种形式表现。亦即就前揭自我思想开展的图式而言,或因专注于向内,或因延伸向外,其活用也有种种不同。

若是如此,立于此间,被称为如来禅或祖师禅的达磨禅的特色又是如何? 一言以蔽之,开启自内证之悟,当然是其目的,但相反的,向下门的,将此活用在生活上的一切,也可说是其主要特色。此因所谓的禅宗,内含教理背景的般若的空,亦即纯粹活动(Die reine Tatigkeit)的空,在活动的形式上,以表现所谓的绝对我为主。禅宗认为似悟之悟,非真悟,教诫只执着于自内证的,将此称为金锁银环之病,或斥为向上的死汉等的原因在此。亦即以内向的方法实验自己的本性,乃是主观的实现大我的唯一方法,但若仅执着于此,忘失扩大其客观的方面,则自我的活动终究不完全。如泰戈尔所指出,大体上,印度的弊病在于偏于主观方面,疏忽其客观的活用方面。矫正此弊的,正是佛陀,但于其门流中,倾向隐遁独善者仍多,而禅宗则以直通佛陀人格,活跃于现实方面为主义而兴起。此即达磨禅的最大特质,在诸禅法中放最大异彩,也是独立成为一派之所以。

何故吾人有此身体,以及有世界,有个人的差别? 从向上门看来,一切唯一,故实现其本性的唯一绝对的大我,有其意义存在,此乃先前一再所述。但若转眼从绝对我本身的立场见之,无论是世界或是个人,皆有应是如此而如此的原因。若与绝对的大我毫无关系,则无一能存。达磨禅纵使没有明显表示,但仍将此视为绝对我(真空)的活力溢出的结果。确是如此,吾人依内省的方法,面谒绝对的大我而了悟此为何物

之后，再回归于此差别相，若不能于差别相中见其意，则不能说是完成。禅宗的从柳绿花红见绝对的大我，于青山见法身，于溪声闻广长舌，不外于是在力说此却来门之活用。甚至连绝对的大我之悟，或法身等之语也忌讳使用，或将此贬为说似一物皆不中，且着重于现实的活用的原因，全在于此。如此一来，往往引发学人误以为味噌与粪便同一之弊，虽是如此，然其目的完全是意图于现实界实现绝对我，此乃吾人当切记莫忘的。修禅者古来于生死之间感得自由，作无作的大活动之所以，实在于此。

禅宗的公案，如前所述，有种种矛盾，且相当难解的其数众多，但不外是从各个方面说破此意。从而以此眼面对种种公案时，自能感得其中的无限妙味。

但应予以注意的是，禅宗的禅由于是如此活动的，故学人往往忘记其自内证的方面，误以为偏向外侧是禅的特色。若是如此，将是主客颠倒，故必须大加警惕。若论及禅的本质，其实完全是在于自内证，若脱离此一方面，仅专注外在的活动，绝非禅之妙用。近来，真正的禅法衰微，仅盛行古则公案，无论是教导者或是学习者，都误以为真禅的授受即是如此。就真禅的立场而言，此乃是必须大为斥责之弊。真禅的基础完全只在于打坐，在打坐的结果之活用中，有达磨禅的特色，此当切记莫忘。

最后，再以一言补述。禅虽是活动的，但从来主要是从个人的特殊活动求之，却对广及社会有所疏忽。个人的活动固然是基本，但作为将来的方针，不可忘记更有必要将此一般化、社会化。亦即依据禅的妙用，将社会、国家，进而将全人类结合在一起，注力于其向上发展的方面。当然就某种意义而言，禅是接引所谓上上根机的法门，故将此一般化实际上还是困难重重，但至少作为得道人的活用，今后有必要尽力迈向生活的社会。若以为表现奇矫言行即是证悟表征，往往会呈现成反社会的，而此绝非禅的真正运作。

（释依观　译）

禅学批判论（序论）

——健全的禅宗信仰*

［日］忽滑谷快天

一、前　言

要言之，今日吾人所要求的宗教，是合理的信仰，是稳健中正的信仰。无需驰于感情之一边，表现出狂热的态度。不必要有例如酒醉般的耳热眼眩，心情激昂，需要的是如同饮用纯良的牛奶，平静地资养身体。由这一点观之，禅的信仰最适合吾人。禅是毫不狂热的，完全无酒精性的，是平静的，是牛奶性的，在此平静犹如牛乳处，存在着无可言喻的醍醐味。

当然并不是没有所谓的禅病，亦即显露狂乱态度的人。但是如同名其为禅病，这并不是得到禅的真，在禅者的胸中，应是别藏乾坤。壶中的天地在禅室中可以发现，禅宗的教理是淡泊的，高尚的，从而非愚俗之所欣；无不合理之弊，超然于迷云之上，犹如秋天之皎月。禅的修养能镇住吾人狂乱的感情，令吾人的精神全体不失平衡，触物当事时，了了分明，能觉察事物之真相，天真任运，随心意所趣而不逾矩。

其次禅宗对人生的态度绝非厌世的，虽逞现世之俗情，却非沉湎利欲，醉生梦死。总的说来，将人生视为苦或视为乐，都是迷情，都是妄

---

* 本文译自忽滑谷快天著《禅学批判论·序论》（东京：鸿盟社，1905 年，第 3—63 页）。

想。只要一心迷执于此,人生将成害恶之块;若能一心悟此,则此世界成为清净佛土。"若人欲了知,三世一切佛,应观法界性,一切唯心造",这是禅者从《华严经》中摘出,作为日用的茶饭。禅的立脚地在于人性与佛性一如,生死与涅槃的融合处。"直指人心""见性成佛",这是不可动摇的禅的关捩子。

因此徒将人生视为罪恶,认为人类如恶魔之权化的病态思想,在禅者快活的胸中不可得。又,禅对于未来灵魂的救度,对于往生西方极乐的方便说,完全不采用,在禅典中,见不到对于死后灵魂存在与否或来世的情态等问题的详细说明。禅所揭示的是,处在活生生的世界的不动的用心,亦即指导人生的一大光明。

是故承阳大师揭示"生是一时之位,死是一时之位",又说:"生死是佛之性命。"所谓的生死,是指有为转变的活世界,此活世界的相续,就是佛的寿命。"生死中若是有佛,则无生死。"虽在槿花蜉蝣的尘世,一旦体达佛性,吾人即得恒久之佛寿。是故吾人何苦硬是违背人生,陷于枯木死灰的遁世主义,或者妄想幽灵式的未来,显现向往客观性的净土之愚?

禅以"以心传心"为宗,故不拘泥于烦琐的宗义,摆脱语言文字的束缚,旨在蓦直掌握教祖的精神。作为一名禅者,若无前述的活气,若无如此的精神,可以说是禅者,又是非禅者。

吾人再次重申,禅的宗旨不是感情的、狂热的,其宗旨是合理的、稳健中正的。禅没有厌世的未来主义的宗旨,其宗旨是对于此生死的活世界给予光明。禅没有墨守教权的宗旨,而是以活现佛陀的大精神为宗旨。这是吾人推奖禅之所以。

二、佛教诸宗派中禅宗的位置

A. 禅之圣书

(其一)

过去正统派基督教徒顽憨地将《圣经》视为真理的标准,否认科学

的事实,诬学者以背教之丑名,流其血燔其骨,意欲扑灭日新的科学真理。为此,诸多志士被拔舌,诸多识者遭罹燔杀惨刑,诸多学者无辜地身陷囹圄。然而事实上,真理并没有与志士之舌一起被拔掉,也不会与识者之骨共朽、与学者之脑俱燔。《圣经》的非真理性遂暴露于世,科学的真理终为一般所承认。虽然《圣经》代表了成书当时的宗教思想,其中也含有恒久的真理,但若将《圣经》中的一言一句都视为真理,就是过分的妄想。因此在读《圣经》时,不应依文而应依义,乃至不依义而依一篇之旨趣,不依一篇旨趣而依教祖根本的精神。明治三十八年(1905)七月,新佛教徒的同人等就来世之有无,征求诸多学者宗教家的意见,当时基督教徒异口同声地回答说:"相信来世。"其所据的理由都是"教祖说有来世"。吾人对于彼等思想之单纯甚为讶异。"因为教祖所说,所以灵魂性的未来世必然实在",这是何等单纯的思想! 如此无条件地相信教祖所说的话,吾人还有保留头脑之必要吗? 吾人的观察与经验也都没有用处,吾人只是《圣经》的留声机。反之,佛教徒认为将教祖所说都断定是真理是事实的,将佛说的圣经认为应完全信凭的信仰,是盲信。佛教徒至少应具有判别了义经、不了义经的眼识。这是各宗开祖从大藏经的瀚漫中,批判评定教祖本怀在哪一部经之所以,佛教各宗所以用教相判释的道理在此。盖佛教卷帙积聚如山,其所说义门亦如百川东流西奔,极其繁杂,彼此诸经相互矛盾乖戾,难以楷定,故各宗祖师皆于一代时教上加以批判,论定其长短胜劣,考核佛意而立宗旨。例如天台大师等认为《法华经》能穷尽佛意,杜顺和尚、贤首大师之徒判《华严经》为如来本怀,更无过于此者,无着、世亲菩萨等定《解深密经》等为得世尊唯识中道之了义经,金刚智、不空之徒以《大日经》《金刚顶经》等为如来秘密甚深无上之宝典。其他净土门诸师或依三部大经,或依俱舍宗《俱舍论》,或依地论宗《十地经》,或依涅槃宗《涅槃经》,皆以所依经论开阐真理之蕴奥。

如上所见,佛教各宗的确定其所依经典,是其开祖对圣典自由讨究,予以批评而论定的结果。然而一旦以此为宗旨,教权主义即由此定

立,所依经典则成为真理之标准,从而拘束再予自由讨究之精神,成为阻碍人智进步的枷锁。例如净土门中被尊重为正依经典的净土三经,虽被发现非佛所说,只是后人的著作,但是同门的信者却彻底地予以否定,主张应无条件地视为佛说,并将主张非佛说者斥为外道,甚至将批评对净土的庄严作物质性解释的视为异端。因此,所依经典都成为死物,成为盲信者迫害新思想的武器,成为自由讨究的桎梏。这些都是忘掉教祖宗祖的根本精神,仅拘泥于圣典文字的墨守主义者的弊窦。

就这一点言之,禅门有极大的自由。禅宗不用正依、傍依等另类经典。在达磨正传的禅中,连正依经论之名也不曾闻过。虽有达磨大师携来四卷《楞伽经》传予二祖之说,但四卷《楞伽》早在达磨渡来以前,亦即宋元嘉年中,天竺三藏求那跋陀罗业已译出,因此并不是达磨携来。故高祖大师说道:

> 达磨经行嵩山,倚伏少林,面壁燕坐,然非习禅,虽无将来一卷经书,然为正法传来正主。

依据《续高僧传》的作者南山律师之传所载:

> 初达磨禅师以四卷《楞伽》授可曰:"我观汉地惟有此经,仁者依行自得度世。"云云。

可知不是大师携来《楞伽》,而是于汉土译经中特别指定《楞伽》,作为契印心地之方便。其后的《景德传灯录》或《正宗记》都袭用同一记事;又,相传二祖慧可之徒僧那,僧那之徒惠满以传《楞伽》为心要。加之,马祖说道:

> 汝等诸人各信自心是佛,此心是佛。达磨大师从南天竺国至中国,传上乘一新法,令汝等开悟;又引《楞伽经》以印众生心地,恐汝颠倒不信此一心法各各有之,故《楞伽》云以佛语心为宗,无门为法门。

由此可知,《楞伽》不是禅门正传之经,只是用于作为修行之助缘,但与禅门的关系不浅。虽然如此,却是未曾听闻以《楞伽》等另类经典作为禅门之正依。若是如此,那么禅的圣典是什么呢? 禅完全没有所

依之经，但并非嫌弃一切教经。后世卖禅的知识辈为了抵排教家论师，滥吹不立文字、教外别传，夸说除一代时教外，别有以心传心的法门，然而并非自达磨时代即有前揭的题目。故高祖大师诫云：

> 某汉曰释迦老汉于宣说一代教典外，更正传上乘一心之法予摩诃迦叶，嫡嫡相承，故以教为赴机之戏论，心为理性之真实，此正传之一心为教外别传……此道取非佛法家业，不可信此教外别传之谬说而误解佛教。

亦即斥责后世嫌弃教经之恶风。指月老人亦说道：

> 直指人心，见性成佛，不立文字，教外别传，西祖实有斯语邪？曰：有之则祖亦病徒。穷哉！西祖之后，以此异辞支门户。窃想：此语由后生未达大方，见经论家方谈成佛，不思依止住持三宝之正义，小子涉阶梯偏喜捷径而相抗之僻情而生焉。夫自少林附佛法，下至曹溪及临济、洞山、德山、雪峰等诸师，未尝出此语。入宋以来，频唱是语。上祖未言，后无故有之，安足为凭据……吾恐道祸不在经论文字，故兴乎别传不立中也，今果然矣云云。

因此禅不是嫌弃一代时教，进一步言，是以大小二乘之锦帙玉轴悉为自家屋里之调度。故净祖说道：

> 祖师儿孙不可强嫌大小两乘之所说。

禅的所依经典是总括三乘十二分教，毫无遗漏，一切经、一切论，无不收入禅家药笼。以喻譬之，佛教各宗以某殊特经论为所依开宗，此犹如割据一地之侯伯，而禅如总领一天四海，普天率土悉沾其化德之天子。故达磨为法中之王，正传之祖师以佛法总府自任。荣西禅师说道：

> 《中论》直谈一实谛而为三论、天台之依凭也，真言偏秘密乘而东寺、天台两门，何况禅宗诸教极理佛法总府。

如净禅师亦云：

> 今日如净则佛法之总府也。

由此可知，禅宗不应拘泥于教外别传之谬见而抛却如来圣教，同时也不应局蹐于一经一论之小局量。

（其二）

如上所见,禅门学者认为大小半满之圣教全皆应用,由此可见禅是如何的具有包容性,如何的幽玄高尚,也因而产生权实混淆、偏圆大小纠葛,无主义、无方针、卤莽杂乱的疑问。然而禅者并不是盲目地遵循经论义门,而且也不安于一经一论之小径,此恰如大象不游兔径。更进一步言,禅者是蓦直进前,活捉佛心,应用经论正如良医收毒草腐木为用,从诸多经论拔其粹,谈禅理之玄奥恰如沙中拾取金刚。是故衲僧家常嫌依文解义者,斥之为三世佛冤。忠国师说道:

> 禅宗学者须顺佛语,一乘了义契自心之源,不了义经者互不相许,如狮子身中虫。

看经时,首先需具辨其浅深胜劣之眼。但是禅者脱出以圣经文字为真理标准之陋见,自由自在地解释经文,在同一经中取其应取,弃其应舍,毫不踟蹰。是故我高祖大师毫不忌惮地断言《楞严经》中之一节为外道之见。如此广泛涉猎一切经论,从中掬取如来醇乎醍醐的,是禅僧之活计。

禅录中不仅引证诸多大乘经论之名句,禅者的家常用语也多出于大乘经中。例如禅门常套语的"四十九年一字不说",正是出自《楞伽经》:

> 我从某夜得最正觉,乃至某夜入般涅槃,其于中间乃至不说一字。

《大般若》卷四二五:

> 我从得道来,不说一字,汝亦不闻。

《放光般若》:

> 如来坦然而不说法。

此一字不说加上维摩之一默,被用来作为揭示禅门默识心通、离言说之大道的例证,同样的,维摩所说的"菩萨心净则佛土净",以及"直心是道场",都是庄严禅门内观主义的锦绣,同时,"从无住本,立一切法",也成为诸多衲僧之蒲团与禅版。更且诸如芥子纳须弥、一毛吞四

海的譬喻都成为打十世古今大小延促为一圆相的茶饭,而所谓的"于食等者诸法亦等",成为禅家商量之于木。由此看来,永嘉大师读《维摩经》而悟佛心宗,并不是偶然的。

吾人在前节述及禅与《楞伽》关系不浅,而二者的关系是必然的,并非偶然的,此因《楞伽》的如来藏缘起论、水波不二之说正与禅的骨子的现象即实在论一致,又如列举愚夫所行禅、观察义禅、攀缘如禅、如来禅等四种,而记云:

> 入如来地得自觉圣智相三种乐住,成办众生不思议事,是名如来禅。

亦即以如来最胜清净禅为最卓越,是比其他大乘经更为接近禅的议论。又所说的"非觉非所觉,非相非所相,非阴非异阴,非说非所说,非一非异,非俱非不俱。非一非异,非俱非不俱故,悉离一切量。离一切量则无言说,无言说则无生,无生则无灭,无灭则寂灭,寂灭则自性涅槃",似乎与三论的八不相仿佛,相当于禅门中的真空论。可以说三论的八不正是禅之扫荡门,被用于当作截断一切缠缚葛藤之快刀。尤其空论之滥觞的般若诸经更是禅者所好读诵,例如五祖弘忍大师令其会下千有余人的门人诵持《金刚般若》,作为修养之便。六祖慧能大师也是私淑《金刚经》,其得法之偈为"本来无一物"。

故后世认为此经所说的最上乘,就是禅,而诸如"过去心不可得,现在心不可得,未来心不可得""是法平等,无有高下""应无所住,而生其心""见诸相非相,即见如来""一合相不可得"等文句一再地由禅者笔舌流出。因此与般若共通之空禅系禅者所炽唱,甚而将禅宗名为空宗。自此,读禅录者以禅为空论,也是自然之势。但是禅理不只是空论,空论只是禅的一部分,并非全豹。

其次以大乘经所载举例言之,《法华》的"唯佛与佛乃能究尽诸法实相",被视为其意同于禅门的嫡嫡相承面授面禀之正法眼藏;"一大事因缘""开示悟入佛之智见",被视为与禅门的明生死之大事、豁然大悟、直指见性同意;"深入禅定,见十方佛",被引用于彰显禅定功德之

真诠;"十方佛土中,唯有一乘法,无二亦无三",被用来指述万里一条铁的禅门最上究竟之一乘;"正直舍方便,但说无上道",被用于作为应舍念佛、礼拜、修忏、看经等方便,只管打坐才是归家稳坐的大安乐法门之语;"是法住法位,世间相常住",被尊崇为是在揭示柳绿花红当位即妙之禅。此外,三草二木之譬喻、化城三车说等等,应用于禅门的语句不胜枚举。

加之,《华严》的"三界唯一心,心外无别法",是证成禅的精神主义之语;"心佛及众生,是三无差别",与禅的即心即佛相和;"生死是菩萨园林",有助于禅的解脱论;"一切众生皆具如来智慧德相",与禅的一超直入如来地契合;"破尘出经",成为入一微尘转大法轮之禅的活用。善财之南询、三照、华海等《华严》中的语句,极广泛地为禅所应用。故《华严经》中之金句绝唱于禅书中璨乎添加光彩。不只如此,《观无量寿经》的"汝等心想佛时,是心即是三十二相、八十随形好,是心作佛,是心是佛",正是禅门即心即佛之公案;"去此不远",被当作娑婆即净土之证文;《阿弥陀经》的"彼国常有种种奇妙杂色之鸟,白鹤、孔雀、鹦鹉、舍利、迦陵频伽、共命之鸟。是诸众鸟昼夜六时出和雅音,其音演唱五根、五力、七菩提分、八圣道分如是等法。其土众生闻是音已,皆悉念佛、念法、念僧"等所说的水鸟、树林、念佛、念法,被当作禅门的无情说法;《涅槃经》的"悉有佛性",成为禅门的人人个个具足圆成;"诸佛世尊定慧等故,明见佛性",被禅门用于立证定慧均等;《涅槃》的常乐我净成为禅门宇宙观的基础;涅槃妙心相对于正法眼藏,成为禅门的根本义。《金光明经》的"佛真法身犹若虚空,应物现形如水中月",以及《楞严经》的"清净本然,云何忽生山河大地",乃至《圆觉经》、《大宝积经》、《胜鬘经》、诸《般若经》、《心地观经》、《大集经》、《梵网经》、《思益经》等大乘经中的佳句妙想乃禅者所常拈弄,《大智度论》《起信论》等大乘论乃至小乘诸家经论,禅者是玉石必辨,捃摭不懈。

虽然如此,禅者面对圣典时,是努力地脱去依文解义之陋弊,打破墨守主义之窠臼,绽放燃犀的眼光以睹见其奥秘,故能掌握佛化始终的

一贯精神。因而在禅者胸臆,大小权实之典籍任手拈来,无一不是,实是无尽的宝库。

如上所见,禅者对于经教的态度,如冰炭般地,大异于佛教各宗对其正依、傍依经论的态度。因为前者是批评性的,后者是服从性的;前者是自由讨究的,后者是教权的;前者意欲从经论归纳性的归结禅理,后者意欲从殊特的经论演绎宗乘。盖对于圣典予以自由的见解,佛教各宗固然毋庸赘论,就是世界上所有宗教宗派,无有出禅宗之右者。

(其三)

吾人于前节述及禅者从文字上解释经论旨趣,以此为应用于禅的活手段。就这一点言之,无论禅者的解释,或教者的解释,都是不离文字,唯前者较为自由,富于活用。进而吾人拟就佛教各宗梦想不到的禅门一流之圣典加以陈述。此禅门特有之圣典是完全离文字之大文字,即所谓没量大人所不能读的大经卷。

禅者视为圣典所瞻仰尊信的,不是黄卷赤轴的经卷,而是以宇宙的一切现象为文字所缀成的无限大经卷。如鹿门和尚所说"尽大地是学人一卷经",以及道元禅师所说的"广大之文字犹丰富于万象"。

吾人平常所用的 A、B、C 等,只是比拟吾人声音的记号,彼等自身毫无意义,然予以缀合形成一语时,即能彰显吾人之观念。亦即 A、B、X、Y 等字母虽是无意义之饶舌,然予以相缀成 Truth 时,即成"真理"之意;若缀成 Beauty,即意为美丽。因此,无意义之字母可缀合一个有意义之语词。

何况将本来就具有意义的言辞缀合成文成章。盖宇宙间的事物各各别具深长意义。比如煤炭一块,若究其意义时,应是如何? 煤炭可以告诉吾人过去几百万年人类未生息之前的古老事变。煤炭作为一棵植物而在古代大地上繁殖至今日的天地变迁都镂刻在此煤炭心肝。

故一块煤炭中所含意义皆悉了解时,即能部分开阐宇宙奥秘的一部分。同样的,一块石头、一片金属、一根草,在考核其变迁的历程时,各各具有非常悠久的意义,这是科学家都承认的。何况人畜山川、鱼介

鸟兽等万物。缀合此等人畜山川、鱼介鸟兽等幽玄文字而生的地球自然也是具有深大的意义。

而吾人于此地球无限之大虚中,其渺小恰如大海之一沤。是故比地球更为宏大的无数天体,更有比地球更为深大幽远之意义。由此等具深大幽远意义的太阳、恒星等罗列缀合而成立的宇宙大文章,其意义之深大,其结构之雄浑,其修辞之奇绝妙绝,无物足以喻之。

如此的宇宙大文章正是禅门正所依之圣典。如此绝大之经卷,所以是离言说、绝名相、超心缘、不可思议、不可商量,所谓"言语道断,心行处灭"。故若欲读破禅门正依之无文字大经卷,除了蓦直打破葛藤,一默相契外,别无他法。是故禅者所说的看经、诵经、讲经,即意指此不可说之大经、不可思议之圣典,非寻常一般耳口所传之学解所能及。因此洞山大师住世时:

> 因有官人设斋施净财,请师看转大藏经。大师下禅床向官人揖,官人揖大师。引官人俱绕禅床一匝,向官人揖,良久,向官人云:"会么?"官人云:"不会!"大师云:"我与汝看转大藏经,如何不会!"

洞山的转经与教家者流的转经有天渊之别。赵州和尚也是同穴之野狐。亦即:

> 有婆子请大师转大藏经,师下禅床绕一匝,向使者云:"转藏已毕。"使者回举似婆子。婆子曰:"请转一藏,如何和尚只转半藏?"

婆子与赵州都是通这般消息之汉,惜哉! 使者徒为传语之人,不得何等伎俩,实是遗憾之甚。天童如净禅师住世时:

> 高丽国施主入山施财请看经,师升座以拂子作一圆相云:"天童今日与汝看转大藏经。"便掷下拂子下座。

依此等类例可知,禅者是打无文字之文字,转无言无说之大陀罗尼。

因此佛一代之圣教不过是指示此宇宙绝大经卷之方便,亦即佛一

代之说教是指月之指，宇宙大经是月。故若欲见月之本来面目，吾人不应拘泥于方便之指，不应执着于教经之文字。故禅者的读经论与教者的讲经论有相当大的不同。兹引《正法眼藏》中的一个例子列之如次：

德山宣鉴禅师昔时自称善解《金刚般若经》，或自称周金刚王，特擅《青龙疏》（青龙寺道氤疏），曾撰集二十二担书籍，无有齐肩之讲经者。……某日听闻南方有嫡嫡相承无上佛法，忿愤不已，乃携经疏，渡山河，适逢龙潭信禅师之会，欲投彼会，中路歇息。时有一老婆子来，道旁歇息。鉴禅师问曰："汝为何人？"婆子曰："吾乃卖饼老婆子。"德山曰："卖饼予我。"婆子曰："和尚买饼为何？"德山曰："买饼为点心（小食）。"婆子曰："和尚所携为何？"德山："汝岂不闻，我乃周金刚王，擅长《金刚经》，无不通达。我今所携乃《金刚经》之解释。"闻此，婆子曰："老婆有一问，和尚许之否？"德山曰："我今许之，汝心任问。"婆子曰："吾曾闻《金刚经》言过去心不可得、现在心不可得、未来心不可得，汝今持何心点何物？和尚若道得，即卖饼予汝；和尚若道不得，即不卖饼。"德山时茫然无能以对。

这就是有名的德山的故事。吾人未必认为此为史实，所以引用此文只为显示禅者对于经文的眼光大异于教者。教者虽然能读经通晓经之文义，然而未能将经之理义手舞足蹈地实现。故德山对于三世心不可得之理义虽了如指掌，遇老婆一问却如聋似哑。曹溪的六祖大师对于净土门的经典有如次的见解：

刺史又问曰："弟子常见僧俗念阿弥陀佛，愿生西方。请和尚说，得生彼否？愿为破疑。"师言："使君善听，慧能与说。世尊在舍卫城中，说西方引化，经文分明说去此不远。若论相说，里数有十万八千，即身中十恶八邪便是。说远为其下根，说近为其上智。人有两种，法无两般。迷悟有殊，见有迟速。迷人念佛求生于彼，悟人自净其心。所以佛言，随其心净即佛土净。……凡愚不了自性，不识身中净土，愿东愿西；悟人在处一般，所以佛言，随所住处

恒安乐。使君心地但无不善,西方去此不遥;若怀不善之心,念佛往生难到。今劝善知识,先除十恶即行十万,后除八邪乃过八千。念念见性,常行平直,到如弹指,便睹弥陀。……慧能与诸人,移西方于刹那间,目前便见,各愿见否?"众皆顶礼云:"若此处见,何须更愿往生?愿和尚慈悲,便现西方,普令得见。"师言:"大众!世人自色身是城,眼耳鼻舌是门,外有五门,内有意门。心是地,性是王。王居心地上,性在王在,性去王无。性在身心存,性去身心坏。佛向性中作,莫向心外觅。自性迷即是众生,自性觉即是佛。慈悲即是观音,喜舍名为势至,能净即释迦,平直即弥陀。"

将此六祖大师的见解与净土门诸师怀抱之意见相比较,可见何等的不同。一代时教不过是指注唯心之一字,这是禅者的见处。高祖大师曰:

僧法达来见曹溪山大鉴禅师,自称已诵《法华经》三千部,祖曰:"纵诵得万部经,不知经意,尚不及知己过咎。"法达曰:"学人愚钝,从来但文字诵念,岂知宗趣?"祖曰:"汝试为吾念一遍,吾当为汝解说。"法达即诵经至《方便品》,祖曰:"止!此经元来以因缘出世为宗,纵说多种譬喻,亦无越此。何者因缘?唯一大事。唯一大事,即佛知见。开示悟入,已佛之智见。已具知见,彼既是佛,汝今当信佛知见者,只汝自心,重示偈曰:心迷法华转,心悟转法华,诵久不明已,与义为雠家。无念念即正,有念念成邪,有无俱不计,长御白牛车。"

如上所见,禅者掌握经之精髓,直以此为见性之资。若无这般用心,一切论毕竟只是画饼而已。这是香严将旧来所积聚经书烧毁,以及永嘉大师如次唱吟之所以:

吾早年来积学问,亦曾讨疏寻经论。分别名相不知休,入海算沙徒自困。……游江海,涉山川,寻师访道为参禅。自从认得曹溪路,了知生死不相关。行亦禅,坐亦禅云云。

在此不畏烦琐,更引证若干例子,揭示禅者如何脱却文字樊笼而活

用圣典：

> 南泉愿禅师问座主讲得甚么经？云："《弥勒下生经》。"师云："弥勒么时下生？"云："现在天宫未来。"师云："天上无弥勒，地下无弥勒。"

座主梦五十六亿七千万岁后弥勒下生，故南泉活捉弥勒来示人天。又：

> 云居膺禅师问僧念甚么经？云："《维摩经》。"师云："我不问《维摩经》，念底是甚么？"

云居的一问再问，到底非教家者流所能答。又：

> 麻谷山宝彻禅师摇扇。僧来问："风性常住，无处不周，和尚为什么却摇扇？"师曰："汝只知风性常住，且不知无处不周之道理。"僧曰："如何是无处不周底道理？"师却摇扇。

风性常住，周遍一切处，不用扇子也到处有风，何需用到扇子？然而这完全是字句的解说，是还没有想到风性的浅见。因风性常住，故于任何时处动扇，必然生风。故麻谷使扇子活现风性。《涅槃》中所谓的佛性常住也是如此。不是徒然谈佛性，而是在吾人左右前后活用佛性的，是禅者的活用。要言之，禅门正依的大经是无限无穷的宇宙大文章，为将此大文章中所含幽玄奥妙真理示予一切众生而方便施设的，是三乘十二分教。故本分之人所见，应如临济所云：

> 三乘十二分教皆是拭不净故纸，十地满心犹如客作儿，等妙二觉担枷锁汉，罗汉辟支犹如厕秽，菩提涅槃如系驴橛。

是故佛教各宗虽皆以成佛为目的而计会施为，然禅门不图作佛，不堕阶级，绝学无为，一超祖佛顶颡，不欣佛土，以生死为游戏之园林。

B. 禅之滥觞

大抵而言，没有比宗派的僻执更为卑陋的，如同有宗派僻执的人所言：除自宗自派外，余皆邪法妖教，其他宗教的信者都是恶魔眷属。这种顽冥的攘夷论者无异于日本人自视为神的子民，而外国人是犬兽畜生的论调。吾人认为世间上没有以邪说为根蒂的宗教，没有架设于非

真理上的宗旨,基督教也有宗教之真理,回教也有宗教之真趣,佛教各宗就作为宗教而言也是无可非议。

要言之,只是因为宗教开创者以及信奉该宗教的民族的不同而有秦越之隔。某一宗教与其他宗教的关系应如兄弟姊妹的关系,而不是如正邪明暗般的乖戾矛盾。任何宗教宗派都是期望同胞人类向上进步,以解脱安心为目的,故真正忠实于宗教者,不应拘泥于宗教的外观形式,应以相爱相助为主旨。与其徒然挥舞折伏之利剑,以争斗为事,不如相应相携,为同胞寄予贡献。虽非吾人所及,却希望吾人心胸如江海,公正无私如天日。

就这点言之,禅者是怀着比较温健的意见,不敌视他宗他派,而且禅门正传的宗匠没有人将禅当作只是佛教的一个教派,他们都是将禅视为佛教全体。禅不是以佛教中的某一部分特殊经论为所依而开宗,释尊将其所开创的佛法不余不漏地传其正嫡大迦叶,大迦叶又将之传予阿难陀,如是辗转相传,直至今日,禅是包容性的,对其他宗派的态度极为宽大。亦即禅门相信其他宗派是正传佛教中所开辟的一部门,而禅是聚佛教各宗之粹而大成者。

禅是正传的佛法,故不应说是禅宗。禅宗的名称不能得禅之实,因此我高祖大师痛加破斥。《正法眼藏》所云"禅那乃诸行之一,岂足以尽圣人?"非道元禅师一家之言,而是禅门全体的意见。禅宗的名称只是后人的滥称,因此禅师愤慨地说道:

> 二祖会初祖时,不闻禅宗之称;六祖会五祖时,不闻禅宗之称;南岳会青原时,不闻禅宗之称……不知始自何人何时,学者之中非学者之数,为秘来坏法盗法之辈。大宋近代天下庸流,闻此妄称禅之名,俗徒多或称禅宗,或称达磨宗,或称佛心宗,竞相妄称风闻,紊乱佛道。

又云:

> 诸佛祖师未称禅宗。应知禅宗之称为魔波旬之称。

又痛切地论破:

妄称佛祖正传正法眼藏涅槃妙心为禅宗,称祖师为禅祖,号学者为禅子,或称禅和子,或自称禅家之流,此皆以僻见为根本之枝叶。西天东地从古至今,未有禅宗之称,妄自称者,乃破佛道之魔。

总而言之,禅只不过是六度、三学之一,不足以包容全体佛法,但禅者所说的禅,绝非如此的小局量。石头大师唱云:

> 吾之法门先佛传授,不论禅定精进,唯达佛之知见。

如上所见,禅是浑然的佛法,因此立五家门风,谓禅有五种义门、五味各别,是紊醍醐正宗,令初学者惑其方隅。我高祖大师为救此弊,予以猛烈抨击,如云:

> 佛法中不言五家,尔后有智聪小儿,拾集祖师一道两道,称为五家宗派,名为人天眼目,人不能辨此。初心晚学之辈真思有秘持衣领,非人天眼目,而是暗人天眼目……彼人天眼目系智聪于上淳熙(宋孝宗)戊申十二月顷,编集于天台山万年寺,此为狂乱、愚暗,无参学之眼……不可言智聪,应言愚昧。

是故分派异宗分别义门,无风起波,逞烦琐之论辩,非禅者所好。

若追溯禅之滥觞,教主释尊六年累霜华,积宗教修养之效,所豁然悟入的真正解脱才是禅的根本。清拙澄禅师说道:

> 腊月八夜子时,举头睹明星豁然大悟,叹曰:"奇哉!一切众生具有如来智慧德相,但以妄想执着不能证得。"此是如来世尊最初坐禅,禅宗根本。

虽然引用《华严》之举稍缺妥当,然以释尊之悟道为禅之根本甚为适宜。自古禅门宗将皆唱灵山拈华微笑为禅之滥觞,然灵山拈华微笑不外于大法之继承形式。大迦叶作为释尊高足,于佛入灭后,为人天所依止,此乃《大般涅槃经》《增一阿含》等小乘经所载,毫无怀疑余地,故无需特引拈华微笑之事作为立证。关于世尊以法付嘱大迦叶的时处,有多种异说,直至今日还无法论定。

更且世尊拈华、迦叶微笑之事迹系《大梵天王问佛决疑经》所传,而日本现存诸本《大梵天王问佛决疑经》皆属杜撰之伪经,故不能以此

作为证据。

　　本书(《禅学批判论》)附录,对于此事有作解说,请读者自行参阅。以如此的伪经作为例证来肯定拈华之事实,徒增识者之笑外,并无任何助益。

　　拈华微笑此事仅存于禅门口诀中,自古未曾有人从大藏经中发现事实之记录。就此一公案见之,世尊拈金波罗华而扬眉瞬目,大迦叶破颜微笑应之,亦即巧妙地揭示师弟间无言无语以心传心的默契。虽然如此,原始佛教中所呈现的简朴纯正的佛陀及其大弟子,有如此禅化的举动,实令人难以接受。如果大乘诸经所记载的佛陀及菩萨有此拈华瞬目、破颜微笑之举,或许较为容易。因而此一公案只能当作禅家的口诀信受。就《大般涅槃经》中付嘱之文见之:

　　　　尔时佛告诸比丘:“汝等不应作如是语,我今所有无上正法,悉以付嘱摩诃迦叶。是迦叶者当为汝等作大依止,犹如如来为诸众生作依止处,摩诃迦叶亦复如是,当为汝等作依止处。”

　　与禅家的付法同一事实,但不见有拈华微笑之一段。

　　其次就世尊“我有正法眼藏涅槃妙心”云云的“正法眼藏”“涅槃妙心”见之,正法、正法眼、正法藏、涅槃等语词散见于原始佛教典籍,然不见有“眼藏”一词。

　　又“涅槃妙心”一词亦非原始佛教式的文字,何况附加上“实相无相,微妙法门”“不立文字,教外别传”,一眼即能看穿是后人所作,而“不立文字,教外别传”云云自宋代盛起后,即成流弊,此如前述。“实相无相,微妙法门”也应是《般若经》出兴以后的文字。

　　吾人对于禅宗的起源虽抱持一些看法,但在本书中不拟就此作论证,且待他日再作攻究。可确定的是,今日现存的禅宗教理是在中国大成的。

　　禅的滥觞在于释尊之悟道,吾人依达磨正传的禅法精进不懈的话,必然能与释尊入同一的悟道。吾人能以吾人此俗凡之身神游于与佛陀相同的解脱界,这是禅门所专唱的。然而在此主张之根柢的思想,正是

释尊的人间论。释尊若是超人,具有先天的超自然力,则吾人意欲与释尊入同一之悟道,将如同登空梯般地不可能。是故若不以释尊的人间论为立足点,禅者的主张将陷于自相矛盾。因此禅者常用套语:"释迦何人也? 达磨何人也? 释迦、达磨皆人也!"临济禅师说道:

> 佛是幻化身,祖是老比丘,你还是娘生已否? 你若求佛,即被佛魔摄;你若求祖,即被祖魔缚;你若有求皆苦,不如无事。有一般秃比丘,向学人道:"佛是究竟,于三大阿僧祇劫修行果满,方始成道。"道流! 你若道佛是究竟,缘什么八十年后向拘尸罗城双林树间侧卧死去? 佛今何在! 明知与我生死不别。

打破三祇长修,经四十、五十阶段而登佛位的权教思想,实践一超直入如来地之法门的,正是禅的特色。这也是从释尊人间论所推绎来的自然结果。然而今日汲禅门流派的众人不脱权教余习,否认释尊人间论,反而欢迎接受荒唐神话性的佛传,如此风习实令人浩叹不已。若依神话性的佛传所载,补处菩萨在兜率天观察四天下而降生中国,暂现人身,八相成道,则今日禅门学人仅以凡夫蒙昧无知之身,岂能以三年、五年的修行就进入与佛同一的悟道?

故吾人可以断言禅门的立足点是释尊人间论。佛教正统派的上座长老原先就是持释尊人间论的主张。到了后世,当大众部、大乘兴起时,遂有释尊超人论出现,甚而有二身三身乃至十身等烦琐议论产生。此等的佛身论,就其理致言之,巧则巧矣,然而也仅止于巧,因其所说种种是远离事实的。毕竟释尊人间论才合理,是温健中正的议论。故禅者不欲被二身三身的细目罗笼,而是于自己脚下活现三身。是故临济禅师说道:

> 你一念心上清净光是你屋里法身佛,你一念心上无分别光是你屋里报身佛,你一念心上无差别光是你屋里化身佛。

六祖大师亦云:

> 三身者,清净法身汝之性也,圆满报身汝之智也,千百亿化身汝之行也。

　　反之,佛教各宗的论师皆不能脱离烦琐的佛身论之迷路,是故以简约易行为宗旨的净土门,遂有将阿弥陀佛判为报身如来之议论。再者,有关禅之抱负问题,世人大多借着禅来停止吾人精神的散乱粗动,借以内观冥想,认为禅主要是在系止心猿意马。

　　然而禅不是只有这么样的小局量,如果禅只是内观冥想的工夫,就没有成立为一宗的价值,因为佛教各宗都具有小局量的禅。例如小乘的五停心、九想、八背舍,法相的五重唯识观,三论的独空八不中道观,天台的一心三观,华严的法界圆融观,真言的三密修行,都可以说是禅的修观。尤其诸如天台大师撰《摩诃止观》十卷,广说圆顿止观之法;真言的善无畏三藏也撰《禅要》,揭示真言的观法。由此可知佛教各宗都具禅要,然而这只是三学之一,此与达磨正宗之禅大异其趣。达磨正宗的禅不是观练熏习之行,而是蓦直入诸佛大解脱界,安住大光明里的法门。如云:

　　　　蓦然超越尽界,佛祖屋里大尊贵生,只是结跏趺坐;蹈飞外道魔党顶颡,佛祖堂里个中人,只是结跏趺坐。超越佛祖之极致,仅此一法。

　　这是禅的抱负,将如此的达磨正宗之禅与观练熏习之禅等同论述,可谓其谬甚矣。对于此点予以详述的禅书虽然众多,然无有过于道元禅师的《辨道话》。在此抄录《辨道话》之文一节,用以证明吾人的立言,即:

　　　　宗门正传曰:此单传正直佛法为最上中之最上,自参见知识之始,更不用烧香礼拜、念佛、修忏、看经。只管打坐,自得身心脱落。若人一时言:三业标佛印,三昧端坐时,遍法界皆成佛印,尽虚空总为觉悟。故成诸佛如来,增本地法乐,新成觉道庄严,十方法界,三途六道群类,皆俱一时身心明净,证大解脱地。现本来面目时,诸法皆证会正觉,万物共使用佛身,速超证会边际。端坐于觉树王,一时转无等等大法轮,开演究竟无为深般若。此等之等正觉回返更亲相冥资道通,故此坐禅人霍尔身心脱落,截断从来杂秽

知见思量,证会天真佛法,遍于微尘际诸佛如来道场助发佛事,常被佛向上之机,激扬佛向上之法。此时十方法界土地草木,墙壁瓦砾,皆以作佛事,蒙其所起风水利益之辈,皆冥资甚妙不可思议之佛化,速现觉悟;受用此水火之类,皆周旋本证之佛化,故与此等共住同语者,尽具无穷佛德,展转广作,无尽无间断,不可思议,不可称量佛法,流通于遍法界内外云云。

由此观之,吾人安住正传之坐禅时,忘却身心,离去迷悟,不别凡圣。不特意地停止烦恼,烦恼自然不起;不求遏止恶业,恶业自止;不欲除去苦闷,苦闷自去。无内外,无是非,无生死,无涅槃。山失其高,海失其深,天地同处,万象归一,成为大自在、大解脱之道场。吾人浑身全体合真如妙德而玲珑皎洁,莹然如一颗骊珠放大光明。日月星辰、山川大地,各住其法位。长者长法身,短者短法身。转无尽法轮,发本具灵光。合坐禅人光明,尖尖相照,中无影像。摄万劫之长藏一念中,延长刹那一念及尽未来际,以一微尘之小包六合之大,收六合之大入一微尘中,"遍法界皆成法印,尽虚空总为觉悟"。

如上所见,禅是以吾人此凡夫俗身直入诸佛之解脱界,安住自受用三昧的法门,故名为无上正法。故打坐时,无需使用九想,九想自具;不用唯识观法,自现中道妙理;不凝八不观法,自契真空妙理;不拘一心三观,三观圆成;不用法界圆融观,事事悉皆泯融。

宗密禅师于《禅源都序》中分别禅之三宗与教之三宗辩其深浅,亦即:

禅三宗之一息妄修心宗,相对于教三宗之一密意依性说相宗。

禅三宗之二泯灭无寄宗,相对于教三宗之二密意破相显说相宗。

禅三宗之三息妄修心宗,相对于教三宗之三密意真心即性相宗。

第一的息妄修心宗,如神秀上座所谓"时时勤拂拭,莫使惹尘埃",不断停止吾人的妄心粗动,拂去心镜之尘,绽放菩提之光。约教门言

之，此系《解深密经》《瑜伽论》《唯识论》等所谈，是权大乘之法门。第二的泯灭无寄宗，乃石头大师、牛头融禅师、黄檗运禅师、临济玄禅师等所提撕，专谈真空之理，揭示本来无一物之归趣。

临济所言为其适例，亦即：

> 世出世诸法，此无自性，亦无生性，但有空名，名字亦空。你只么认他闲名为实，大错了也。

约教门言之，相当于诸《般若经》的空理，三论之宗旨。第三的直显真性宗，此如六祖大师之嗣子，即荷泽神会禅师所提唱，说法尔天真之妙理，揭示真常如来藏。约教门言之，即相当于《华严经》《密严经》《圆觉经》《胜鬘经》《法华经》《涅槃经》等所说，以及《宝性论》《起信论》《十地论》等之义门。

宗密禅师将禅作如上三宗之类别，可说是吹毛求疵地穿凿附会，非吾人所能赞成。禅者的提唱，不能像教者那样一成不变，而是如珠走玉盘地滑脱自在，因此或说般若之理，或示唯识之旨，或说真如随缘，或论实相无相。要言之，舌头无骨，应来机之叨叨，故不能像教者的讲述那样定出一定范畴。

因而吾人不能赞成宗密禅师所作类别，虽然如此，揭出禅之中自然兼备大乘各派理义，既已足矣。

要约以上吾人之立论，禅是将一切经论作为自家屋里之调度，丝毫不泥于教权主义之陋习，以宇宙万象为正依大经，截断文字葛藤，努力直接发挥佛教的真精神。

从古来各国宗教的颓败情形见之，其原因皆出于教权主义、墨守主义。这是由于顽愚的僧侣祭司等意欲忠实于自己的宗教，仅只模仿宗教的形式，胶柱于圣典之文字，意欲以前世纪的思想压伏新进。

禅在这一点上是大为自由，因此能够撷取崭新的学理，予以咀嚼与同化。故禅将与人智之进步共同日益发展，作为文明人的宗教而被信奉。

其次，禅既然以释尊人间论为立足点，故应少谈奇迹神通等妄谈，

且不应着重未来灵魂之浮沉等,不应固执轮回转生等俗说。尤其古时禅者大多完全相信混入佛教中的印度俗说,如六道轮回说等乃多数禅者所采用。然而就禅的根本义论之,此等俗说与悟道本身关系极少,要言之,禅在于明生死根源于现世,以禅理指导人生,于暗黑之尘世给予一道光明为其目的。这是禅为识者欢迎之所以。

又,禅大为反对净土门诸师所唱——为末世浇季愚劣凡夫而设易行法。将现今的人类抑损为生于末世浇季之代的薄福众生,乃尚古贱今的东洋风之陋见,是不足取之妄想。认为古人比今日的吾人幸福,身心精力皆优之说,是完全没有事实根据。古人生活简朴,"掘井而饮,耕田而食,帝力于吾何所哉",鼓腹击壤为乐,就今日的吾人见之,当然是如何地幸福。然而这只是猫狗的幸福,简朴无为是幸福的话,吾人除了回归猫狗的状态,别无他法。佛教中也有释尊时代上根上智的人多能实践佛法,到了像法、末法时代,人的根机逐渐羸劣,不能修行佛法,佛法遂至灭亡的传说。

这也可说是不足以论的愚说。此因古时既有贤者也有不肖者,今日虽有不贤者也有贤者。概而论之,古人无智蒙昧,蛰伏于自然力之下,且为天象之不可思议夺其胆,遇地变之危害损其命,恰如可怜的婴儿彷徨于茫漠之旷野。将如此蒙昧的时代视为黄金时代,岂非极其可笑!盖吾人的黄金时代应望于人类的将来,不应从人类的过去寻觅。此因吾人的智识经验为人类供给新的幸福,增加新的快乐,这是不可蒙蔽之事实。

同时,吾人智德的进步给予吾人精神上的安慰,且日益美化人生。若是如此,吾人不应自弃为愚劣凡夫,仅专于行易行。更进一步言,吾人应尽吾人精力,努力向上求进步。若仅专于行易行的话,就是唱念"南无阿弥陀佛"六个字也是困难的,是无用之劳。因为《理趣释经》载言:仅诵一字真言即能除一切灾祸疾病,其人命终决定往生极乐世界上品上生。"南无阿弥陀佛"的六字与一字真言对比下来,后者只是前者的六分之一,故后者更为易行,这是毋庸赘言的。且其功德是除一切

灾祸疾病,其人命终决定往生极乐世界上品上生。因此比起口唱念佛的易行,更为易行之法是口诵真言。吾人并不是说净土门之说不合理,不能随着时代发展,事实上,净土门所说有不少与禅契合之处。

吾人只是指出依行之难易而论法之轩轾是不妥当的。禅不像口唱念佛那样易行,禅的宇宙观、人生观、伦理观、解脱观,都是一朝一夕不能说尽之深义。所以,为没有受过教育的匹夫匹妇解说,令彼等深度契心,是非常困难的。但对于受过普通教育的人士,则是易入易信易解的教理。尤其对于学富智饶,具有哲学头脑的学者,以及受偏固宗教信条拘束而不能伸骧足的宗教家,禅是一服清凉剂。这是吾人信所不疑的,也是吾人不省不敏,意欲于本论解说禅的原理之所以。

宇宙为大文字,人生为大文章。读破晓星光中宇宙之真相的,是释尊;于飞花落叶之色彻见人生奥秘的,是辟支佛。溟渤狂澜飞,深山饿狼吼,是何文字?花语鸟笑,传何消息?溪河之潺潺细语,赍来什么动静?

(释依观　译)

禅学批判论（附录）[*]

[日] 忽滑谷快天

绪　　言

　　《大梵天王问佛决疑经》所说的"世尊拈华瞬目，迦叶破颜微笑"为禅宗起源，这是笔者夙昔所闻，以未曾拜见该经故，请问于老宿，得知该经为未渡之经，无法知其详，遂放弃考索之念。1905 年 11 月得知曹洞宗大学寮监东大路铁门师藏有《大梵天王问佛决疑经》写本，借览之下，始知该写本系前能山贯首西有穆山禅师藏经之复写，西有老师也有同样的写本。又闻知此写本之经传来已久，对本经抱持种种意见的人不少，因而有意大致考证其真伪。然因种种事务缠身，一直未能实现此志，今时抽空略述笔者管见，还请大方垂教。

一、内　　容

　　此经分上、下二卷，上卷有十六品，下卷有九品。亦即上卷：法付嘱品、梵王决疑品、悟密意品、比丘得道品、诸王得益品、诸国安静品、佛告般涅槃品、正像末法品、邪正戒品、辨邪正品、诸法实相品、禅定品、涅槃品、如来现病品、生死品、外道品等。下卷：略说三宝品、真如品、诸佛名义品、降魔品、业识品、百字品、嘱累品、四众誓愿品等。此外另有

　　* 本文译自忽滑谷快天著《禅学批判论·附录》（东京：鸿盟社，1905 年，第 202—222 页）。

欠缺品名的。

二、说　　时

此经的说时，经中虽无明言，知是在《法华》后入涅槃之前，此因经中载云："尔时世尊告大众言：'我今日背痛，涅槃日近。'即起座举足，趣拘尸那大城。"

世尊得病是在受纯陀供养后之事。由于吃了纯陀所供养的食物，如来血痢感大苦痛，此事见载于《长阿含》。前往拘尸那城正是此时，亦即是在如来入涅槃之前，故此经说于《法华》之后将入涅槃之际。又因言及如来最后的弟子须跋陀罗，因此更能断定笔者所推无误。又所以断定为《法华》之后，此依如次所引经文即可知之，亦即经云："世尊前说诸法实相，悉皆授记作佛，岂有□余耶。乃至世尊拈华示众，□□不知其义趣。唯愿为我等在会，决断此心疑。"经文中的"诸法实相""悉皆授记作佛"，无疑是在指法华会上。

三、主　　张

此经主张一切言教皆是假说，不足取，口耳所传之法非真的大法。换言之，如来对机说法的大小权实之教不足以表白佛之正法眼藏，若真欲大悟彻底者必须契当于一字不说之当处，蓦直了知，为禅宗一吐气焰，是此经的目的。故云："如来大小权实说，即法性对机，直言直示□当知如是大法者，诸佛与我，合头尽力说示。何以故？这一事实诸佛难思议法，纵历劫终不可说尽，从来不口耳法故。"又世尊之拈华，不仅是释迦牟尼佛传法之际的仪式，也是过去七佛的仪式，这是此经的主张。故"毗婆尸佛临涅槃时。我梵王奉献华于毗婆尸佛如来，即拈此示大众时，迦叶得佛旨，便为付嘱传法。尊者经名与今同。"又此拈华付嘱也是将来出现之佛所应行之仪式，故"迦叶是声闻也，从毗婆尸佛已来，作付法子，乃至□□如我如是付嘱现在千佛，以□□□迦叶为临灭付法子。是故从毗婆尸佛，至于我，从我亦至慈氏佛，从慈氏佛展转至

最后楼至佛毕,中际绳绳不断绝者,密付正法眼藏涅槃妙心,□□然劫末众生其信如故,所以信衣于迦叶,而以为法付嘱证也"。是故一切三藏十二分教只是画饼而已,拈华破颜才是真实的付法藏,余门的传法不足取,唯独禅门的正传值得珍重,拈华之中含八万法藏,这是此经的主张,故经云:"一言□尽一切修多罗藏能统收于一言,如是一言也不可思、不可知,是知拈华旨以是知焉。"

四、大 小 乘

此经究竟属大乘或小乘?毋庸赘言,当然是属大乘。从其品名即可知之,亦即诸如诸法实相品、真如品等,大乘特有的文字历历显现。加之,如"世尊前说一切诸法悉皆真如缘起也"等,显然是指《楞伽经》等,《华严》的"刹说众生说"等文句也可见到,"一字不说"等《楞伽》的文句也可见,《法华》的"授记作佛"等也可见。此经异于其他大乘经之处,在于不是以菩萨为中心,而是非常赞叹迦叶,而且以大梵王为发问者。

五、古 说

在论及此经之真伪时,首先有必要介绍古人之说。无法确知古人所见之经与笔者所见是否同一经,但可以推知大抵是类似之经。面山和尚是一位博识的大德,故其所言应属确实。(永福庵住持瑞芳)面山和尚评此《大梵天王问佛决疑经》曰:"自中古多有邪解重要宗门妙则之师家,总而应知无瞬目二字者为邪解疑经,中国风说,有题号无经,《宗门杂录》所载王荆公所见应是禅林妄说!日本此经乃洞家僧伪作。"(见《祇陀大智禅师偈颂闻解》)面山和尚断定绝对是日本的伪经。

所谓的"王荆公所见"是指《佛祖统纪》所载:

> 《梅溪集》:荆公谓佛慧泉禅师曰:"世尊拈华出自何典?"泉曰:"藏经所不载。"公曰:"顷在翰苑,偶见《大梵天王问佛决疑经》三卷,有云:'梵王在灵山会上,以金色波罗华献佛,请佛说法。世

尊登座，拈华示众，人天百万，悉皆罔措，独迦叶破颜微笑。世尊曰：吾有正法眼藏，涅槃妙心，分付迦叶。'"

可见在中国早已有此经之说，然无见此经的人。

但《梅溪集》所载王荆公所见之说颇值得怀疑。王氏所见之事若属真实，则可视为禅门之智识。《宗门杂录》所记与《统纪》略有差异，虽嫌烦琐，在此仍引其全文如次：

王荆公问佛慧泉云："禅家所谓世尊拈花出在何典？"泉曰："藏经亦不载。"公曰："予顷在翰苑，偶见《大梵天王问佛决疑经》三卷，因阅之，经文所载甚详：'梵王至灵山，以金色波罗华献佛，舍身为床座，请佛为众生说法。世尊登座，拈华示众，人天百万，悉皆罔措，独有金色头陀破颜微笑。世尊曰：吾有正法眼藏，涅槃妙心，实相无相，分付摩诃大迦叶。'此经多谈帝王事佛请问，所以秘藏，世无闻者。"

据此《宗门杂录》所载，《大梵天王问佛决疑经》为三卷本，多谈帝王之事。如此的话，应是异于笔者所见之经。《佛祖通载》所载大抵相同，然无法得知是怎么样的经典。谛忍律师曰："《大梵天王问佛决疑经》载于《大藏目录》，无请来祖师，中古日本人所造。"又云：

元文年间有一禅师赠《大梵天王问佛决疑经》一卷，曰：是出于关东奥州古刹，希有之物也。请师之证明。予生难遭之想，焚香翻之。其义旨肤浅，其文字倒置，殆不堪看。中古倭人作无疑焉。盖中古之人运筹于古刹之中，取信千岁之下耳，真可悲夫！大凡支那、日本黄口禅和，强求教外别传之本据，在笔舌两端昌称《大梵天王问佛决疑经》，其经无之故，遂至作伪经，是惑也。参玄之士宜具威音王已前眼，求佛祖残羹馊饭于东郭墦间之祭者，禅宗其颓矣。

又云：

王荆公对泉万卷曰于省中亲见《大梵天王问佛决疑经》者，恰仿佛徐市等对秦始皇曰于海中亲见三神山仙不死药，可得取矣。

泉万卷闻而不疑者,亦依稀始皇信徐市语而不疑也。大都拈华一段因缘,老胡老卢曾不涉言,马祖、百丈、德山、临济亦不道着,及祖师门下,用什么死棺材?何为若是个汉,直饶梵僧持梵本来,急摈斥支那国里,贵图天下泰平耳。

谛忍师与面山和尚说法完全相同。又此经流传于近古德川时代,谛忍师见于元文顷,又临济石门老师于宽文年间上梓刊行,可知当时颇为流行,然其后绝版。从谛忍师所说"义旨浅肤、文字倒置"见之,当时所流行之经即今日之写本,而现今之经也不免获乌焉鱼鲁文字倒置之评。

其次《正法眼藏》揭举《宗门杂录》之说后,更续语曰:"近来面山、谛忍辨此经为伪说,唯万仞曰矣,可惜矣。盖王荆公所阅者真,而近来所传者伪乎,微瑕失连城,吾与万仞矣。"万仞师所见经"乌焉太多",可能因为是写本,笔者所见经几乎也是乌焉鱼鲁充斥。其中十四五页几乎完全不能读,多有缺字。一页之中有四五个字位散乱,此外都是缺字。因此产生无可救药的误脱。万仞师认为王荆公所见是真物,而近来所流布者是伪物,大致是正确的观点,然王荆公所见亦颇为可疑。如果是真的经卷,古来就应收入大藏中。如果宽文年间日本国内就流传此经,则铁眼板大藏经是其后才出版,故应予以入藏。然而中国乃至日本的大藏经都不收此经,由此看来,面山和尚所说"中国只有题号却无经本,日本虽有其经却有伪作痕迹,故不应采用",可谓得其正鹄。其次著者所说"微瑕失连城,吾与万仞矣"意义如何?若微瑕是指伪作之痕,连城是指教外别传的典据,则笔者不能敬服黄泉师的意见。此因就笔者所见的《大梵天王问佛决疑经》,不足以成为形成禅宗起源史的教外别传之典据。

六、真　　伪

前文大致介绍古人所说,进而在此略抒笔者管见。在陈述笔者所见之前,首先必须订定真经、伪经的意义。如果没有明确订其意义,则

无法辨其真伪。古人所谓的真经,是指印度有梵本,三藏携入中国经过翻译所成,其出处明确之经典。所谓伪经,是指既无梵本,译者又缺,出处不明,而且是成于中国人等之手的经典。大藏的目录中有"疑惑"之经与伪经之分,举出众多的卷数。然而笔者所谓的真经、伪经,其意义稍异于此。

所谓真经,是指确实是释尊所说教法,弟子迦叶等结集其事实传予后世之经典。所谓伪经是指后世的作者为主张自己的意见,或为对抗外道,托为佛说的著述。是故真伪不在于梵本之有无,都是后人所作。因而不论是印度、中国或日本都有伪经。印度所作的伪经,诸大乘经占大部分,中国撰作的伪经超过数十百卷,日本所作的伪经有《血盆经》《因果经》《延命地藏经》《不动经》《虚空藏经》等,此如古人所主张。如此订定真经、伪经的意义后,就可以判定《大梵天王问佛决疑经》的真伪。

七、伪　　经

笔者认为笔者所见的《大梵天王问佛决疑经》是伪经。前文曾揭出古人的伪经辨,笔者所见同于面山、谛忍二师之说。然而古人只是判此经属伪经,并没有明记其理由。古人具有高见识言,当然无需一一举其佐证,一眼即能断定是伪经。然而今日有必要略举其理由,故笔者拟列举此经属伪经的理由如次。

第一,理由(一)

判此经属伪经的理由,有从外面观察与内面观察等两种。首先从外面观察,第一是无译人之名。

第二,理由(二)

其次无携来的祖师。由于没有译人,可以推知应该也没有梵文。没有携来经本的祖师,故难以置信。

第三,理由(三)

大藏中无其目录,故越发可疑。若依传说所传,王荆公见过真本,

则其后应予以入藏或收入目录。然而并无此事。

第四,理由(四)

如果是伪经的话,那么是印度所作? 中国所作? 日本所作? 若是印度所作,必然有梵文,有译人,有携来的人。是中国所作或日本所作的疑问上,古人断定是日本所作。谛忍师认为经之趣意肤浅、文字倒置,所以是日本所作。然就笔者所见,趣意肤浅未必是日本人所作的证据。虽是真经,趣意浅薄的也不少,且此经所说处处可见向上或甚深。但从行文观之,确确实实是日本式的汉文,较之于其他汉文译经,总觉得像在读日本文。笔者汉文程度不好,无法区别日本人的汉文与中国人的汉文,但是此经文字往往颠倒,且常于不必要之处,用了诸多"焉""虽"等助词,很明显的,此经异于其他中国的译经。故应是日人所作的伪经。

第五,理由(五)

以上是从外面的观察,其次略陈内面的观察。首先就此经的说时言之,如前文所指出,是在纯陀作供养,亦即佛陀受食后到入涅槃之前。如果是此时,大迦叶当时并不在佛的会座。对于此时迦叶身处何处,有种种异说。相传大迦叶此时正率五百徒众由波婆城前往拘尸那城,就在途中闻知佛的入灭,这是巴利的《佛教书》《缅甸佛传》《十诵律》《善见律》等所传。《大般涅槃经》记载迦叶当时是在铎叉那耆利国,闻如来涅槃,遂与五百比丘共趣沙罗林。《涅槃经》谓迦叶当时是在耆阇崛山毕钵罗窟,《佛祖统纪》亦揭迦叶当时是在伊荼梨山之异说。

迦叶当时所处场所虽有异说,但不在佛之会坐这一点,南北两传都无异论。此《大梵天王问佛决疑经》却记载如来临终之前,迦叶身在会座上,而且与梵王作问答。亦即此经与实际的历史事实相矛盾,故不能予以相信。

契嵩师如此论述付法藏之时:"付法于大迦叶者,其于何时,必何以而明之耶? 曰:昔涅槃会之初,如来告诸比丘曰,汝等不应作如是语,我今所有无上正法,悉已付嘱摩诃迦叶。是迦叶者,当为汝等作大

依止,此其明矣!然正宗者,盖圣人之密相传授,不可得必知其处与其时也。以经酌之,则《法华》先而《涅槃》后也。方说《法华》,而大迦叶预焉,及《涅槃》而不在其会。吾谓付法之时,其在二经之间耳。"

可以认为《大梵天王问佛决疑经》的作者是为符合此明教大师所说而撰此经。从所记佛陀受纯陀之食,最后度须跋陀之事来看,其说时同于《涅槃经》,因此迦叶在座之记载是与历史事实相矛盾的。

第六,理由(六)

经中又有五时八教之判释。例如:"随机方便者,有权有实有偏有圆""于修修罗,开实施权""对密机密说,对显机则显说""不堪于实教,更施权法""岂有名言数句,顿渐偏圆等品数,殊五时经之隔别耶?"判释之事,由来甚远,《解深密经》的三时教可为其证文,但实际的系统性的判释则起于后世。

《深密》的三时还不是系统性的判释,只是为了表现《深密》胜于余经。大乘经中,无论是《金光明》或《法华》,都自夸为诸经之王,夸张自己胜于他经,这是大乘经一般的倾向。故《深密》的三时还不能说是判释,只能说是夸张的文字而已。后世的学者所作的判释,不是只有夸张之文句,而是实际地分析一代藏教,寻求其系统性的理路,解除彼此的矛盾,使大小乘井然有序,借以揭示如来本怀。

从菩提流支或罗什之一音教,延法师之顿渐二教,印法师之屈曲、平等二教,南中诸师之顿、渐、不定三教,法相之有、空、中,真谛之转、照、持,光宅、智者之四教,华严之五教,都是后世的义门,佛在世时并无如此之判教。然而如前所述,此经多见显密、权实、顿渐、偏圆等文字,正充分显示后人之作的证据。

尤其所说的"岂有名言数句,顿渐偏圆等品数,殊五时经之隔别耶",破斥顿渐偏圆的判教,又说五时经有隔别,破斥五时之教别,宛然就是禅家论破教家的笔法。五时说经是刘虬与天台等所说,这是古人一致的看法。故此经之破五时,尤属可笑。亦即是将后世所生起的五时之说当作是佛世之说而予以破斥。

第七,理由(七)

此经系禅者为令自宗的教外别传有所根据而造,此如前述。从所言"岂有名言数句,顿渐偏圆等品数,殊五时经之隔别耶"等大破教相见之,禅者的笔痕历历在目。其证据是经中多用禅门惯用语,例如"我灭后,四众能读此经,则读一切修多罗经。何以故? 一切□□□说此□□修多罗也,岂论大小经耶? 不! 佛口而说也,尘尘然也。不! 有情读而诵也,刹刹然也"完全是禅者的口吻。"此一事实,诸佛难思议法,纵历尽劫终不可说尽,从来不口耳法故",或"一字不说",或"刹说众生说",或"回头转脑",或"生也全机现,死也全机现",或"面面的示不可思议",或"不涉思议当面可神会",或"随类三尺一丈六",看来总是禅门的语录。故作者的宗旨也能推量其大概。

第八,理由(八)

经中可以见到中国的儒教、道教的思想,却不可以视为是佛说的。例如"天地流行气,凡十世十期之际有变化",或"天地元气"等文字。

第九,理由(九)

经中有数次言及"同体三宝,别体三宝"。此同体三宝,别体住持三宝之名,是后世的分别,佛在世时并无此名称。故作为同体三宝之证文,可依《涅槃经》的"佛即是法,法即是僧,乃至佛性即是法身"之文,或《胜鬘经》的"归依第一义者是究竟归依,无异如来,无异二归依,如来即三归依"等文,然经文中并无同体之名。别体三宝也一样,可依《涅槃经》的"佛言憍昙弥:莫供养我,当供养僧。若供养僧,即得具足供养三归。摩诃波阇波提言:众僧之中,无佛无法,云何说言供养众僧,即得具足供养三归? 我复告言:汝随我谓,即供养佛;为解脱故也,即供养法;众僧受者,即供养僧。是故三归不得为一"等文,证成别体之义,但是不能认为佛在世时已有此名。可知此经的作者用后世的同体、别体之语造经文。

第十,理由(十)

其次经文中使用法相宗四分义,亦即相分、见分、自性分、证自性分

中的"相分""自性分"文句。此四分乃法相所盛用,然论师所有别。亦即安慧持一分论,以《楞伽》的三界有漏心心所皆是虚妄分别为自性为证;难陀持二分论;陈那持三分论;护法主张四分论,引《密严经》的"众生心二性,内外一切分"等经文配合自说而作解释。要言之,《解深密经》及《楞伽经》并无四分之名,而是后世唯识学者依义所建立。此经的作者使用相分、自性分等语词,将之编入经中,正显示此经之杜撰。

第十一,理由(十一)

经中言及"律师"一词,例如"若有律师复作是言,凡所犯戒都无罪报,如是人不应亲近"。佛在世时,并不像后世那样,有只偏于律的人,也没有人被称为律师。戒律是如来教团的规则,佛在世时无人不守此律。直至三藏结集后,称为律部的佛制才与佛的修多罗、阿毗昙分离,因此经中没有称某些僧众为律师的理由。

第十二,理由(十二)

可以视为是杜撰的文句如次:"应知我诸比丘若欲□行淫,应舍法服,着俗衣裳,然后行淫。复应生念:淫欲因缘,非我过咎,如来在世,亦有比丘习行淫欲,得正解脱。"所说的"如来在世",正显示是后世之人所言。如来本身没有必要说"如来在世"云云。纵使是预言后世的邪解,还是蛮奇特的说法,何况言及"欲行淫,应舍法服,着俗衣裳"。

第十三,理由(十三)

其次此经中说空、假、中三观,例如:"非空假法者,则曾不说中际理"。空、假、中之说是北齐慧文禅师在读《大智度论》一心三智之文,以及《中论·四谛品》的偈颂时,无师自悟的,并将之传予南岳慧思,南岳再传天台,至此空、假、中才成为天台家重要的教理。当然此三观、三谛之理大乘诸经不是没有,但是空、假、中的名义井然地成立,是在天台以后,这应是没有异论的。尤其此经中常用天台判释之语,例如"诸佛应世之相,其有显有密、有权有实、大小等说者,以有业识之自性粗细浅

深"等语随处可见,因而可以认为此经是后人所作。

八、归　结

以上从内部的观察、外部的观察予以比较,综合种种事情考之,可以认为此经是日人所作的伪经。当然此一断定完全同于古人的论断,绝非笔的创见,笔者只是尽力为古人的论断作立证而已。进而拟就拈华之文稍陈己见。

(一) 拈华

此经所记的拈华之文列之如次:

> 尔时大梵天王即引若干眷属,来奉献世尊于金婆罗华。各各顶礼佛足,退坐一面。尔时世尊即拈奉献金色波罗华,瞬目扬眉示诸大众。是时众默然毋措,独有迦叶尊者破颜微笑。世尊言:"有我正法眼藏,涅槃妙心,即付嘱于汝。汝能护持,相续不断。"

假定此经是真正的佛说,自古已存在,则必然有关于拈华的古记录及禅门宗师所唱存在。实际上,拈华之文大有异同,并无楷准。兹举若干例子如次。《传灯录》载云:

> 说法住世四十九年后,告弟子摩诃迦叶:"吾以清净法眼,涅槃妙心,实相无相,微妙正法,将付于汝,汝当护持。"并敕阿难,副贰传化,无令断绝。

《正宗记》所载与此几乎相同。其次《佛祖通载》稍作更改:

> 佛说《金光明》并《法华》等经,是岁世尊拈华示众,百万人天皆茫然,唯金色头陀破颜微笑,世尊曰:"吾有正法眼藏,涅槃妙心,实相无相,微妙法门,分付于汝,汝当护持。"并敕阿难,副贰传化。

《宗门杂录》《佛祖统纪》等文句稍有不同。又《无门关》载云:

> 吾有正法眼藏,涅槃妙心,实相无相,微妙法门,不立文字,教外别传(云云)。

面山和尚《结夏录》载云:

佛鉴勤云于涅槃会上拈一枝华,以青莲目顾视迦叶,迦叶微笑。世尊遂云:"吾有正法眼藏,涅槃妙心,分付摩诃迦叶。"

同书又引"梁山廓庵序《十牛图》云:末后目瞬青莲,引得头陀微笑。仁王钦云:瞬青莲目顾视迦叶,迦叶微笑。普皆大众云:吾有正法眼藏,涅槃妙心,付嘱摩诃迦叶"等语,辨明无瞬目二字为邪解之旨。《正法眼藏》明记:

世尊灵山百万众前,拈优昙华瞬目,众皆默然,唯迦叶尊者破颜微笑。世尊云:"吾有正法眼藏,涅槃妙心,以僧伽梨衣付嘱摩诃迦叶。"

《会元》载云:"世尊于多子塔前命摩诃迦叶分座令坐,告言:'吾有正法眼藏,密付于汝,汝当护持。'"就禅门三派的宗师言句一一检核,拈华之正文并无楷准。由此观之,古来对于拈华的公案并没有确立一定的文字。若是如此,《决疑经》的正文则颇为可疑,其次更就拈华之时处申之。

(二)拈华之时处

拈华之时是在何时?其处所又在何处?对此疑问并无一定的答案,此从笔者前揭引文即可知之。或在灵山,或在涅槃会上,或在多子塔前。拈华之时或与《涅槃》同时,或在《法华》之后《涅槃》之前,或《阿含》之时,完全不能确定。

灵山之说与多子塔前之说在明教大师时就很盛行,《正宗记》记云:"或谓如来于灵山会中拈华示之,而迦叶微笑,即是而付法;又曰如来以法付大迦叶,于多子塔前,而世皆以是为传受之实,然此未始见其所出,吾虽稍取,亦不敢果以为审也。"

(三)付法

除去"拈华",单云"付法"的,《涅槃经》的"我今所有无上正法,悉以付嘱摩诃迦叶,是迦叶当为汝等作大依止"等文为其佐证,《杂阿含》《华手经》等的分座也是,《舍利弗问经》《大悲经》《付法藏传》等所载皆为一证。但是"正法眼藏"一语,非诸大乘经所有。

九、注　意

　　如上所见,《大梵天王问佛决疑经》是伪作之书,若认为禅宗的价值将因减去的话,那就是大误解。禅宗的价值与此经的真伪毫无关系,拈华付法之事是宗门的面授相传,无需见载于经文。因而不能认为笔者此一论文将对禅门有所损害,故特此声明。又,以上只是笔者浅薄的管见,相信多所误谬,希望读者不吝予以垂教。

(释依观　译)

关于忽滑谷快天著《武士的宗教：中国与日本的禅学》的学术史溯源问题

江灿腾

（台北城市科技大学）

一、问题的提出

日本禅学思想家忽滑谷快天（1867—1934）的英文版著作 *The Religion of the Samurai: A Study of Zen Philosophy and Disciplinc in China and Japan*（《武士的宗教：中日禅宗哲学及其学科探讨》），于 1913 年在英国伦敦 LUZAC & CO. 出版社问世。在英文版自序的开头，忽滑谷快天就宣称，此书是英文第一本有关日语发音的 Zen（禅）在英国或欧洲地区的著作，[1] 并且提到此书是在日本本土之外的旅欧期间所撰写的。

但由于他在日本书房中拥有的相关参考书籍大都未随身携带，所以主要靠记忆来书写，因而只能写得内容简洁，注解的出处或年代也只好省略。[2]

不过，假若英文书籍中有相关者，像当时马克斯·穆勒（1823—

---

[1] Kaiten Nukariya, *The Religion of The Samurai: A Study of Zen Philosophy and Disciplinc in China and Japan*, London：LUZAC & CO.，1913, p. ix.

[2] 同上。本文以下各注，改引用林铮颉中译版《武士的宗教：中国与日本的禅学》（新北：暖暖书屋文化事业公司，2018 年）。以方便读者对照。

1900)所主编的《东方圣书》中,即有其所翻译的《无量寿经》《称赞净土佛摄受经》《金刚经》《大般若波罗蜜多经》《小般若波罗蜜多经》,以及日本佛教学者高楠顺次郎(1866—1945)所翻译的《观无量寿经》等,他建议将上述这些经典内容与 1907 年铃木大拙(1870—1966)用英文撰写的《大乘佛教要义》的内容作对比。[1] 这其中其实存有学术上的意义,值得进一步探讨。

至于有关忽滑谷快天的此书中译本,则是由台湾大学历史系毕业、东京大学硕士林铮颉所翻译。2018 年 3 月,此书中译版才由新北市新店区的暖暖书屋文化事业公司出版。这个现代中译本的出现意义重大,此因原书英文版自 1913 年出版以来,历经长达一个世纪又五年(1913—2018)间隔之后,才在当代台湾出现唯一一部中译本(以下本文引述,全据此中译本内容)。反之,日译本至今仍未出现,可见台湾是开风气之先!

再者,中译版书名为《武士的宗教:中国与日本的禅学》,相当简洁易懂,但与原书的诠释意图有出入,并且作者在英文版的原序也被略去未译。所以,我在本文开头,将此书中文书名,改以稍嫌冗长却较符合原书意旨的《武士的宗教:中日禅宗哲学及其学科探讨》。[2]

之所以必须如此,是因为从事后的长期发展来看,当初忽滑谷快天将此书正标题以"武士的宗教"作标榜,可能是企图仿效新渡户稻造(1862—1933)在 1899 年于美国出版《武士道》一书之后,大获成功的可羡经验,[3] 所以才将"中日禅宗哲学及其学科探讨"当副标题。

---

〔1〕 [日]忽滑谷快天:《武士的宗教:中国与日本的禅学》,林铮颉译,第 5 页,注 4。
〔2〕 为求行文简洁,以下此书名的副标题,除非必要,否则将一概省略不提。
〔3〕 日本学者研究忽滑谷快天的著作后,也有类似的看法。见[日]山内舜雄:《续道元禅的近代化:忽滑谷快天之禅学及其思想(驹泽大学建学史)》,东京:庆友社,2009 年,第100 页。可是,为何忽滑谷快天要效法新渡户稻造的写法呢? 此因在此之前,东亚的日本武士道精神文化史的国际研究,是以新渡户稻造于 1899 年出版的英文著作《武士道》为其开端,其书出版后,迅即风行世界各国,且历久不衰。可是,这和其书是运用基督教化的变相武士道特殊笔法有关,其后又得力于明治时代日军在日俄战争中获胜有关,所以连当时的美国罗斯福总统,都好奇地大量买来自读和送人,一时传为美谈,并喧腾于国际间。忽滑谷快天要效法的对象,就是新渡户稻造的《武士道》于西方快速成功的传播范例,所以其禅学思想是和日本武士的禅修精神锻炼相挂钩的,故其英文禅学著作,才会以《武士的宗教》命名。

可是，忽滑谷快天此书的主要内容，并非全与日本武士道有关。因其全书内容为：1. 导言。2. 第一章：中国禅宗史。3. 第二章：日本禅宗史。4. 第三章：宇宙是禅的圣典。5. 第四章：佛陀，宇宙精神。6. 第五章：人的本性。7. 第六章：开悟。8. 第七章：生活。9. 第八章：修心与参禅。10. 附录：《原人论》英译。[1]

其中提到日本武士道与禅的关系，只在第二章日本禅宗史全部十三节内容中，第五至第十三节才约略提到而已。[2] 其余全无关武士道或武士与禅的解说。所以，这是内容与书名出入很大的误导主题，虽有副标题加以限定，仍缺乏足以使读者完全被说服的坚强理由。对照之后的铃木大拙同类型禅学著作的书名标示来看，就更明显了。因为类似的内容，日后几乎也出现在铃木大拙于1938年出版的作为日本官方文部省嘱托、在欧美宣扬代表日本精神特色的英文版《禅与日本文化》中。[3]

可是，尽管当时铃木的《禅与日本文化》一书，曾以两章的内容专论日本武士道、日本剑道与禅，却未在其书名上显示是关于武士道或武士的宗教这样的字眼，而是放在日本文化的大架构下来陈述。[4] 由此可见，1899年新渡户稻造的《武士道》、1913年忽滑谷快天的《武士的宗教》和1938年铃木大拙的《禅与日本文化》这三本英文书，前后彼此之间事实上存在相互辩证关系。

然而，新渡户稻造的《武士道》和铃木大拙的《禅与日本文化》出版后都大获成功，长期风靡世界各国。唯独忽滑谷快天的《武士的宗教》一书，出版后西方学界反应冷淡，甚至遭到瑞士著名分析心理学家荣格（1875—1961）与德国著名新教哲学家鲁道夫·奥托（1869—1937）的

---

〔1〕 ［日］忽滑谷快天：《武士的宗教：中国与日本的禅学》，第275—300页。
〔2〕 ［日］忽滑谷快天：《武士的宗教：中国与日本的禅学》，第60—80页。
〔3〕 参考［日］西谷启治编：《回想铃木大拙》，东京：春秋社，1975年，第437—439页。
〔4〕 此处参照陶刚中译本《禅与日本文化》，台北：桂冠图书，1997年，第25—44页，第45—70页。

相继批评。而此两位大学者批评的重点有二：一是引用太多西方的类似概念来诠释；二是忽滑谷快天讲"开悟"概念及其"自体"精神状况，是源自其体悟的"宇宙性之佛，亦即生命意识之全体"，所以显然过于理智诠释了。[1]

反之，铃木大拙在其禅学著作中，一直是用大量有趣却充满悬疑与机智反应的临济禅公案例子，以及极力强调禅的开悟不可思议，很难用语言描述的精神觉醒，因而受到荣格与奥托的激赏。[2]

但上述这样的批评观点，如今依旧有说服力吗？以及有关忽滑谷快天当年写作或出英文版《武士的宗教》的成书背景为何？或当其长期置身于明治时代进化论新潮长居主流趋势下的强烈环境影响时，他又将如何对其多层面吸纳？乃至他又是如何地将其抉择并据以建构其禅学批判论的新诠释体系等？尤其英文版《武士的宗教》作者(忽滑谷快天)，在其书中所据以引述的各类著作文献来源出处，借口因其是旅欧美期间所撰之书，相关资料参考不便，只凭记忆撰写，所以将原著出版时地一概省略。可是，其所衍生的原引书出处来源不清问题若未解决，也将长期继续地困扰读者们的参考之所需。

所以，本文以下所要追索并试图将其还原的，就是对于上述各问题的相关学术史所进行的追溯性研究。

二、历史的初步追溯：其成书年代 及其周边研究检讨

首先，读者须知，由于过去从未有学术论文讨论过此书，因此一旦

〔1〕 参考[瑞士]荣格：《东洋冥想心理学：从易经到禅》，杨儒宾译，台北：商鼎出版社，1993年，第158—163页。但此批评，并不意味其了解。对此，本文稍后将有进一步的解析。

〔2〕 铃木大拙在其一度曾非常成功的英文著作《禅与日本文化》一书中，虽广引有极力诱导传统武士奋勇为主忘我"狂死"之嫌的《叶隐闻书》典故，也生动地将其和西班牙斗牛士的勇于狂热殉死相类比。但此一不当的类比，随后也同样在西方遭到强烈的批判。反之，他用心英译日本禅僧泽庵所谈"禅剑一如"的名著《不动智》等书，因其与最高境界的武士道超越生死之念精神修养有关，所以迄今仍在西方享有盛誉和拥有不少读者。而这与其在当代西方所面临的沾染军国主义禅学思想的强烈负面批判，恰成一鲜明的对比。见 Brian Daizen Victoria, *Zen at War*, Lanham, Md. : Rowman & Littlefield Publishers, 2006.

要就此书写作与出版的前后状况进行了解，以及企图进一步追溯其与当年的时代思潮之间的相关性，乃至如何受其影响等诸问题，就有必要如本文所采取的研究进路。亦即，按照学术研究惯例，本文先检讨前人曾涉及相关研究，纵非直接针对《武士的宗教》的内容，也可从其周边的文献检讨展开：

一、有关 2009 年日本山内舜雄著《续道元禅的近代化：忽滑谷快天之禅学及其思想（驹泽大学建学史）》一书的学术问题检讨问题。

由于山内舜雄的这一著作，是迄今为止对于忽滑谷快天生平的行事风格及其相关学术争论，已有最详尽的资料解说的著作，因此先从此书切入。据其在书中自述，写作此书之前，他在书中所引述的撰述资料来源是：他曾多方借重其所能接触到众多他任职于驹泽大学校中的前辈学人，或者与其同辈的校内老同事等人的回忆资料。同时，他也参酌自行搜集到的大批学术资料（包括《驹泽大学史》各版记载等），加以抄录汇编之后，据以讨论忽滑谷快天于 1934 年猝死后，他所主张的驹泽大学禅学思想，不久即完全被校内当权派卫藤即应（1888—1958）宰制下的曹洞宗禅学思想所取代之经过。[1]

亦即，环绕着作为驹泽大学创校校长的忽滑谷快天本人及其禅学思想，何以在他死后不久便遭到如此的贬抑与冷漠对待，就是他想重新探索的。至于山内舜雄本人，为何会热心此事的探索？

原因是，他曾看到日本禅学研究泰斗柳田圣山（1922—2006）在其著作中提及：忽滑谷快天两巨册《禅学思想史》，[2]具有开创禅宗史学的贡献，以及的确曾发挥影响及于胡适禅学。[3] 所以他认为应该重新认识忽滑谷快天，乃至出版全集。此外，山内舜雄的同书中，还首次披露关于忽滑谷快天本人曾在 1902 年出版一本提倡大乘非佛说的日

〔1〕 ［日］山内舜雄：《续道元禅的近代化：忽滑谷快天之禅学及其思想（驹泽大学建学史）》，第26—32页。

〔2〕 ［日］忽滑谷快天：《禅学思想史》，东京：玄黄社，1923—1924年。

〔3〕 ［日］柳田圣山：《禅佛教研究——柳田圣山集第一卷》，东京：法藏馆，1999年，第674页，第680页。

本先驱:德川时期富永仲基(1715—1746)的《出定后语》,[1]将其与之后亦持相同主张的服部天游著《赤裸裸》合刊本的背后原由,[2]虽于书中也提及,可能受当时大乘非佛说主流的影响所致。[3]

但此一理解,仍属间接性并过于片面。因其更直接的相关学术史理由,应是他其实意在追随1898年时姊崎正治出版其明治时期现代形态的佛经批判学著作《佛教圣书史论:大乘经典之成立及其批评问题》的做法。[4] 而因姊崎在其书的序文最后,还特别把十九世纪中叶由费迪南德·克里斯蒂安·鲍尔(Ferdinand Christian Baur,1792—1860)的《牧者书简论》一书与日本德川时代富永仲基的《出定后语》出版,作为他著此书的动机。[5] 这是两书内容的首次对照。

于是,姊崎正治便在其《佛教圣书史论》序言中,直接清楚宣称:他其实是想效法费迪南德·克里斯蒂安·鲍尔在《牧者书简论》所作所为那样;或师法日本前辈中最具批判性的富永仲基在《出定后语》所曾主张大乘非佛说的先例,同样也能开启日本批判佛教圣书的新学风。[6] 而后,才有忽滑谷快天的《出定后语》和服部天游著《赤裸裸》两书合刊本问世。[7]

由此可见,其正是追随姊崎正治在《佛教圣书史论》书尾所附的合刊本编辑先例。于是,他也继续追随姊崎正治在《佛教圣书史论》的批判大乘佛教圣书学那样,在三年后(1905),也出版其第一本著作《禅学

---

[1] [日]山内舜雄:《续道元禅的近代化:忽滑谷快天之禅学及其思想(驹泽大学建学史)》,第75—86页。

[2] [日]山内舜雄:《续道元禅的近代化:忽滑谷快天之禅学及其思想(驹泽大学建学史)》,第69—74页。

[3] [日]山内舜雄:《续道元禅的近代化:忽滑谷快天之禅学及其思想(驹泽大学建学史)》,第70—72页。

[4] [日]姊崎正治:《佛教圣书史论:大乘经典之成立及其批评问题》,东京:经世书院,1899年。

[5] [日]姊崎正治:《佛教圣书史论:大乘经典之成立及其批评问题》,第153—167页。

[6] [日]姊崎正治:《佛教圣书史论:大乘经典之成立及其批评问题》,第2—18页。

[7] [日]忽滑谷快天:《出定后语、赤裸裸合刊》,东京:鸿盟社,1902年。

批判论》；[1]而且同样也在其书尾的附录上，雄辩地提出，他对于禅宗根源圣典《大梵天王问佛决疑经》的否定性历史批判；[2]并在其英文著作《武士的宗教》内的注17，郑重指出该经所谓"拈花微笑"的"嫡嫡相传"之说，"纯属虚构"。[3]

而这对他身为曹洞宗僧侣之一员，又是一间寺院住持来说，无疑会是一种背叛与一种不妥的异端表现。此后，他的所作所为，便从此被日本曹洞宗之内的保守派僧侣，一直视野异端。[4] 甚至在他生命的晚期阶段，仍一直被卷入由该宗内某些保守派僧侣所发动的批判大风暴中，[5]最后导致他辞去首任驹泽大学校长的职务，不久就因心血管病变而中风猝死。但是，对与此一发展的相关学术史问题，山内舜雄并未了解其间的直接关联，导致在其书内涉及《禅学批判论》一书的写书动机时，即未能深入讨论，而只介绍其全书的章节目录，以及抄录原书再版序文内容，以便交代《禅学批判论》原先的写作动机罢了。[6]

此外，山内舜雄虽在书中亦曾提及，忽滑谷快天生前一直不满于英国对其殖民地统治时所强加的负面基督教影响，[7]因此他之后纵使亲履其国土，也未完全欣羡大英帝国当时灿烂的高度文明成就，所以未曾在英国学术机构注册就读或忙于到处拜访当时举世闻名的佛教学者，一如之前从日本来英留学的南条文雄和高楠顺次郎等人所从事的那样。至于忽滑谷快天为何有英文版的《武士的宗教》一书在英国出版，他完全没有解释。

---

〔1〕 ［日］忽滑谷快天：《禅学批判论》，东京：鸿盟社，1905 年。

〔2〕 ［日］忽滑谷快天：《禅学批判论》，第213—226 页。

〔3〕 ［日］忽滑谷快天：《武士的宗教》，中译本，第27 页。

〔4〕 ［日］山内舜雄：《续道元禅的近代化：忽滑谷快天之禅学及其思想（驹泽大学建学史）》，第178—179 页。

〔5〕 ［日］山内舜雄：《续道元禅的近代化：忽滑谷快天之禅学及其思想（驹泽大学建学史）》，第239 页。

〔6〕 ［日］山内舜雄：《续道元禅的近代化：忽滑谷快天之禅学及其思想（驹泽大学建学史）》，第75—86 页。

〔7〕 ［日］山内舜雄：《续道元禅的近代化：忽滑谷快天之禅学及其思想（驹泽大学建学史）》，第128 页。

他所持的理由是,忽滑谷快天本人虽在 1912 年奉曹洞宗正式派遣,前往欧美考察宗教与学术研究三年,但是回国后,并未缴交相关的考察报告书。[1] 所以,要解释也没有任何线索。

因此,对于其相关行程以及英文版的《武士的宗教》成书过程,所留下的一切空白,很显然地只能靠后来者为其补充了。而本文以下探索的衔接点,就是试着借其他周边资料,或借着忽滑谷快天先前的其他著作,来进行相关学术史的补白探索。

二、展开上述的补白前,仍须先提及由台湾师范大学东亚学系教授张崑将博士所撰的《从〈达磨与阳明〉看忽滑谷快天的批判禅学特色》一文。[2]

张教授是以其最擅长的日本阳明学研究及日本武士道论述专家的深厚学术基底,来回溯忽滑谷快天于 1911 年出版的《达磨与阳明》一书与日本明治维新(1868—1912)相关的日本阳明学发展及其与日本佛教之间的思想冲突史。同时,他也提及日本佛教政策的变化,以及因而开始国际先进佛教学术研究的积极学习与大量移植的发展状况。之后,他从日本引进德国兰克史学研究法,来推断忽滑谷快天的禅学批判方法学,可能受其间接的影响。

于是,他接着批判忽滑谷快天的禅学批判其实是跛脚的批判:甲、是其全书的阳明学比重远远多于有关达磨的陈述,所以两者不对等。乙、是他指出忽滑谷快天的禅学批判,并未针对权力的不合理进行批判,所以是选择性的批判。丙、是他指出,日本曹洞禅师道元的禅风特色是远离王公贵族,反之忽滑谷快天本人的禅学演讲,往往有政府官员、军警要员或社会贤达等大批听众参与,是与其宗派传统禅风相悖

---

〔1〕 〔日〕山内舜雄:《续道元禅的近代化:忽滑谷快天之禅学及其思想(驹泽大学建学史)》,第 95 页。

〔2〕 张崑将:《从〈达磨与阳明〉看忽滑谷快天的批判禅学特色》,载《汉学研究》2013 年第 1 期,第 187—218 页。

离的。所以,他称之为跛脚的禅学批判。[1] 但上述如此批判可能未尽精确,所以值得继续探讨其他的可能观点。

理由是,在张教授上述的批判之外,其实还可以有更详尽与更深入的相关解析。例如在《批判禅学》与《武士的宗教》两书中,忽滑谷快天都曾大量引用西方社会科学、自然科学与西方哲学的观点,甚至引用当时风行一时的著名生物学家海克尔的宇宙生物与物质一元论的全体主义互摄观点等,都不是张教授上述出色论文曾提及的重要相关资料。[2]所以本文亦将针对这些学术解析的不足处,试行加以增补或有所修正。

三、此处还有必要提及：在 1911 年 7 月前往欧美考察之前,忽滑谷快天先于当年 4 月出版其新书《浮世庄子讲话：附田舍庄子》[3]与译自英文版的《心灵之谜》。[4] 于是,我们可以在此追问：为何他当时要在同一年出版显然不同领域的自著和译著？ 其中有无关联？ 若有,其间的关联又是如何？ 本文相信,以下的追问进路,若是沿着以上所述这样的几条问题意识的相关线索,则应是可以较贴近《武士的宗教》写作当时作者忽滑谷快天的相关学思历程。

因此,以下即就其书如何被写或被译,以及如今又是应该如何来理解等等追问,来尝试回溯此一学术史的进一步相关新探索。

三、历史的解答之一：书是如何被写或被译？ 以及如何理解？ 从《武士的宗教》出版之前的日本武士道相关既有著作为探讨中心

首先,有关《武士的宗教》的成书背景,可以从书名的主标题与副

---

〔1〕 张崑将：《从〈达磨与阳明〉看忽滑谷快天的批判禅学特色》,载《汉学研究》2013年第 1 期,第 206 页。

〔2〕 详细讨论与相关引书来源,还请参照本文以下各节,将会有很长篇的论述内容。所以,此处暂先省略相关引书来源的介绍。

〔3〕 [日]忽滑谷快天：《浮世庄子讲话：附田舍庄子》,东京：森将书店,1911 年。

〔4〕 [日]忽滑谷快天、门胁探玄共译：《心灵之谜》,东京：森将书店,1911 年。

标题,联系其全书各章节内容及其引述资料来源,来分项探讨:

其一,有关书名主标题的问题。我们可以 1899 年新渡户稻造出版《武士道》一书的前后,在日本本土出版相关著作来观察。以现代伦理学实践的诠释概念来书写日本传统武士道的伦理学体系,在新渡户稻造的《武士道》之前,并无先例。

可是,新渡户稻造此书有两大缺陷:一是缺乏实际日本武士道变革史的知识学基础;二是关于明治维新以后,以崇敬和效忠天皇为最高军人武德的新武士道的发展状况,新渡户在其书同样也未提及。然而,缺乏此两点,却是严重的问题。

因前者若由日本熟悉武士道历史知识的读者看来,新渡户那样的内容表达可能很新颖而且的确很受各国读者的欢迎,却对日本读者没有强大的说服力。

至于后者,因新渡户当时的特殊身份,不但已是任教于京都帝国大学的法学科教授,更是被明治天皇授予贵族爵位的官职身份,岂能在其武士道的论述中,对天皇至上神圣,显示任何不敬意味的武士道伦理陈述在内?

所以,新渡户稻造的书,虽已在国外出版并畅销各国,足堪光耀国族门面,可是,他自己其实很清楚,此书对日本的读者来说是有所不足的。因此,有关出版日译版的问题,他起先一直婉拒。

直到 1905 年 4 月间,他先以"京都帝国大学法科大学教授从五位勋六等新渡户稻造"的署名,敬呈一篇给官方转报给明治天皇的《上英文武士道论书》,内容是对于当今天皇及其列祖列宗所代表的日本武士道神圣传统,极尽歌颂之能事。[1]

这显然是要避免 1891 年"内村不敬事件"的重演。[2] 所以,此次

---

〔1〕 〔日〕新渡户稻造:《上英文武士道论书》,载于樱井彦一郎日译:《武士道》,东京:丁未出版社,1908 年,第 1—5 页。

〔2〕 所谓"内村不敬事件",是导源于鉴三因本身信仰基督教,而未在学校伦理讲堂向天皇署名的《教育法令》作最敬礼仪式,只是默默站立。亦即,内村表现出耶稣基督的至高神圣,高于天皇神圣,所以两者的最敬礼仪不能等同。而此举明显出于对当今天皇至高神圣的大不敬行为,于是立即引起内村担任教职的校内师生强烈抗议并被报章杂志大肆报道及严厉批判之后,演变成内村被迫辞去教职的"内村不敬事件"的不幸后果。

新渡户稻造要在日本出版之前，先上呈《上英文武士道论书》以表最高礼敬与效忠之赤诚，再将此上呈的全文及其全职称的署名，放在由樱井彦一郎(鸥村)所翻译的钦定日译版，于东京出版。之后，也就未再引发任何争议。

至于新渡户稻造的英文版与日译版中所缺乏的有关具体历史发展的日本武士道变革史知识学基础之问题，他早在前一个月(1908年3月)替前来求序的山方香峰所著《新武士道》撰写序文时，[1]就已承认山方香峰所著《新武士道》内容，可以弥补他的原著所不足之处，所以没有问题。

但在1908年此两书出版前后，同时即有大量的武士道专书出版。[2] 有必要也对其了解：

其一，首先是，1901年4月由东京帝国大学哲学科名教授井上哲次郎博士，替足立粟园所著的开创性《武士道发达史》作序，[3]这是第一本日本武士道发展史的现代书写。此举意味着新渡户稻造的英文版《武士道》的书写模式，虽在国外获得巨大成功，可是之后就成绝响。因为不论新渡户稻造本人或其他日本学者，之后都未再重复类似的写法，而改由以井上哲次郎博士所主导的日本正统武士道史及其所代表的以日本精神为核心的新类型写法。

其二，因此，在替足立粟园所著的开创性《武士道发达史》作序后，同年7月，井上本人也出版了《武士道讲话》一书。[4] 特别值得注意的是，此书的发行所，是专卖陆海军图书的"兵事杂志社"，摆明了是要给日本陆海军人阅读的标准读物。

其三，于是，本身就是明治维新功臣(从三位勋二等子爵)、政治

---

〔1〕 载于[日]山方香峰：《新武士道》，东京：日本之实业社出版，1908年，第1—7页。

〔2〕 由于数量有数十种，无法一一列举。此处只谈具有指标性意义的几种著作。

〔3〕 [日]足立粟园：《武士道发达史》，东京：积善馆，1901年。井上写序，在其书名左边，就有"文学博士井上哲次郎序"的黑字清楚标示。

〔4〕 [日]井上哲次郎：《武士道讲话》，东京：兵事杂志社，1901年。

家、思想家、著名武士、一刀正传无刀流的开创者的山冈铁舟（1836—1888），也于 1902 年出版根据其口述内容而成的《武士道》一书。[1]此书是深刻论评日本古今武士道的典范及其代表的武德精神与作为何在的专业著作。特别是论及幕末及明治维新初期的日本现代武士道出色表现，堪称是最佳现身说法的第一手报道资讯及相关精彩论断。

其四，但更重要的是井上哲次郎的相关作为。他于 1903 年继山冈铁舟之后，出版《巽轩论文初集》一书，[2]内中有相关明治文化与宗教思潮的评述，更有武士道时代精神的相关诠释。此书内容显示，井上哲次郎的武士道论述的热情，是持续不断的。于是，他在日俄战争期间（1904 年 2 月至 1905 年 9 月）的 1905 年 3 月出版与有马佑正共编的三巨册《武士道丛书》，一举将日本传统相关武道论著，几乎都汇编出版。[3]

然而，若改从日本的近代国家意识形态来观察的话，则应该说：日俄战争的爆发与战争胜利，是促成巨大日本国族自信萌生与强权扩张意识暴涨的关键转折期。而这是先前甲午战争胜利时，所无法比拟的高涨与强大民族自信。所以有关日本武士道著作，除上述之外，还有如下暴增的多种著作。

其五，1904 年 7 月，河口秋次撰的《武士道论》。[4] 但此书的作者序言，其实是写于 1903 年 7 月。由于当时日本国内已在预备与俄国交战，所以此书序言即提到即将爆发的日俄战争。因而，日本武士道的军人伟大典范传统，必将再度发挥日本皇国精神而战胜。此外，其全书内容，原是从先前山冈铁舟的《武士道》一书的内容与观点引申而来的

---

〔1〕 ［日］山冈铁舟口述：《武士道》，东京：光融社出版，1902 年。
〔2〕 ［日］井上哲次郎：《巽轩论文初集》，东京：富山房，1903 年。
〔3〕 ［日］井上哲次郎、有马佑正共编：《武士道丛书》，东京：博文馆出版，1905 年。此书出版后三年内，就一共出了五版，因此成了主流的论述日本武士道基础教材。换言之，早于新渡户稻造的日译版出版三年，井上哲次郎就主导了日本国内武士道的诠释权，同时也成为日本在"日俄战争"艰苦奋战后赢得伟大胜利新局势的国民道德修养教材。从此"武士道"与"日本精神"两者就成了同义词。
〔4〕 ［日］河口秋次：《武士道论》，东京：真言宗弘圣寺出版，1904 年。

再论述。所以,全书无疑是针对日俄战争前所写的一本狂热政治宣传著作。

其六,1904 年 7 月,日本武士道研究会编纂《日本武士道之神髓》(东京矶部太郎兵卫出版)。[1] 全书有两大主题：其一是武士道的沿革;其二是武士道的各种武德,如忠、孝、武、胆、侠、慈、恕、洁、贞、忍等德目的简洁解说。当时,"日俄战争"已爆发,处于胜负未定的初期。所以此书的作用,与上述《武士道论》一书的狂热国家意识形态宣传一样,都是在激励前方作战军队的士气,以及鼓舞后方日本民众对战争胜利期待的无比信心。

其七,1905 年 3 月,久保得二编著《古今武士道美谭》[2]与同年 6 月干河岸贯一所著《修养美谭(教训讲话)》。[3] 此两种著作,都是改以列举各朝代的多种关于武士道著名人士的修养实例,来解说日本武士道精神的忠诚与武勇的典范表现。后来,忽滑谷快天的《武士的宗教》一书,虽不一定是从此两书取材,但同样选择类似的武士道典范实例,以为解说日本武士道的历史表现实例。

其八,1906 年秋山悟庵(直峰)与有马佑正合编《武士道家训》一书出版。[4] 此汇编丛书,是延续先前井上与有马合编的《武士道丛书》时,未能纳入的《武士道家训》汇编。

其九,之后,释悟庵先于 1907 年出版《禅与武士道》一书,[5] 又在 1911 出版《和魂之迹》一书。[6] 前者的特别意义在于,它是首次出现的专论禅与武士道的专书,也是之后忽滑谷快天著述英文版《武士的宗教》一书的先驱。[7]

---

[1] 日本武士道研究会编纂：《日本武士道之神髓》,东京：矶部太郎兵卫出版,1904 年。
[2] [日]久保得二：《古今武士道美谭》,东京：弘文堂,1905 年。
[3] [日]干河岸贯一：《修养美谭(教训讲话)》,东京：兴教书院,1905 年。
[4] [日]秋山悟庵(直峰)、有马佑正合编：《武士道家训》,东京：博文馆,1906 年。
[5] [日]释悟庵：《禅与武士道》,东京：光融馆,1907 年。
[6] [日]释悟庵：《和魂之迹》,东京：豊文馆,1911 年。
[7] 两者的差别是,忽滑谷快天著述英文版《武士的宗教》并非如书名主标题显示的,专论禅与武士道的相关性,而是在诠释现代性的日本禅宗哲学思想。

但是忽滑谷快天的《武士的宗教》一书也自有其独到之处,例如他曾提到中国的僧肇(384—414),在被秦王姚兴(366—416)判处死行被戮前所吟出的著名偈语:

四大元无主,五阴本来空。将头临白刃,犹似斩春风。[1]

这是他在 1908 年《和汉名士参禅集》一书所举的第十四个实例解析主题。[2] 之后,他于《武士的宗教》一书中,将北条时宗(1251—1284)时期的禅僧无学祖元(1226—1286),面对入侵蒙古军人的大刀斩头前,仍从容吟出的著名偈语加以对比:

乾坤孤筇卓无地,喜得人空法亦空。珍重大原三尺剑,猷似电光影里斩春风。[3]

这是日本禅学史著作的首次出现。对比之后的铃木大拙在其《禅与日本文化》一书,同样对于无学祖元偈语的引用,却未提及僧肇的偈语。[4] 由此可知,忽滑谷快天的《武士的宗教》一书引用的资料,比铃木大拙之书所引述者更完整。[5]

此外,在《武士的宗教》一书中,论述日本历代禅僧与武士道的密切关系之后,他在最后提及明治维新后期的武士道状况。他所举的实例,就是在日俄战争中的陆军指挥官乃木希典大将(1849—1912),曾多次艰苦血战,才终于攻下俄军在旅顺港顽抗要塞的武士道精神典范表现;而且他特别提及乃木希典大将的两个儿子都在战争中被炮弹炸

---

〔1〕 〔日〕忽滑谷快天编评:《和汉名士参禅集》,东京:丙午出版社,1908 年,第16 页。

〔2〕 〔日〕忽滑谷快天编评:《和汉名士参禅集》,第 16 页。又见〔日〕忽滑谷快天:《武士的宗教:中国与日本的禅学》,第 66 页。

〔3〕 〔日〕忽滑谷快天:《武士的宗教:中国与日本的禅学》,第 65 页。

〔4〕 〔日〕铃木大拙:《禅与日本文化》,第 41 页。

〔5〕 但铃木大拙在其《禅与日本文化》一书,所提及的中日战争期间军中热门武士经典殉死的《叶隐闻书》或禅僧泽庵的《不动智妙录》,则都是忽滑谷快天的《武士的宗教》一书引用资料中所未提及的(见《禅与日本文化》,第 32—33 页,第 51—60 页)。然而,《武士的宗教》一书引用资料中,引述过的大剑客冢原卜传的有名河舟巧计取胜的美谈(中译本,第 74—78 页),铃木也同样再次写入其《禅与日本文化》(中译本,第 35—36 页)。

死牺牲,是有意义之举。[1]

据此可知,事实上,日本本土的武士道著作之所以大为盛行,其主要原因,应与日俄战争的爆发及其经历多次死伤惨重的苦战后,终于赢得其伟大的民族胜利有关。[2] 不过,尽管如此,本文接着讨论的主轴,还是要回到其书的副标题——"中日禅宗哲学及其学科"的相关解析。

因此,在以下各节,本文便把探讨的主轴,转入有关"中日禅宗哲学"的相关追索,以便继续追问其书大部分内容的诠释体系又是如何形成的,以及其根据何在等待解谜团。

四、历史的解答之二：书是如何被写或被译？以及如何理解？从既有禅历史哲学诠释体系著作,来探讨其与忽滑谷快天书中的"中日禅宗哲学及其学科"两者之间的相关性

根据以上本文曾提及的,由于《武士的宗教》的副标题已涉及有关"中日禅宗哲学"的相关学术课题,所以,先举出两种相关但只是类似的著作来观察。

(一) 非其所著的相关类似著作

在此部分,本文拟讨论的是曾以正统哲学诠释的"禅宗哲学"的先驱型著作,此即1893年由当时著名佛教哲学家及激烈批判者井上圆了(1858—1919)所著的《禅宗哲学序论》一书。[3] 而他当时,也是这类

---

〔1〕 〔日〕忽滑谷快天:《武士的宗教:中国与日本的禅学》,第76—78页。附注:特别是乃木希典大将夫妇于1912年9月13日,为明治天皇过世而双双殉死的轰动日本国的大新闻,就刚发生于忽滑谷快天到欧美考察之年(1912),所以他会写在书中,也理所当然。

〔2〕 所以,本文上述的相关著作回顾,也是在于证明:忽滑谷快天的《武士的宗教》的书名,除了有意连结新渡户稻造的英文版《武士道》一书的大获成功之前例之外,另一个可能原因,就是反映日本在日俄战争后,举国都为胜利狂欢之后,所大量出现的新武士道思潮盛行现象。

〔3〕 〔日〕井上圆了:《禅宗哲学序论》,东京:哲学书院,1893年。

以正统哲学诠释的先驱型"禅宗哲学"著作的唯一作者。

不过，首先须知，井上圆了其人是东京帝大哲学系毕业，有留德的国外经验，专业为德国哲学领域。所以他是直接采用康德（1724—1804）主要的三大批判理论（《纯粹理性批判》《实践理性批判》《判断力批判》）的不同范畴知识，先将整个佛教哲学也同样区分为主智、主意、主情三类。[1]

接着再把各宗的教理先规定属于认识论领域的主智哲学，其次禅学则属于实践的主意哲学，最后则把净土信仰划归主情哲学。然后，他才开始往下建构其全书关于禅宗哲学的整个诠释体系。

只是，在展开其全书关于禅宗哲学的诠释体系之前，他又先列有六章相关内容：一、禅宗历史，二、禅师传记，三、本山及开山，四、寺院统计表，五、临济宗大意，六、曹洞宗大意。以上都是历史层面的具体陈述，所以甚至包括日本禅宗寺院统计表在内。[2] 之后，才是全书有关禅宗哲学的整体论述。

至于最后在书中"本论"的主体部分的论述方法，井上圆了是按照西方大学哲学教材的编排顺序，先将禅宗哲学分成七大段来处理：第一段是绪论，第二段是哲学总论，第三段是佛教总论，第四段是禅宗总论，第五段是禅宗各论第一，第六段是禅宗各论第二，第七段是结论。[3] 因此其全书论述体系的诠释逻辑思维，堪称条理分明，陈述次第井然。

不过，有关禅宗哲学的相关论述，他主要仍是根据华严禅思想来处理。然后再根据当时日本哲学界习知，在 1897 年由井上哲次郎首次建构的"现象即实体"一元论概念，[4]来自由诠释华严哲学之理事互融无碍的相关禅宗经典思想或公案禅思想。

---

〔1〕 ［日］井上圆了：《禅宗哲学序论》，第 113 页。
〔2〕 ［日］井上圆了：《禅宗哲学序论》，第 1—64 页。
〔3〕 ［日］井上圆了：《禅宗哲学序论》，第 81—208 页。
〔4〕 普尔维沙那：《日本近代哲学思想史》，江日新译，台北：东大图书公司，1989 年，第 33 页。

因此,1902 年井上又出版《禅宗哲学大意与真宗哲学大意》一书,[1]但其禅宗哲学的内容,仍大致维持原样,无巨大变动之处。

可是,上述井上的先历史后哲学的论述编排方式,及其相关的诠释概念,之后也确曾反映于 1913 年忽滑谷快天所出版的《武士的宗教》全书编排顺序及其书内的诠释概念之中。所以,以下我们即接着讨论有关忽滑谷快天的《武士的宗教》一书的相关内容,以及引述的资料出处,来往前追溯其据以建构其书的根源之所在。

（二）溯源《武士的宗教》之前各著作引述资料的追问及其诠释状况的相关解析

在此探讨的切入点,可以借由《武士的宗教》一书的相关内容,以及引述的资料出处,来往前追溯其先前著作中的诠释状况,或其曾引述过的资料来源。因为《武士的宗教》一书内容及其引述的资料出处,较之先前所讨论过的井上圆了著作,都明显的更有体系但也较之更显复杂与呈显混融现象。

再者,此一英文著作,虽堪称其历来注解著作最详者,但其中未能清楚注明其引书的出版时地资料,则是现代学术著作规范中所不许的。因而此处即循其书中大量有注无源的欠补线索,据以追溯其原出版时地之所在。

另一问题是,此书的主要内容,并非全与日本武士道有关。并且在之前各种著作中,他也从未涉及较系统的日本武士道问题,而只呈现相关禅宗典籍的历史批判而已。于是在《武士的宗教》一书中,他除批判禅籍之外,更进一步对中国天台宗所自创的天台五时判教,提出其与历史不符的直接批判。[2] 所以,关于佛教史或禅宗史的历史批判,才是其著作最显著特色之所在。

不过,值得注意的是,其在《武士的宗教》一书中,亦涉及他在之前

---

〔1〕 〔日〕井上圆了：《禅宗哲学大意与真宗哲学大意》,东京：四圣堂,1902 年。
〔2〕 〔日〕忽滑谷快天：《武士的宗教：中国与日本的禅学》,第 91—93 页。

相关著作中所试图建构的禅宗哲学诠释概念及体系,从其第一本《禅学批判论》所提出的最初诠释理论之后八年,又于 1907 年出版其最新诠释的《批判解说禅学新论》一书中。[1]

而我们又须知,此书最初是忽滑谷快天为纪念与他生平从事禅学批判论述与佛教革新的至交、前《佛教时论》主笔宫坂大眉所出版的。因他曾与忽滑谷快天相互深交十年,彼此同为"佛教灵光会"组织与"佛教同志会"的亲密战友;[2]但宫眉氏于 1906 年病逝,所以他才感触至深地出版此书,以为纪念。

同时,他又于书前与书后,清楚地标出自己于书中所进行批判与诠释的理论体系,就是:一、唯心论。二、现象即实在论。三、物心合一论。四、万有一体论。五、安心立命论。[3] 从此他有关禅宗历史哲学的论述建构概念,几乎已定型下来。值得注意的是,他在书前宣示的"批判新解",是指以现代学术的诠释方法,对于传统禅书文献进行译解的再诠释,务必解明向来禅语暧昧含混的难解之处。[4] 所以,他在书后的附录部分,特别列上"禅语略解"的名词小辞典,并一一用现代语言解析。[5] 他也不讳言,其中诠释语意,不尽同于传统禅书的诠释方式。所以这是其禅学批判论的精髓之一。[6]

但在此书之后,直到他于 1912 年奉命到欧美考察之前,他还出版

---

〔1〕 ［日］忽滑谷快天:《批判解说禅学新论》,东京:山忠孝之助出版,1907 年。根据忽滑谷快天生前出版的各种著作版次来看,此书也是最畅销的著作之一。因在 1907 年 7 月 8 日初版后,同月 13 日再版发行,同月 24 日第 3 版又发行。而本文目前所根据的,就是该书的第 3 版,可见此书当时之大受欢迎的程度。另一面来看,这也意味着他所传播的诠释理念,已被当时相当多的社会大众所知晓了。而之后的发展,就是在 1913 年所著《武士之宗教》一书内,反映了之前著作中的许多相关诠释。尽管两者内容有些差异,但大致上有其延续性,则是很明显的。

〔2〕 ［日］忽滑谷快天:《批判解说禅学新论》,第 2 页。

〔3〕 ［日］忽滑谷快天:《批判解说禅学新论》,"新书广告"页上,"注意十则"页上。

〔4〕 ［日］忽滑谷快天:《批判解说禅学新论》,附录,第 1 页。

〔5〕 ［日］忽滑谷快天:《批判解说禅学新论》,附录,第 2—26 页。

〔6〕 他在自序中说:禅宗是宗教信仰的同时,也是知识的研究,但古来禅门龙象只偏重前者而忽略后者。于是导致在现在的科学新知下,被当成迷信来粉碎。所以非用批判性的知识研究,来重新解析禅学与其精确的知识性涵义不可。见［日］忽滑谷快天:《批判解说禅学新论》,第 2—3 页。

过其他著作。[1] 因而，其中究竟是否有新的相关知识或新理论被增添进来呢？若有，则又是哪些性质的？有无出现未被发现却很重要的诠释概念？都是有必要进行检视的。否则，前述的诠释定型说，就不一定能够成立。

而若要理解这一点，最佳办法就是直接从《武士的宗教》一书中来观察书中的资料来源，为何出现多处是引自英译版的各种当代印度瑜伽诠释著作？而且，这类被引述英译版的各种当代印度瑜伽诠释著作，又为何会出现他于1913年7月在日本本土出版的《养气炼心之实验》一书的内容？以及为何全在当时欧美——特别是在美国地区——出版此类著作？

不过，对于上述问题的各类谜团解答之道，并非无路可循，其实只要直接去阅读《养气炼心之实验》，即可清楚地发现。因他在书中早已提到：此类著作之所以在北美地区盛行，主要是源自1893年在美国芝加哥市举办纪念哥伦布发现美洲400周年时，同时举办的世界博览会和"万国宗教博览会"，并广邀世界各国的宗教派代表前来参会并发表演讲介绍自己的宗教，以便促成双方平等交流。[2] 不久辨喜就成了当代新印度瑜伽诠释的著名代表。就是由于他的大获成功，才促成各类印度瑜伽著作，如雨后春笋般在欧美社会风行。[3]

而更令人讶异的是，以上这一事实，居然很少在1893年与日本佛

---

〔1〕 [日]忽滑谷快天：1.《达磨与阳明》（东京：丙午出版社，1908年）；2.《炼心修道：参禅道话》（东京：井洌堂，1908年）；3.《和汉名士参禅集》（东京：井洌堂，1909年）；4.《清新禅话》（东京：井洌堂，1909年）；5.《宇宙美观》（东京：服部书店，1910年）；6.《乐天生活之妙味》（东京：服部书店，1910年）；7.《浮世庄子讲话：附田舍庄子》（东京：服部书店，1911年）。

〔2〕 当时有一位从印度自费前来出席大会的年轻代表辨喜（1863—1902），他是印度新一代瑜伽哲学诠释者，在他登台发表演讲时曾轰动全场。大会之后，他随即应邀到北美各城市各处演讲，大受各地民众热烈欢迎，并引发巨大的新闻传播效应。马小鹤：《辨喜》，台北：东大图书公司，1998年，第46—59页。

〔3〕 [日]忽滑谷快天：《养气炼心之实验》，东京：东亚堂，1913年，第3—6页。

教界五位各宗代表访美报告中提及。〔1〕 甚至连随同释宗演前来翻译的铃木大拙本人在内,都很少在大会之后提及。〔2〕

然而,他在1912—1914年的欧美之行,虽已距1983年的大会有20年之隔了,仍使他广泛接触大量这类相关著作。之后,不但立刻在其英文版的《武士的宗教》多处引用,〔3〕并且随即将其翻译在日本国内出版。〔4〕

于是,他除了成为日本介绍当代欧美风行的多种现代印度吠檀多瑜伽哲学的先驱者之一,〔5〕同时,当他在十年后,预备撰写其博士学位论文《禅学思想史》的第一卷有关印度的外道禅的禅学思想史论述章节时,就能驾轻就熟地派上用场了。〔6〕 而且,它也成了首部有关《禅学思想史》著作,能真正溯源在佛教之前的古印度瑜伽思想的开创性诠释特色。〔7〕

然而,在英文版的《武士的宗教》一书中,还曾提及几本中国哲学史著作、铃木大拙的英文《大乘佛教要义》一书,以及多种西方哲学著作,如今又要如何来追溯其先前曾引述过的状况呢?

以下,本文即直接针对这些问题加以探索,以补足上述各节仍未曾实际涉及的全书其余部分,并促使全书内容都获得完整的学术史解析。

---

〔1〕 这里指的很少,是指辨喜的大会演讲大活动之后,在北美造成巨大影响,并由于他的大获成功,才促成各类印度瑜伽著作如雨后春笋地大量在欧美社会出版这个新变化。见释宗演《万国宗教大会一览》(东京:鸿盟社,1896年)一书。

〔2〕 本文虽初步查看铃木的著作及其自述传记后,没有找到有关他对于辨喜的大会演讲轰动的事及其影响下的印度瑜伽著作流行潮所做的任何相关评论。或许此事还可继续追踪。

〔3〕 [日]忽滑谷快天:《武士的宗教:中国与日本的禅学》,第23—25页。

〔4〕 [日]忽滑谷快天:《养气炼心之实验》,东京:东亚堂,1913年。

〔5〕 [日]姉崎正治:《上世印度宗教史》(东京:博文堂,1900年)一书,已根据当时西方各国研究印度上古宗教典籍及其与瑜伽派的大量成果,将佛教兴起的各派宗教思想有系统地完整概括。他才是当时日本这方面的一流学者。可是将中印《禅学思想史》上卷(东京:东玄黄社,1924年)印度部,第一篇"外道禅"的印度渊源,上溯古代印度的"梵我一如"瑜伽思想纳入书中长篇论述,则他是先驱者之一。

〔6〕 [日]忽滑谷快天:《禅学思想史》上卷,印度部,第一篇"外道禅"部分,第1—74页。

〔7〕 [日]忽滑谷快天:《禅学思想史》上卷,印度部,第一篇"外道禅"部分,第1—74页。

五、历史的解答之三：书是如何被写或被
　　译？以及如何理解？《武士的宗教》
　　一书中的批判禅宗哲学及其与时代思
　　潮的相关性解析

（一）有关《武士的宗教》所引述的中国哲学著作问题

由于在英文版《武士的宗教》开头的注解中，忽滑谷快天曾提到三种著作，但没有注明出版时地。所以以下即先尝试将其完整出版资料还原，并尽量扼要介绍作者在《武士的宗教》的可能原始构想；否则，其书内所引述的中国哲学著作问题，仍会继续困扰有意愿阅读本书的多数读者。而此三种著作的相关出版资讯，可分别陈述如下：

其一，他曾引用 1900 年 3 月远藤隆吉所著的《支那哲学史》。[1] 而此书其实是由东京帝国大学哲学科教授井上哲次郎所指导的优秀著作，同时也是日本学界所出版的第一本完整的中国哲学史现代论述。其书中内容，从中国上古时代到晚明王阳明的良知学都有最完整的叙述，所以足堪被引述。

其二，他亦曾引用 1903 年 2 月中内义一所著的《支那哲学史》。[2] 此书与远藤隆吉著《支那哲学史》的不同之处，是中国古代哲学改从儒家的孔子开始，不再涉及上古时代。至于此书的下限，则叙述到清末的中国哲学。所以全书体系更简洁与完整，作为参考著作很理想。

其三，他曾多次引用 1904 年 5 月高濑武次郎(1869—1950)所著的《王阳明详传》[3]与高濑武次郎著作目录所无的《王阳明出身靖乱

---

〔1〕　［日］远藤隆吉：《支那哲学史》，东京：金港堂书籍株式会社，1900 年。
〔2〕　［日］中内义一：《支那哲学史》，东京：博文馆，1903 年。
〔3〕　［日］高濑武次郎：《王阳明详传》，东京：文明堂，1904 年。

录》。〔1〕反之，则有1906年5月的《王阳明新论》〔2〕与1899年10月的《阳明学阶梯（精神训练）》，〔3〕则未见忽滑谷快天提及。

可见，从上述三种著作的出版时间来看，忽滑谷快天在其书的引据来源，主要是日俄战争以前的著作。而其证据则是，忽滑谷快天于1908年9月出版上述曾提过的由张崑将教授专文讨论及批评的《达磨与阳明》一书。之后，在1909年2月出版《清新禅话》，并在书中转引大量来自《达磨与阳明》的阳明学内容。〔4〕而之前，他在此两书中并未注解引述资料来源。所以，英文版《武士的宗教》开头的注解〔5〕所引述的，都是写作《达磨与阳明》一书的相关印象。

但他在英文版的书中，曾补充注解有关达磨的资料，是来自松本文三郎于1911年3月出版的《达磨》一书，〔6〕而这是他先前未曾提过的。

至于他在《武士的宗教》一书中所引的《浮世庄子讲话：附田舍庄子》的资料，〔7〕虽是他于1911年4月问世的本身著作；可是，本文推论它有可能是参考另一本高濑武次郎于1909年3月出版的《老庄哲学》。〔8〕只是，他仍保有自己更具文学性且更生活化的写作风格。

不过，由于忽滑谷快天在庆应义塾大学就读期间，曾接受不少现代实证史学的著作，〔9〕所以他的第一部著作就取名《批判禅学论》。书中除批判当时日本社会往往在情感上表现过激或病态，未能从理性冷静的禅宗精神来实践现代性的健全禅学原理之外，就是在全文最后的

〔1〕本书是明朝冯梦龙的传记小说，原名是《皇明大儒王阳明先生出身靖乱录》，日本有弘毅馆三卷的刊本。
〔2〕［日］高濑武次郎：《王阳明新论》，东京：神原文盛堂书院，1906年。
〔3〕［日］高濑武次郎：《阳明学阶梯（精神训练）》，东京：铁华书院，1899年。
〔4〕［日］忽滑谷快天：《清新禅话》，第17—19页，第28—30页，第39页，第62—64页，第209页。
〔5〕［日］忽滑谷快天：《武士的宗教：中国与日本的禅学》，第26—27页。
〔6〕［日］松本文三郎：《达磨》，东京：东亚堂书局，1911年。
〔7〕［日］忽滑谷快天：《浮世庄子讲话：附田舍庄子》，东京：服部书店，1911年。
〔8〕［日］高濑武次郎：《老庄哲学》，东京：神原文盛堂书院，1909年。
〔9〕［日］山内舜雄：《续道元禅的近代化：忽滑谷快天之禅学及其思想（驹泽大学建学史）》，第54—55页。

"附录"部分，他发挥了他的实证史学批判精神，逐一批驳作为中国禅宗起源根据的《大梵天王问佛决疑经》，其实是伪造的。[1]

因其关于此经倡说禅师的面授相承，一如佛陀对于迦叶传法时只用"拈花微笑"而"毋须经证"的传统做法，他是强烈质疑其有历史的依据。之后，他在《武士的宗教》中第一章的注脚内，又再次强调他早已在《批判禅学论》的论述中，将禅宗引为起源的传法典故判定为"纯属虚构"。[2]

由此可以看出他特具的强烈禅学史批判性思维。至于他在《武士的宗教》附录中的另一巨大成就，就是率先将日本禅学界一直讲授的唐代宗密（784—841）的《原人论》全文，不但译成英文并有详注，[3]还首次在西方出版，所以值得肯定。

（二）有关《武士的宗教》所引述的日本著述或史籍问题

对于此一问题的回答，之所以必要，是忽滑谷快天对于《武士的宗教》的相关注解，虽然已非常详细，但有些地方则只是提及书名，却无任何相关出版资讯，颇让读者难以查证。因此，本文拟举五种著作为例，以说明此种情况，其余更为细微或琐碎的就省略不提。此种分别是：

其一，1902年森大狂纂辑的《近世禅林言行录》。[4] 此书是汇集日本近世以来，大量日本各宗禅师的言行录，非常便于从中取材日本禅师言行小故事的实例来书写。所以，在《武士的宗教》中有多处引用此书。[5]

其二，1908年7月，由远山景福（淡哉）校注、佐藤一斋（1772—1859）撰著的《言志录：四志合刊版》。[6] 忽滑谷快天在引述此书时，

---

〔1〕 ［日］忽滑谷快天：《禅学批判论》，第213—226页。
〔2〕 ［日］忽滑谷快天：《武士的宗教：中国与日本的禅学》，第27页。
〔3〕 ［日］忽滑谷快天：《武士的宗教：中国与日本的禅学》，第279—300页。
〔4〕 ［日］森大狂：《近世禅林言行录》，东京：金港堂书籍株式会社，1902年。
〔5〕 ［日］忽滑谷快天：《武士的宗教：中国与日本的禅学》，第229页。
〔6〕 ［日］佐藤一斋（1772—1859）：《言志录：四志合刊版》，远山景福校注，东京：图书出版合资会社，1908年。

只提及佐藤一斋的《言志录》,其他资料从缺。但是,根据台湾学者陈威缙的研究,"日本儒者佐藤一斋,以同时治朱子学与阳明学而闻名,为江户时代末期的名儒之一。其所著之四本语录《言志录》乃是其代表作,不仅在幕末时期成为武士们的爱读书之书,至今仍一再出版"。[1] 可见此书的重要性。

其三,《武士的宗教》第八章第十节提到《十牛图》的出处,是一本根本不存在的《禅学宝录》。[2] 其实,此一原著是宋代廓庵师远,传到日本后,近代以前只有两种手抄版本:一本是室町时代的《五味录》中的一味,另一本是原田左卫门的《四部录》之一。[3] 但是,忽滑谷快天在 1906 年 11 月出版的《禅之妙味》上篇第十八节,就是在解析《十牛图》的内容。[4] 可见,他先前就解析过了,只是未注出处。所以在《武士的宗教》中,有关《十牛图》的出处,只好用《禅学宝录》来替代了。

其四,他在书中的第八章第十六节,讨论关于"禅的至福"时,曾提及一本来历不明的《奇人录》当中的小故事。[5] 但他在第四章的注145,已简明提及是出自《庄子·至乐》了。[6] 所以,应是改写原著中的有趣故事而来。

其五,他在第七章第八节讨论"因果律运用于道德上"时,特别提及 H. 加藤博士对于佛教道德因果律的负面攻击。[7] 但是,他没指出是哪位 H. 加藤博士,以及其在何处提出对于佛教道德因果律的负面攻击。

经过本文实际查证后,发现此位 H. 加藤博士,其实就是大名鼎鼎

〔1〕 陈威缙:《佐藤一斋〈言志四录〉的"天"思想及其意义》,《中国学术年刊》2011 年第 33 期(秋季号),第 67—100 页。
〔2〕 [日]忽滑谷快天:《武士的宗教:中国与日本的禅学》,第 265 页。
〔3〕 原田左卫门编,《四部录》之第三部,就是十牛图的汉文与图的抄录,没有注解。这是十七世纪的手抄本,正确年代不详。
〔4〕 [日]忽滑谷快天:《禅之妙味》,东京:井洌堂,1906 年,第 62—74 页。
〔5〕 [日]忽滑谷快天:《武士的宗教:中国与日本的禅学》,第 123 页。
〔6〕 [日]忽滑谷快天:《武士的宗教:中国与日本的禅学》,第 123 页。
〔7〕 [日]忽滑谷快天:《武士的宗教:中国与日本的禅学》,第 221 页。

的加藤弘之博士(1836—1916)。[1]

而他 1900 年 4 月出版的《道德法律进化之原理》(东京博文馆)一书,就是对于有神宇宙论的全面否定,以及对于包括佛教或基督教伦理因果律的负面批驳。[2] 因此,忽滑谷快天在书中,只是略微提及,而不愿详谈或反驳。

六、有关《武士的宗教》全书中的批判禅思想真相：从学术史溯源的发现到其诠释学的时代特征解读

在忽滑谷快天的日文批判禅学著作中,总是维持一大特色,就是他会大量参照西洋的哲学著作,或常将其当代西洋正在流行的热门新思潮理论,顺手拿来融合论述其批判禅学的诠释体系。

特别是在英文版《武士的宗教》中的全部内容,主要对象是西方读者。为让此读者群能方便理解,忽滑谷快天不但改变原有的写作风格,转而向西方的学术著作论述方式看齐。

并且,他还大量详注书中涉及的相关经籍的佛学概念或历史背景。此外,同样引述不少西洋哲学家,如康德(1724—1804)、费希特(1672—1814)、柏格森(1859—1941)、叔本华(1788—1860)、倭铿(1874—1920)等人的观点,或西方著名诗人,如朗费罗(1807—1882)、华兹华斯(1770—1850)、莎士比亚(1564—1616)、阿诺德(1882—

---

〔1〕 而他之所以大名鼎鼎,是因他的显赫经历与多重崇高身份所致。他曾先后担任：东京大学第一任校长、改制后的东京帝国大学第二任校务总理、外务大臣、贵族院议员、日本帝国学士院评议员、枢密顾问、男爵正二位勋一等、东京帝国大学荣誉教授。并且,最重要的是,他率先在东京大学开办初期,强力引进英国著名的进化论社会学家斯宾塞(1802—1903)的社会学原理及其教育学说。此后东京大学就成为全日本斯宾塞进化论社会学说的大本营,之后便风行全日本各学界,影响至为深远与巨大。而且,加藤弘之不但是进化论学说的忠实信徒,深信“物竞天择,适者生存”的强者生存哲学,同时他也是坚定的无神论者与基督教的批判者。

〔2〕 此外,他在 1911 年 4 月出版的《基督教的毒害》(东京：金港堂书籍株式会社)与 1906 年 12 月出版的《自然的矛盾与进化》(东京：金港堂书籍株式会社)两书,不只是批判基督教,同时也对忽滑谷快天的批判禅宗哲学诠释,构成强大的否定性压力。

1888）等的美丽诗句（稍后详论）。[1]

再者，由于在其《武士的宗教》第三章与第四章的标题上，作者曾鲜明地写道"禅是宇宙的圣典""佛陀，宇宙精神"，并且宣称：佛，宇宙的生命。而宇宙的生命，就等于宇宙精神。此即意味着，他的诠释概念，首先是来自1874年日本官方文部省出版的箕作麟祥（1846—1897）《泰西自然神教》各卷内容。而箕作麟祥是明治维新时代最高法学权威，所有的明治法律规定、宪法制定、司法审判制度等，几乎都是由他指导进行的。[2]

因此，他的经历与崇高身份，甚至高于之前提及的加藤弘之博士。[3] 以如是之法学权威，而规范明治时期的所有宗教信仰，除仍要对天皇所代表的神圣国体象征礼敬与效忠之外，所有的宗教都要进化，连国家神道也不例外，[4] 并朝自然神教的方向发展。而忽滑谷快天当年才八岁，正在读小学，所以自然神教的观念是一路伴随他成长的。

而我们沿着这一宗教思想倾向，便可以清楚看到并解释他不重视原始佛教与历史上的印度佛陀，反而只重视大乘佛教如大日如来一样的法身佛思想的由来。而此一思想取向，显然又受到十九世纪末至二十世纪初期主张大乘非佛说的两大巨头姊崎正治批判佛经学与村上专

---

〔1〕 忽滑谷快天之所以能够如此纯熟在著作中引用，主要源自他曾先后毕业于曹洞宗大学与庆应义塾大学的综合文科。所以他不但英文特别优异，并在庆应大学与曹洞宗大学担任英语讲师，而且他对于西洋哲学、文学、社会科学也都有广泛的涉猎。所以，若只在书内略仅作有限的局部摘录引用，则并不需要哲学的专业训练，就可胜任，并无特别讨论必要。至于有关欧美流行的各类现代印度瑜伽书籍，则因前面既已多次提及，在此可省略不提。

〔2〕 有关较详细的明治法学及司法制度与箕作麟祥的密切关系，可参考此网页：https://ja. wikipedia. org/wiki/%E7%AE%95%E4%BD%9C%E9%BA%9F%E7%A5%A5。

〔3〕 想了解箕作麟祥的显赫经历，建议点阅这个网页：https://www. weblio. jp/wkpja/content/%E7%AE%95%E4%BD%9C%E9%BA%9F%E7%A5%A5_%E7%95%A5%E6%AD%B4。

〔4〕 可参考加藤弘之《自然的矛盾与进化》以及加藤玄智《神道之宗教学的新研究》（东京：大镫阁株式会社，1922 年）。加藤之书，虽到 1922 年才出版，但距离《武士的宗教》的出版，其实还不到十年，两者出版时间很接近。可是此书为加藤在东京帝国大学讲授的有名教材，可以视为最具代表性的日本国家神道进化论的经典之作。

精的相关佛学著作之深刻影响才如此。[1] 所以,他用来结合禅宗的真如佛性、婆罗教的大梵思想,以及无造物者的自然宇宙生命、宇宙意志、宇宙精神,都可与佛陀法身相通。而他对于自然宇宙的进化论,并不反对,而将其视为自然律的演化所致。

其间的差别,只是他一直认定,无造物者的自然宇宙生命、宇宙意志、宇宙精神,都可与佛陀法身一样,是善与良知的意志展现,纵然遇到大自然在肆虐的大灾难或战争中的苦难时,依然如此。[2] 相对于此,他基于阅读1902年由当代日本心理学大家、变态心理学研究先行者之一的竹内楠三所新著的《人生达观：厌世哲学》,[3]也注意到书内两大厌世哲学理论,其一是叔本华,其二是哈特曼(1842—1906)。因而在《武士的宗教》一书中,他提到厌世哲学时,所举的例子也同样是这两者的著作,只是他未提竹内楠三的《人生达观：厌世哲学》一书,而只注明资料来源是英译版叔本华著《作为意志与表象的世界》及哈特曼著《无意识哲学》。[4]

但不论如何,在《武士的宗教》一书中所出现的批判禅学诠释体系,其源头至少可从当时日本学术史的前后发展,回溯至其早期译著《怪杰穆罕默德传》[5]或其出版提倡大乘非佛说的日本先驱、德川时期富永仲基的《出定后语》与之后亦持相同主张的服部天游著《赤裸裸》两书的合刊本,甚至忽滑谷快天自撰的第一本著作《禅学批判论》,以及之后再于《批判解说：禅学新论》的书前与书后,可以看出其前后的一贯主张。

特别是,他在此阶段最晚出的《批判解说：禅学新论》一书,更可清楚看到他于书中进行批判与诠释的理论体系,就是:一、唯心论。

---

〔1〕 [日]村上专精:《大乘佛说论批判》,东京:光融馆,1903年。[日]姊崎正治:《佛教圣书史论:大乘经典之成立及其批评问题》。此两书对其影响最大。
〔2〕 [日]忽滑谷快天:《武士的宗教:中国与日本的禅学》,第216—219页
〔3〕 [日]竹内楠三:《人生达观:厌世哲学》,东京:大学馆,1906年。
〔4〕 [日]忽滑谷快天:《武士的宗教:中国与日本的禅学》,第210页。
〔5〕 [日]忽滑谷快天:《怪杰穆罕默德传》,东京:井洌堂,1905年。明治时代活跃的英文评论家野口善四郎,也撰写《穆罕默德传(原名:牟版牟土传)》,收在《大鼎吕》(东京:二酉社名著刊行会,1930年)一书的第三种,共141页。

二、现象即实在论。三、物心合一论。四、万有一体论。五、安心立命论。[1] 而他有关禅宗历史哲学的论述建构概念，也几已定型了。

所以，他在《武士的宗教》所讨论的新诠释体系及其概念，并无根本变动，只是改以西洋人更能理解的方式来书写，并在资料引述时新增大量的相关注解而已。因而，事实上在《武士的宗教》所讨论的新诠释体系及其概念，都可以总括在第七章讨论"开悟"的核心论述时，所出现在第十八节有关"一切十方世界尽皆佛陀净土"的开头一段。例如其中他曾引述说：

> 宇宙生命的法则是，多重在统一之中，统一在多重之内；差异在同意之中，同意在差异之内；冲突在和谐里，和谐在冲突之中；好在坏里，坏在好中；整合在解体内，解体在整合里；和平在干扰内，干扰在和平中。我们可以在尘世之间找到一些天上的东西，我们可以在卑贱与腐朽之中，注意到某些美好的事情。[2]

同时，他在第七章的各节中，雄辩地根据此一全体主义的互融论（结合华严哲学、自然律、唯物主义），来否定灵魂与永生不朽的存在性，并且认为不可知的上帝与不可认识的物自体本身，是纯属无意义的臆测思维。而且，还用"宇宙生命、宇宙意志、宇宙精神"的三合一概念，来定义他的"佛陀净土"。

所以他的"佛陀净土"观念与宗教信仰无关。因此他可以轻易摆脱宗教迷信与无谓崇拜。[3] 而明治时代对于有神教神力祈求保佑，或对于神能拥有赐福及报复的超级宗教权力意志，都认为是迷信或误导的行为。[4] 特别是，有关宗教病态心理学的宗教哲学著作，或来自

---

[1]　忽滑谷快天《批判解说：禅学新论》第 6 页的"注意十则"之第二则，以及书后所附出版书目广告之说明。

[2]　[日]忽滑谷快天：《武士的宗教：中国与日本的禅学》，第 202—203 页。

[3]　[日]忽滑谷快天：《武士的宗教：中国与日本的禅学》，第 99—100 页。

[4]　[日]井上圆了：《解迷信》，东京：哲学馆，1904 年。[日]加藤玄智：《宗教讲话》，东京：隆文馆，1905 年。[日]加藤弘之：《自然与伦理》，东京：实业之日本社，1901 年。[日]中村古侠：《迷信》，东京：雄山阁，1900 年。[日]姊崎正治：《宗教学概论》，东京：早稻田专门学校出版部，1900 年。[日]八滨督郎：《比较宗教：迷信的日本》，东京：警醒社书店，1889 年。

美国哈佛大学威廉·詹姆士的宗教心理学或宗教经验的著名著作,所显示出的所谓宗教人即患有精神疾病者的新主张,也都在大学授课的教材中屡屡出现。[1]

这是西方比较宗教学在日本出现后,日本学者开始表现出对于基督教的上帝或弥赛亚宗教信仰的强烈拒斥,同时也借此贬抑西洋基督教徒一向自视高于各种非基督教徒的病态宗教排他性作风。因而,反映在他的《批判禅学论》一书,所要提倡的诠释概念,就只剩关于现代性的绝对现象论(或心物合一论、现象即实体),同时也否定任何形上学的本体论观念。所以他的批判禅思想甚至与原始印度佛教的佛陀或教义无关,而是由改造大乘佛教的法身观念结合现代性的自然主义观念两者,来表达其宗教道德哲学上的光明自然宇宙新禅学主张。

因此,他的所谓"开悟"就是意指:认知"自我"即在此一自然律全体互融下生存,及其在生物演进遗传学影响下,又不断接受源自光明自然宇宙与来自外界各种社会文化影响的新自觉意识。所以,他在书中虽然广引叔本华、哈特曼、柏格森、恩斯特·海克尔(1832—1919)、雨果·闵斯特伯格(1863—1919)等人的著作观点,但其引述的主要作用,就是一律进行批判。

因而,上述他之批判禅学新诠释,若将其与同一时期分别在欧洲与日本都出版著作的铃木大拙相比,他丝毫不像当时正沉溺于瑞典著名神秘哲学家史威登堡独创的神智灵性体验及经验显示那样。[2] 同

---

〔1〕 其相关翻译或自编著作如:1.〔日〕加藤弘之:《吾国体和基督教》(东京:丙午出版社,1905年)。2.〔日〕加藤弘之:《基督教的毒害》。3.〔日〕竹内楠三:《近世天眼通实验研究》(东京:大学馆,1903年)。4.〔日〕涩江易轩:《原理应用:以心传心术独习》(东京:大学馆,1909年)。5.〔日〕藤教笃、藤原咲平:《千里眼实验录》(东京:大日本图书株式会社,1911年)。6.〔日〕福来友吉:《催眠心理学概论》(东京:成美堂,1905年)。7.〔日〕福来友吉:《詹姆士氏心理学解说》(东京:育成会,1900年)。

〔2〕 史威登堡的神秘基督宗教的惊人透力,虽能吸引西方各国很多追随者,在英国甚至有"英国史威登堡灵智学会"的强力组织,铃木大拙就是在英国与该学会接触的。可是,当时日本研究人格分裂的变态心理学专家或从事催眠术暗示效能的精神学家等,就将其当成欧洲第一号"天眼通"的案例来研究。其他的通神术、心灵交感术等西洋或日本本土大量案例,也被相继讨论与实验。其中,美国哈佛大学著名哲学家、心理学家威廉·詹姆士教授的心理学著作与宗教经验是精神病者体验的学理依据,也被援用来批判相关宗教迷信与精神妄想的学理依据。

时,他也不像铃木那样,接受其英国协会的委托,费心费力地译出多种史威登堡的神智论著作,陆续在日本出版。[1] 并且,他甚至在其首次于西方出版英文著作《武士的宗教》中,还是一样嘲讽西洋的基督教神职人员不自然的刻意形象表现。例如以下就是他提及的现代西方基督教传教人士常在生活中所刻意对外营造的身为传教士的可笑装腔作势模样,他写道:

> (前略)与现代传教士对待其信徒的方式相比,达磨几乎完全反其道而行。……因我们这个时代最受欢迎的基督教传教人士……并不会对其所遇到的每个人露出微笑……他会严格地保持个人清洁,剃须、梳头、洗漱、刷发、抹油、洒香水……以及极其用心撰写他的布道讲稿,利用修辞的艺术,使其说得既有力又优雅。[2]

他对于西洋基督徒最重视的《圣经》,也以更尖锐的凌厉批判语调,在其英文著作《武士的宗教》中如此写道:

> 盲目的相信《圣经》是一回事,而虔诚则是另一回事。对于《圣经》中创世纪和上帝的幼稚看法,多少次隐蔽了科学真理之光:它们的盲目信徒多少次束缚了人类文明的进步;多少次宗教人物阻止了我们认识新的真理,只因它违反《圣经》中古老的民间知识。……没有什么比迫害真相追求者,以维持过往时代的荒唐迷信,更为违反宗教。没有什么比出自"虔诚的残忍"的要求——隐藏在上帝和人类之爱的面具下——更不人道。不仅是基督徒,而是整个人类去拥有一部充斥历史的传奇、奇迹的故事、粗糙的宇宙学,且不时与科学抵触的《圣经》,这难道不是不幸?[3]

---

〔1〕 1.〔瑞典〕史威登堡原著,铃木大拙译:《天界与地狱》(东京:有乐社,1910年)。2.〔日〕铃木大拙:《史威登堡传》(东京:丙午出版社,1913年)。3.〔瑞典〕史威登堡原著,铃木大拙译:《新耶路撒冷及其教义》(东京:丙午出版社,1914年)。4.〔瑞典〕史威登堡原著,铃木大拙译:《神智与爱》(东京:丙午出版社,1914年)。5.〔瑞典〕史威登堡原著,铃木大拙译:《神虑论》(东京:丙午出版社,1915年)。
〔2〕〔日〕忽滑谷快天:《武士的宗教:中国与日本的禅学》,第26—28页。
〔3〕〔日〕忽滑谷快天:《武士的宗教:中国与日本的禅学》,第99—100页。

显然地，他的英文禅学著作在西洋问世，其本质上并不是去西方学习或期待西方学者激赏，而是代之以全书充满批判并流露着无比自信，来介绍其具有实质异类挑战性的"现代日本批判历史禅（哲）学"。因而，其与西方宗教学者奥托的神圣论主张是相冲突的。同样他的批判观点，对于提倡集体无意识的著名心理学家的荣格来说，自然也是格格不入的。

反之，如果西方的唯物论者、无神论者或科学家，会对此批评反弹，那才是值得注意的《圣经》批判学危机。因而，此两者，对于《武士的宗教》所讨论的新诠释体系及其概念批判的负面批评，其实并不令人意外。并且，由此还可以理解：忽滑谷快天的"现代日本批判历史禅（哲）学"，是明显反映了在此之前数年日俄战争胜利之后的日本民族自信。因而其著作才迥异于其他禅学著作，特别是铃木大拙的英文禅学著作。[1]

七、结 论 与 讨 论

经过以上长篇相关学术史溯源探索之后，可以发现：

其一，忽滑谷快天的《武士的宗教》一书，其实是明治时代进化论主流思潮影响下的产物。所以，他的相关诠释内容，是与明治时代的学习环境、社会环境、世界新思潮交互辩证发展的。特别是日俄战争的胜利所带来的巨大国族光荣感与无比自信心，促使他于二十世纪初期第一次世界大战爆发之前，匆忙考察欧美三年，并借机出版有强烈反基督教意识的对立性英文新著；此即以传统武士道精神，巧妙融入具有批判性的新禅哲学意识，并促使此两者互相辉映而成的英文版《武士的宗教》一书，同时也是其借以传达强烈国家文化意识及其民族自信心的最佳新福音媒介。

---

〔1〕 其实，铃木当时在向西方读者表达对彼衷心认同的东方特殊神秘主义者著作，因而其自然可与西方大神秘主义者的理念相容无碍；但同时任何强烈批判性的禅学或神学问题，也就根本不会存在其禅学中。

所以就其书的出版时间来说,可谓因人而异。但对于忽滑谷快天本人来说,则可谓恰当其时,而无误置或被误译的问题。只是其后,由于世局变化来得太快,不久随即爆发大规模惨烈欧战,致使当时西方读者无暇阅读如此接近西方思潮,却又如此异质的特殊东方文化新著作。因此,它立刻被新历史潮流淹没了。

其二,不过,如今透过上述探讨,我们已能知道:在忽滑谷快天著《武士的宗教》的诠释体系中,除禅史与日本武士道的部分是他新增补的内容之外,基本上都是改写其《批判解说禅学新论》一书的内容而来。

举例来说,在其第四章的"万有一体论"中,既有西洋哲学史上的历代与其同道的哲学家之名及其哲学主张的简要列举,[1] 更能看到华严三祖法藏《探玄记》的重要引述:

> 一即多无碍,多即一圆通。摄九世以入刹那,却一念而该永劫。[2]

但是,到了《武士的宗教》中,则改成华严五祖宗密的《原人论》第一章"斥迷执第一(习儒道者)"、第二章"斥偏浅第二(习佛不了义教者)"。[3] 在其书的附录中,更首次英译注释宗密的《原人论》全文。[4] 之所以如此,是因为宗密《原人论》的观念更接近他书中的现代禅学批判思想。因此,他没有再次引用华严三祖法藏《探玄记》的观点。

其三,我们也发现:忽滑谷快天《武士的宗教》的诠释体系,在第四章"佛陀,宇宙的意志"的讨论中,主要认同的是十九世纪德国的生物学家、哲学家、医生和艺术家恩斯特·海克尔《宇宙之谜》一书的哲学

---

〔1〕 忽滑谷快天在《批判解说禅学新论》的第一章唯心论、第二章现象即实在论、第三章心物合一论(第5—134页),就是隶属西洋哲学史上自希腊泰利斯以下,斯宾诺莎、贝克莱、康德、费希特、谢林、黑格尔到海克尔等,都列举在内。

〔2〕 此处引文,只是从法藏《华严经探玄记》第一卷摘录而已。

〔3〕 [日]忽滑谷快天:《武士的宗教:中国与日本的禅学》,第281—294页。

〔4〕 [日]忽滑谷快天:《武士的宗教:中国与日本的禅学》,第279—300页。

理论。[1] 此书 1906 年在日本出版日译本，是前所未有的隆重。

此书的翻译是冈上梁与高桥正熊。可是封面的右上方，赫然出现日本当代最全的四位博士：一、文学博士、法学博士、男爵加藤弘之校阅序。二、文学博士元良勇次郎(1852—1912)绍介序。三、理学博士石川千代松(1860—1935)序。四、理学博士渡濑庄三郎(1862—1919)序。而在此书于 1906 年 3 月出版后，忽滑谷快天随即在同年 6 月，迅速在其《禅学讲话》中予以引述，[2] 率先据以论述其书中的禅学新诠。[3]

第二年(1907 年 7 月)，他又更进一步，立刻出版其诠释"批判禅学"的最完整新理论著作《批判解说禅学新论》一书，并且一问世就出现抢购潮，一个月内就连出三版。而书中的第三章"心物合一论"、第四章"万有一体论"，就有重要引述。[4] 所以，到了英文版的《武士的宗教》第四章论"佛陀，宇宙的意志"，自然是继续引用。[5]

特别是海克尔的著作，正是德国社会达尔文主义的源头，也是物种优生学与自然生态学的始祖。由此便知，忽滑谷快天在《武士的宗教》中的"禅宗哲学"诠释体系，也有西方最新科学与哲学理论结合的强力支持。

其四，由于忽滑谷快天在《武士的宗教》中虽曾引用多位西方著名文学家的著作，但都只片段摘录引用而已，纵使一一详注，也意义不大。所以，此处只提其中三位较相关者，来依次加以解说：

甲、是英国诗人阿诺德及其诗作。他是因创作歌颂佛陀伟大的动人诗集《亚洲之光》(兴教书院、哲学书院)，而在西方造成大轰动，同时也在亚洲被高度推崇。日本是在 1890 年由中川太郎翻译出版，也相当

〔1〕 [德]恩斯特·海克尔：《宇宙之谜》，冈上梁、高桥正熊译，东京有朋馆，1906 年。
〔2〕 [日]忽滑谷快天：《禅学讲话》，东京：积文社，1906 年。
〔3〕 [日]忽滑谷快天：《禅学讲话》，第 2—38 页。
〔4〕 [日]忽滑谷快天：《批判解说禅学新论》，第 124—140 页。
〔5〕 [日]忽滑谷快天：《武士的宗教：中国与日本的禅学》，第 128—131 页。

受欢迎。[1] 所以,忽滑谷快天在《武士的宗教》中加以引述。[2]

乙、是英国十九世纪著名的历史学家与文学家的卡莱尔,他的《衣裳哲学(鬼真先生)》[3](大日本图书株式会社)一书于1909年月4被土井晚翠译成日文出版,所以,也被《武士的宗教》一书引用。[4] 其原因,有可能是因新渡户稻造写《武士道》一书,就是深受卡莱尔此一著作的影响所致。

丙、是忽滑谷快天先在1910年月8月的《宇宙美观》一书,引用过美国名诗人朗费罗的美丽诗句,[5]亦即在于表示他的禅宗美学就是宇宙美学。之后,又出现在《武士的宗教》一书中,[6]同样也是在表达其宇宙美学的观点。

据此可知,有关西洋文学家的引述,其实只是他要增强文学感染力的修辞学需要,以作为点缀书内的某些段落,有关宇宙美学的象征而已。

因而,以上的相关讨论,所要表达的意涵,即在于试图澄清其书中各类引述的真正源头何在。所以除能帮助本文读者对于《武士的宗教》的诠释学内容更能了解之外,同时也可增加对其个人"早期学思历程"的深层理解,于是本文才将其放在日本当时明治新思潮的学术视野来观察。

尤其对于《武士的宗教》一书的现代学术史研究来说,如此兼顾双面性的相关探索,也应是不可或缺的做法才对。

---

　　[1]　此书出版后隔年,日本佛教学者大内青峦也出版《宇宙之光》(哲学馆,1891年)。忽滑谷快天《宇宙美观》的书名灵感,应是来自此书。但《亚洲之光》是国际名著,当然是引后者的美丽诗句。但此书有多种译本,其中最佳译本是由中川太郎、狩野广涯、滨口惠璋共译的《大圣释尊》(东京:兴教书院、文明堂,1908年)。此书特有著名佛教学者、文学博士前田慧云作序,文学博士井上哲次郎与文学博士高楠顺次郎分别撰序。
　　[2]　[日]忽滑谷快天:《武士的宗教:中国与日本的禅学》,第223页。
　　[3]　[英]卡莱尔:《衣裳哲学(鬼真先生)》,东京:大日本图书株式会社,1909年。
　　[4]　[日]忽滑谷快天:《武士的宗教:中国与日本的禅学》,第132页。
　　[5]　[日]忽滑谷快天:《宇宙美观》,第1—27页。
　　[6]　[日]忽滑谷快天:《武士的宗教:中国与日本的禅学》,第228页。

当代日本佛教研究

署名慧能的数种《金刚经》注释书研究*

[日] 伊吹敦

（日本东洋大学）

序　言

六祖慧能在禅宗史上所占据的重要位置，我想不必多言。暂且不论其真实形象如何，在后代禅僧们眼中，其作为禅者的理想形象总是与菩提达磨相提并论的。

但是，如今通过批判性研究的进展，我们逐渐明晰一个事实：这样理想化的慧能形象并非从其本人的人格和思想直接推导而来，而是在种种思想的对立中，在禅从形成期到成熟期的漫长过程中，逐步定型的。也就是说，六祖慧能并非过去我们所认为的那样是"全新的禅"的创造者。这一形象，实际上只是伴随着禅思想的发展而同步形成的理念。

但不管怎么说，"六祖慧能"作为概念在初期禅宗史上具有殊为重要的意义。可以说，其正是阐明"禅"之形成过程的要点。举例来说，神会所谓的"北宗"和"南宗"，有本质上的不同吗？两者和东山法门的

---

* 本文最早以"慧能に帰される数種の『金剛経』の註釈書について"之题发表在《禅文化研究所纪要》22 号（1996），第 49—88 页；后收入阿部慈园主编的《金刚般若经的思想的研究》，东京：春秋社，1999 年，第 399—432 页。译稿以论文最终版为准，参考初版。译者李铭佳，厦门大学哲学系佛教哲学方向博士生。

关系是什么？慧能真的具有革新的思想吗？神会思想与慧能思想的关系是？……可以说，与初期禅宗史相关的一切问题，都围绕这一"六祖慧能"概念展开。

因此，阐明"六祖慧能"概念的形成过程，对于厘清初期禅宗史来说是极其重要的课题。笔者近年也从这一研究视角出发，专注致力于该课题，公开发表了有关《六祖坛经》(以下简称《坛经》)之成立的论考。[1] 本论文作为进一步研究慧能《金刚经解义》(以下简称《解义》)的前提，想先探讨一下署名慧能的其他几种《金刚经》注释书。[2]

此话听来颇令人吃惊，因为署名慧能撰的《金刚经》注释书中，只有《解义》广为人知。它的知名度虽然比起《坛经》等作品还是低得多，但在江户时代已作为坊刻本发行而广为流传，至明治时期又被收入《续藏》，[3] 使得今天也能很容易看到。因此，一般认为除《解义》以外，不存在署名慧能的《金刚经》注释书，但实际上并非如此。至少可以确认还存在名为《金刚般若波罗蜜经直解》《金刚经解》的两种全本，且考虑到流传下的并非历史上的全部，应该还有更多曾为人所知的(署名慧能的)《金刚经》注释书存在。

当然我们很难认可这些注释书都是慧能所撰，但即使它们中多为后代伪托，既已冠"慧能撰"之名，那么无论如何应先明确其来历。以此，本文将依次介绍这些文献，同时尽可能探讨其成立。

〔1〕 参见拙稿《敦煌本〈坛经〉的形成——惠能之原思想与神会派的展开》,《论丛亚细亚的文化与思想》第 4 号(1995)及《敦煌本〈坛经〉的形成》,《印度学佛教学研究》第 44 卷第 1 号(1995)。

〔2〕 关于《金刚经解义》及其成立，参见拙稿《围绕〈金刚经解义〉的成立》。译者按：本文在《禅文化研究所纪要》首次发表后，作者又陆续发表了以下《金刚经解义》相关研究：①《围绕〈金刚经解义〉的成立》,《印度学佛教学研究》第 45 卷第 1 号(1996),第 63—67 页；②《〈金刚经解义〉诸本之系统及其古形的复原》,《论丛亚细亚的文化与思想》第 6 号(1997),第 63—218 页(以下简称《复原》)；③《关于〈金刚经变相〉》,《东洋学研究》通号 35(1998),第 29—51 页。

〔3〕 译者按：原文中"续藏"皆指日本京都藏经书院续编的《卍大日本续藏经》，以下简称《续藏》。

一、《金刚般若波罗蜜经直解》

据我所知,《金刚般若波罗蜜经直解》(以下简称《直解》)仅龙谷大学图书馆藏有一写本,[1]那么首先要弄清该本(以下简称龙大本)的书志[2]情况。

该写本是天地 254 mm、左右 187 mm 的线装一册本,蓝色封面,贴有"金刚经直解全"题签。卷末钤有墨印"应性",似为收藏者名号。全编用同一种笔迹书写,[3]并施有朱点。序文及正文共 32 张,每张都以统一行款书写(每半叶 12 行,每行 20 字),正文结束后有如下刊记:

> 浙江嘉兴府嘉善县
>
> 佛弟子李士衡,法名通理,特诚心捐资,独力
>
> 　刻此
>
> 《金刚般若波罗蜜经直解》。刷印传施,惟祈:寿永
>
> 　坚固,子嗣传坚。俯赐如愿。
>
> 崇祯戊寅年仲冬月吉日谨识[4]

由此可知其底本为刊本,写本照原样所书,基本直接延用了崇祯十一年(1638)李士衡[5]刊本的行款。再看全书的构成,大致如下:

1. 标题("金刚般若波罗蜜经直解")

---

〔1〕 馆藏号 2412 - 7 - 1。译者按:经实地考察,更正馆藏号为 241.2 - 7 - W。

〔2〕 译者按:"书志学"是日本图书情报学发展史上独创的概念,是在中西方目录学的交汇影响下产生的。虽然长泽规矩也已代表学界于 1979 年的《图书学略说》中正式提出以"图书学"取代"书志学"这一名称,但书志学的概念涵盖范围及成果不可简单以"图书学"或"目录学"概之。故此,本译文保留该名称。下同,不赘。参见长泽规矩也:《图书学略说》,东京:明治书院,1979 年。转引自曹淑文:《日本书志学家长泽规矩也》,《图书与情报》1983(01),第 92 页;范凡:《从目录学到书志学——20 世纪前期目录学在日本的研究与发展》,《中国图书馆学报》2016,42(6),第 117—129 页。

〔3〕 译者按:第九页之后字迹逐渐潦草,至十八页下半(究竟无我分)之后,字体几乎全为草书。经文抄录部分大量省略,注释部分的抄写也极为随意。不但字迹内容较难辨认,连抄本内容是否严格依据刊本也难以保证,但朱点贯穿全书。

〔4〕 引文中现代汉语标点为笔者为方便阅读,据文意(或原文断句)所加,仅供读者参考。下同,不赘。

〔5〕 关于李士衡尚不清楚。译者按:据沈括《梦溪笔谈》卷九及《职官分纪》卷四十七,北宋真宗时期有大学士李士衡以昭文馆使身份出使高丽。然结合本刊记,应只是重名。

2. 撰号("唐曹溪六祖大鉴禅师释")

3. 序文(没有明确记载撰者,但内容是基于慧能所撰)

4. 正文(采用昭明太子的科分)

5. 尾题("金刚般若波罗蜜经直解终")

6. 刊记(前述李士衡作)

7. 后跋(有标题"金刚经直解后跋",不二道人作)

据撰号可知本书是作为慧能撰述流传下来的。但驹大《慧能研究》已就本书阐述如下:

> 《直解》中的注释比《解义》少,序及正文中包含对《解义》内容的提炼,但全文与《解义》并不一致。这本著作是嘉兴府李士衡于崇祯十一年(1638)才初次刊行的。清代洁斋居士所作《金刚经汇纂》的"引用书目"中也有"唐曹溪法师直解六祖法名慧能"[1]一条,传承并不古老。《续藏经》编辑时似乎也知道本书的存在,但在"解义"条目后写着"另有一本题为《直解》,因行文不佳没有编入"。据此可知,该《直解》应是后世假托慧能之作。[2]

但这个说法存在问题,发行始于明末李士衡这一看法并不准确。如前所示,该写本尾题后写有李士衡的刊记,因此写本基于李士衡刊本没有问题。问题在于原刊本的刊记之后,还有署名"不二道人"的"后跋"。通常刊记该在卷末,为何被放在跋文之前呢? 更奇怪的是"后跋"的内容,其中有如下一节:

> 以予所见,寂虚居士大异于斯。其玄心也,寄诸秋水之篇;其知正也,比肩衡岳之游。于囊于橐,斋僧供矣;我疆我理,捐寺田

---

〔1〕 出处见 Z,40‐2‐124。译者按:此条目有 CBETA 索引如下:X25, no. 504, p. 753, b3//Z1:40, p. 124, a8//R40, p. 247, a8。

〔2〕 参见驹泽大学学禅宗史研究会编著:《慧能研究》,东京:大修馆书店,1978 年,第 490 页。另外,京都大学图书馆藏经书院旧藏本《解义》(即《续藏》所用底本)的封面上贴有笺纸,写着"两本对校。写本略而刻本详。略者作于前,详者作于后,皆伪撰也。考六祖并无解《金刚经》之语,后人依托其名作此二解,不足信也。二本对校,详本稍优"。这里的"写本"很明显说的是《直解》,所以以《续藏》的编者认为《解义》是从《直解》中派生的。并判断两者都是伪撰的,只是《解义》内容更好,所以只刊行了这本。但正如后面所论述的那样,这个观点是不正确的。

矣。未云何龙舆梁就矣，好生普及仁慈遍矣，无主而葬游魂辑矣。闪烁丹青，殿宇新矣；辉煌金壁，圣容丽矣。兹尔复发弘愿，再镌六祖所注《金刚直解》，刷印成书。敷施宇内，阐宗[1]内醒迷辈。其言简理明、取径直捷，真所谓标指本末，不可思议妙谛也。寂虚作此无量功德，诚谓护教之法王可耳。

可见该后跋作于寂虚居士刊行《直解》时。那寂虚居士和李士衡两次刊行之间是什么关系呢？虽然后跋中没有任何记年，但肯定作于李士衡刊行之前。因为在实际刊刻中，覆刻版不仅翻刻序跋，往往连刊记也原封不动地重刻。要弄清底本的来历，前提是有覆刻时的刊记存在。像这样只有一个刊记的情况，肯定就是新版本身的刊记，所以"后跋"中言及的寂虚居士之刊行，只能在此之前了。

而两本之间，应是李士衡刊行时，以寂虚居士刊本作为底本，上面提到的刊记的位置也是证据。从龙大本来看，正文结束在第三十张的正面中途，末尾行附有尾题，而"后跋"是从第三十一张另起一页开始的，所以龙大本中插入李士衡刊记的地方[2]本该是空白的。据此推测，李士衡刊本之所以成为现在的形态，大概是在刊行之际以寂虚居士刊本作为底本，将其贴在版木上原封不动地翻刻，并将自己的刊记刻在了（跋文前）空白部分的缘故。所以这个龙大本除刊记以外的部分，应可以追溯至寂虚居士当初刊行的形态。

但此处应该注意，后跋中尚有"再镌六祖所注金刚直解"这样的表述，表明寂虚居士刊行的实际上也不是初刻版。因此，《直解》的成立完全可以追溯到明中期。但要从书志学上证明这点很困难，此时，基于文本内容的文献学研究就变得必要。于是问题聚焦到《直解》与《解义》的文本关系上。[3]

两者相较，虽然《直解》在篇幅上比《解义》短不少，但在二者序文

〔1〕 译者按：写本此处尚有朱点补一"径"字。
〔2〕 译者按：第三十张的反面。
〔3〕 这点前述《慧能研究》也有所讨论。

113

及经文的注释部分都能看到平行记述,只是密切程度根据所处位置不同而有所差异。序文方面,《直解》比《解义》短得多且内容多有共通,呈现的几乎都是《解义》的摘抄。注释部分也是,前半部分内容有大量一致。但后半部分则倾向大异,几乎找不到平行记述。实际情况恐怕是其中一方以另一方为模板,新作了伪托慧能的《金刚经》注释书,在撰写过程中逐渐对作为底本的文献有所不满,慢慢加入越来越多自己的思想,最终缀合成了全新的文章。

至于究竟是何者基于另一方,那当然是《直解》依据《解义》的了。首先可举出《直解》中"非说所说分第二十一"的注释为例:

> 一切众生皆具佛性,悟即是佛,故云"非众生";迷则众生,故云"非不众生"。其实真空妙体未尝少欠,只是本来面目,岂曾有众生之名。盖一切众生皆达本心,认着外妄、造诸业障,枉受轮迴生死。及开经顿悟,得大智惠[1],则众生皆是佛。

这里的"本来面目"显然是源于《坛经》中慧能对惠明说的"不思善,不思恶,正与么时,那个是明上座本来面目?"[2]不过,这一段话在敦煌本和惠昕本这样的早期《坛经》版本中并不存在,是到至元二十七年(1290)的德异本、至元二十八年(1291)的宗教本才首次出现的。其内容与《传灯录》中的"蒙山道明传"[3]几乎完全相同,所以被认为是后吸收进《坛经》的。[4] 虽然不清楚这段话在《传灯录》以前的传承,不过考虑基于《传灯录》或《坛经》的情况,《直解》的成立则至少是《传灯录》完成的景德元年(1004)以后了。

其次,根据大中八年(854)所写的圆珍《福州温州台州求得经律论

---

〔1〕 译者按:古"惠"同"慧"。下同,不赘。

〔2〕 参见《大正藏》第 48 册,第 349 页中。

〔3〕 《大正藏》第 51 册,第 231 页上。

〔4〕 这些所谓《坛经》的"Longer edition"之成立,及其与《传灯录》的关系,参见近年发表的如下研究。Morten Schlitter, "A Study in the Genealogy of thr Platform Sūtra", *Studies in Central East Asian Religions*, *Journal of The Seminar for Buddhist Studies*. Copenhagen Aarhus. Autumn, 1989, pp. 53–114.

疏记外书等目录》中的记载，[1]可知《解义》早在九世纪前就已存在。因此从成立年代来看，无疑是《直解》参照了《解义》。

最后，《直解》中频繁出现"独露"、"发现"等思想，如下：

> 知解不生全体独露。若道是法，则丝发不立；若道非法，则弥纶沙界。二者无相，皆不可取、不可说。[2]

> 佛说诸相不住不离。有心于离，彼我对立，便是分别。行住坐卧，不起妄心。于诸妄心，亦不息灭。妄心不生，相从何立。此诸相自离真空独露。[3]

> 佛所得法本无法相，故言无实无虚。盖虚则着空，实则着有。若道是实，则尽一大藏经教摸索不着；若道是虚，则一日十二时中常露现前，不可得中。只么得如是透彻，乃真得也。[4]

> 真如佛性全体发现，如是具足遍满恒沙，是具足法身法相也。[5]

这些词乍一看让人想起了云门文偃（864—949）著名的"体露金风"，[6]而这些表达在初期的禅宗文献中是完全看不到的，恐怕形成于宋代云门语录流传以后。据此，这一《直解》便是宋明期间参考《解

---

〔1〕 被认为"已上于温州永嘉郡求得"的目录内容中，可见"能大师金刚（般若）经诀一卷"一条（《大正藏》第55册，第1094页上）。对于这条记录已有关口真大先生指摘，参见关口真大：《禅宗思想史》，东京：山喜房佛书林，1964年，第120页。译者按：条目中"般若"二字为译者据原典补。

〔2〕 对"无得无说分第七"中经文"何以故？如来所说法皆不可取、不可说，非法、非非法"的注释。译者按：因鸠摩罗什译《金刚经》有诸异本传世，字词上存在些许出入。本文中所有对《金刚经》经文的引用皆依论文原文，不做校订。下同，不赘。

〔3〕 对"离相寂灭分第十四"中经文"世尊，我今得闻如是经典，信解受持不足为难。若当来世后五百岁，其有众生得闻是经，信解受持，是人则为第一希有。何以故？此人无我相、无人相、无众生相、无寿者相。所以者何？我相即是非相，人相、众生相、寿者相即是非相。何以故？离一切诸相，即名诸佛"的注释。

〔4〕 对"离相寂灭分第十四"中经文"须菩提，如来所得法，此法无实无虚"的注释。

〔5〕 对"离色离相分第二十"中经文"须菩提，于意云何？佛可以具足色身（见）不？不也，世尊，如来不应以具足色身见。何以故？如来说具足色身者，即非具足色身，是名具足色身。须菩提，于意云何？如来可以具足诸相见不？不也，世尊，如来不应以具足诸相见。何以故？如来说诸相具足，即非具足，是名诸相具足"的注释。

〔6〕 参见《云门匡真禅师广录》卷上（《大正藏》第47册，第550页下）及《佛果圜悟禅师碧岩录》卷第三（《大正藏》第48册，第167页中）。

义》基础上伪托慧能而成的作品。虽然其与《解义》的关系看上去缺乏一贯性,著述中也未必贯彻着明确目的,但或许正因如此,我们能够充分肯定,在当时的禅僧之间已经确立慧能形象的投影了。

既已确定《直解》基于《解义》,下一个问题则是底本的来历。这点似乎较难明确,既能看到《直解》与朝鲜所传的《金刚经五家解》(以下简称《五家解》)一系文本有内在关联,[1]也能看到推翻这一猜想的地方。[2] 并且《直解》的依用也无法保证是依照原文,所以这里不多做推断了。

最后谈谈这部《直解》的影响。《慧能研究》已指出,乾隆五十八年(1793)孙念劬编纂、出版的《金刚经汇纂》(以下简称《汇纂》)卷首所载"引用书目"中有"曹溪法师直解六祖法名慧能"[3]一条。实际上,《汇纂》正文中有三处"直解云""直解"[4]确是引用自《直解》。还有多处以"六祖云""六祖曰"的形式引用《解义》,但引文却出用《直解》的情况,如"六祖曰:我,即自性之我。乃无异无相,净慧之体,自性之佛"[5]等。

又,《汇纂》"引用书目"中还载有"洪莲和尚集注采集五十三家"。[6] 这里的"五十三家注"准确来说是《金刚经集注》(以下简称《集注》),[7]其中也包含对《解义》的引用。另一方面,《汇纂》中不仅

---

〔1〕 试举几例:《直解》"妙行无住分第四"中有"佛性无限量,故得名为大"一句注释,这里"无限量"仅在《五家解》有出现,其余诸本此处皆作"无有限量"。还有"如理实见分第五"中有"具足恒沙妙用"一句注释,这里"恒沙"也仅在《五家解》中有。此外,《直解》只与相对古老形态的六地藏寺本《解义》和《五家解》有一些共通之处。

〔2〕 例如,《直解》"庄严净土分第十"中有注释"然灯佛是释迦佛授记之师,因师开示其法,自悟本性。自来清净,本无尘劳,寂然常照,即自成佛。故云:于法实无所得,亦得法无着法相"。六地藏寺本及《五家解》中,"释迦佛"作"释迦牟尼佛","寂然"作"寂而",《直解》中的表述与罗适刊行本以降的诸本一致。

〔3〕 《续藏》1-40-2,124a。前述《慧能研究》中标记"第124页b"有误。

〔4〕 《续藏》1-40-2,136d、163a、177b。

〔5〕 译者按:"无异无相"参见《续藏》所录《金刚经汇纂》卷二:"无为无相"(CBETA,X25,no.504,p.802,c13-14//Z1:40,p.169,c18-d1//R40,p.338,a18-b1)。

〔6〕 《续藏》1-40-2,124b。

〔7〕 "五十三家注"下文会再提及。一般认为它是宋代杨圭编《金刚经集解》(十七家解)的增补,但本身存在两个系统,所以关于其成立还存在一些问题。参见拙稿《复原》的附论"相关二、三文献的研究"。

有直接以"解义云"提起的引文,〔1〕还包含《直解》和《集注》中都没有、仅见于《解义》中的引文,〔2〕因此无法否认直接参照了《解义》。此外,《汇纂》中还以"曹溪云"引用了几个出处不明的句子。〔3〕从内容来看,无疑是出自《金刚经》的注释书,这也暗示了或许还有其他署名慧能的《金刚经》注释书存在。

综上,《汇纂》与《解义》的依用关系很复杂,但无论如何确有基于《直解》之处。这对于获知《直解》曾一直流传至清末,是很宝贵的(依据)。

话说回来,依用《直解》的文献并不局限于这部《汇纂》。顺治七年(1650)无是道人编纂的《金刚经如是解》(以下简称《如是解》)中,也能看到对《直解》的引用。虽然《如是解》并未明示"直解"这一书名,但试着查证一下其中频繁出现的"六祖云"引文,就会发现除《解义》《坛经》外还有《直解》的内容。如下述两例:

六祖云:"法非有无,谓之如。皆是佛法,谓之是。"〔4〕

六祖云:"随说者,逢凡说凡,逢圣说圣也。"〔5〕

这些文句别说《坛经》了,连《解义》中都看不到,只存在于《直解》中。从《如是解》的成立时期来看,不能排除其使用的可能正是龙大本的底本,或许当时《直解》流传得相当广吧。

---

〔1〕《续藏》1-40-2,148b-c。
〔2〕《续藏》1-40-2,129b、140c-d、155c。
〔3〕《续藏》1-40-2,148c、161b-c、169c。参考原文如下:① 曹溪云:观相原妄,无可指陈,不妨相即无相,故曰"即非身相"。观性原真,尘尘妙觉,不妨无相即相,故曰"是名三十二相"。(148c)② 曹溪云:此段经文,自再行起请至通达无我,皆一串说下。天亲分作四疑,一无相、一无因、一无佛法、一无菩萨法。总归无我是究竟义。其初正答"住""降",尚在破情显智,所破者四相粗执,所显者菩提正智也。至此再答"住""降",在破情忘智,所破者四相细执,所忘者发菩提心也。菩提且无,何有四相;智且不立,情从何生? 故发菩提心,前说也;无发菩提心,后说也。心无其心,则无降可降,谓之真降;无住可住,谓之真住矣。(161b-c)③ 曹溪云:此"我"字虽指法身,即可见众生身中,各有自性清净真常无相之体。若向相中求佛、法中求法,即心有生灭,不悟如来矣。(169c)译者按:此处①③在《解义》中都能找到原句,笔者用例似有误。
〔4〕《续藏》1-39-3,186a。
〔5〕《续藏》1-39-3,192b。

二、《金刚经解》

据笔者所知，国立国会图书馆所藏明本[1]是此书的唯一传本。《金刚经解》也只有国立国会图书馆所藏明版这唯一的传本，所以先从书志学上厘清该本。该《金刚经解》是一套包含六卷本的丛书，书帙上贴有题签"金刚经解全"，但题签书于何时并不清楚。丛书的中心内容就是《金刚经解》，首先来看丛书的整体构成：

卷一（题签："金刚解一"）

1. "御制金刚般若波罗蜜经序"（永乐帝撰（一~二张）（括号内的张数是刻在版心的）

2. 序文（慧能撰）（一~四张）

3. "金刚经目"（昭明太子分章）（一~三张）

4. 《金刚经解》正文（凌毓枬校、版框外附冶父道川颂）（一~一六张）

卷二（题签："金刚经解二"）

1. 《金刚经解》正文（一七~四〇张）

卷三（题签："金刚经解三"）

1. 《金刚经解》正文（四一~七一张）

卷四（题签："金刚经解四"）

1. 《金刚经解》正文（七二~九四张）

2. "般若无尽藏真言""金刚心陀罗尼""补阙真言""普回向真言"（一张）

3. "金刚经音义"（撰者不详）（一~二张）

4. "中峰禅师念佛歌"（中峰明本撰）[2]（一~二张）

5. "金刚经跋尾"（撰者不详）（一张）

---

〔1〕 馆藏号155-6-78。译者按：经考察，更正馆藏号为155-78。
〔2〕 同样内容《天目明本禅师杂录》卷上以"劝念阿弥陀佛"为题收录（《续藏》2-27-4,367c-d）。

卷五(题签:"金刚经解五")

1. 佛画(钱穀笔)、"释迦文佛颂"(苏轼撰)、"金刚经解序"(中峰明本撰)、"金刚经启请"、"净口业真言"、"安土地真言"、"虚空藏菩萨普供养真言"、"奉请八金刚"、"发愿文"、"云何梵"、"开经偈"(一~六张)

2.《金刚经》正文(版框外附中峰明本注)(一~二二张)

卷六(题签:"心经六止")

1. "般若心经序"(冯梦祯撰)、"灵感观音偈"(苏轼撰)(一~二张)

2.《般若波罗蜜多心经》正文(版框外附撰者不详注)(一~二张)

3.《般若波罗蜜多心经》正文(版框外附如玘注、附李卓吾语)(一~八张)

这六卷体裁固定,都是天地 260 mm、左右 203 mm 的线装书(康熙缀),[1]版框内天地 200 mm,左右 138 mm,各半叶 8 行,一行排 18 字。特点在于双色印刷,正文是常用的黑色印刷,同时附有朱红色句读,版框外也施以朱红色注记,[2]作为宗教书来说是极罕见的版式。

另外从内容上看,这本《金刚经解》是综合数种《金刚经》《般若心经》相关文献的合订本,呈现出非常规整协调的形式。

如此讲究的体裁,似乎把视觉审美放在首位,表明其出版原不是出于宗教性目的。加上此版花费不菲,却未见任何相关的序跋,由此可窥知其出版只是满足爱好者。书的首尾都盖有许多藏书印,亦足以证明它实际上是供收藏的珍玩。

问题应集中在该书的出版年份,遗憾它连刊记都没有,年份无法确知。但第五卷卷首的佛画附有跋文"隆庆壬申中秋钱穀写",所以其刊

---

〔1〕 日本书志学中对线装本进一步再细分为"明朝缀"和"康熙缀"等不同的装帧形式。参见藤井隆:《日本古典书志学总说》,大阪:和泉书院,1991 年。

〔2〕 这种被称为"朱墨套印本"的体裁始于元刊本,明万历年间也相当流行。参见长泽规矩也:《和汉书的印刷及其历史》(《长泽规矩也著作集》卷二,东京:汲古书院,1982 年,第 78 页)也可说是其中一册。

行不可能早于隆庆六年(1572)。此外,书中还收录有宋代苏轼
(1036—1107)、冶父道川(生卒年不详)、元中峰明本(1263—1323)、明
永乐帝(1402—1424 年在位)、冯梦祯(1546—1605)、如玘(生卒年不
详)等的著作,其编纂也不可能在明以前。考虑到这个刊本的考究结
构及其供玩赏的目的,这样的排版应是特意为了此本的刊行而作。因
此,本丛书所包含的《金刚经解》最晚在明末就成立了,究竟可以追溯
到什么时候呢? 为了弄清这点,有必要对正文内容进行考察。

正文一读之下便会立刻意识到并非慧能的真撰。因为注释部分的
大量引文中,不仅有谢灵运(385—433)、僧肇(384—414)等慧能
(638—713)前人的话,还有马祖(709—788)和百丈(749—814)、黄檗
(生卒年不详)、白乐天(772—846)、宗密(780—841)、云门(846—
949)等慧能以后的人物之言,甚至连真净克文(1025—1102)、张无尽
居士(1043—1121)、圆悟克勤(1063—1135)、大慧宗杲(1089—1165)
等宋人的言语都包含了,这样的书假托慧能所撰,本身就令人难以置
信。因此,《金刚经解》的成立也不能追溯到宋以前。

那么,此书是否就是宋明期间的某人,为了托伪慧能,而参考上述
种种资料特意编纂的呢? 答案是否定的。这点比较先前提及的《集
注》即可明了,例如"善现起请分第二"的开头,两书内容分别如下:

《金刚经解》

【经】[1]时长老须菩提,在大众中即从座起,偏袒右肩,右膝
着地,合掌恭敬,而白佛言:"希有,世尊! 如来善护念诸菩萨,善
付嘱诸菩萨"。

【解】时者,空生起问之时也。长老者,德尊年高也。须菩提
者,梵语也,唐言解空是也。解空第一,故先起问。右膝着地者,先
净三业,权[2]伏身心,精仪赞佛也。合掌者,心合于道,道合于心
也。希有者,我佛性能含容万法,无可比类也。如来者,如者不生、

---

[1] 译者按:文中"【经】"与"【解】"的标记为译者出于方便理解所加。下同,不赘。
[2] 译者按:"权(日文汉字"權")"疑为"摧"的误录。

来者不灭,非来非去,非坐非卧,心常空寂,湛然清净也。善护念者,善教诸人,不起忘〔1〕念也。诸菩萨者,诸者不一之义,菩者言照,萨之言见,照见五蕴皆空,谓色受想行识也。菩萨者,梵语也,唐言道心众生。常行恭敬,乃至鳞甲羽毛、蛆虫蝼蚁,悉起敬爱之心,不生轻慢。此佛所谓蠢动含灵,皆有佛性也。善付嘱者,念念精进,勿令染着。前念才着,后念即觉,勿令接续也。

《金刚经集注》

【经】时长老须菩提。

【解】李文会曰:"时者,空生起问之时也。长老者,德尊年高也。须菩提者,梵语也,唐言解空是也。"

王日休曰:"长老,谓在大众中,乃年长而老者也。"

僧若讷曰:"梵语须菩提,此翻善吉、善现、空生尊者。初生时其家一空,相师占之,唯善唯吉。后解空法,以显前相。"

僧了性曰:"须菩提人人有之,若人顿悟空寂之性,故名解空。全空之性,真是菩提,故名须菩提。空性出生万法,故名空生尊者。空性随缘应现,利人利物,亦名善现。万行吉祥,亦名善吉尊者。随德应现,强名五种。"

【经】在大众中即从座起,偏袒右肩,右膝着地,合掌恭敬,而白佛言:"希有,世尊!"

【解】李文会曰:"须菩提解空第一,故先起问。右膝着地者,先净三业,摧伏身心,整仪赞佛也。合掌者,心合于道,道合于心也。希有者,我佛性能含融万法,无可比类也。"

僧若讷曰:"言偏袒者,此土谢过请罪,故肉袒;西土兴敬礼仪,故偏袒,两土风俗有所不同。言有〔2〕肩者,弟子侍师,示执捉之仪,作用之便。言右膝着地者,《文殊问般若经》云右是正道、左是邪道,用正去邪,将请以无相之正行。"

---

〔1〕 译者按:"忘"通"妄"。
〔2〕 译者按:"有"疑为"右"的误录。

王日休曰:"白,谓启白。希,少也。世尊,佛号也。先叹其少有,次又呼佛也。"

【经】"如来善护念诸菩萨,善付嘱诸菩萨。"

【解】王日休曰:"如来者,佛号也。佛所以谓之如来者,以真性谓之真如。……此菩萨所以谓之有情,而不得独谓之觉也。"

陈雄曰:"菩萨受如来教法者也,菩萨指大众言之也。大众听如来说法,固当信受奉行。傥如来不起慈悲心卫护眷念,俾信受是法,则恶魔或得以恼乱,不付委嘱托;俾奉行是法,则胜法有时而断绝。故须菩提于大众听法之初,未遑它恤,惟愿如来起慈悲心,为之护念付嘱也。"

李文会曰:"如来者,如者不生、来者不灭,非来非去,非坐非卧,心常空寂,湛然清净也。善护念者,善教诸人,不起妄念也。诸菩萨者,诸者不一之义,菩之言照,萨之言见,照见五蕴皆空,谓色受想行识也。菩萨者,梵语也,唐言道心众生。常行恭敬,乃至鳞甲羽毛、蛆虫蝼蚁,悉起敬爱之心,不生轻慢。此佛所谓蠢动含灵,皆有佛性也。善付嘱者,念念精进,勿令染着。前念才着,后念即觉,勿令接续也。"

川禅师曰:"如来不措一言,须菩提便怎么赞叹,具眼胜流,试着眼看。颂曰:隔墙见角,便知是牛;隔山见烟,便知是火。独坐巍巍,天上天下,南北东西,钻龟打尾。咄。"〔1〕

根据比较,《金刚经解》内容其实只是李文会〔2〕的《金刚经》注释罢了。

---

〔1〕 正如前文注释所提到的那样,该文献有两套系统,《汇纂》"引用书目"中的洪连刊行本一系被《续藏》收录了(《续藏》1-38-5),此处引文则依据复旦大学图书馆所藏另一系统的永乐内府刻本(文津出版社影印本,1987年,第19—23页)。

〔2〕 关于李文会的传记等,目前尚未找到任何资料。译者按:李文会(1100—1165),字端友,福建惠安人,有"沙堤传芳"等事迹流传。据《福建通志·人物志》《林泉野记》《惠安县志》等记载,早年官拜至端明殿学士、兼枢密院事,绍兴十四年因不满秦桧遭贬。后谪居江州十年,潜心佛学,期间撰写有《金刚经注解》《三教论公》等,直至绍兴二十五年平反复职。因此后世诸本所依的李文会注释,成立时间应该在1144—1155年之间。参见惠安县地方志编纂委员会:《惠安县志》第1版,方志出版社,1998年。

话说回来,前文提到其引用的马祖、黄檗等人之言,《集注》中几乎全都有,那么《金刚经解》很可能是摘抄永乐二十年(1422)〔1〕成立的《集注》而成。但这些名言既然已被李文会的注释所引用,〔2〕《集注》包含这些内容,也可以认为是依据了李文会的注。所以,《金刚经解》虽署"慧能撰",但实质上就是《集注》所依据的李文会注释。考虑其摘抄性质,不能看作刻意制作的新书,那下面这种可能性更高。

即,这个《金刚经解》也许是为了伪托慧能撰述,将李文会注拉来,直接把撰号改为慧能。如是,那么其成立正是在刊行之际。明代屡屡发生为了助销而随意更改古书的书名,制作标新立异的"伪书"之事,〔3〕本书或许也是在这样的时代风尚中诞生的一本。

另外还应注意到,李文会注中也可看到与《解义》密切相关的记述。还是上文引用的《金刚经解》段落,同样的经文在《解义》〔4〕中解释如下:

【经】时长老须菩提。

【解】何名长老?德尊年高,故名长老。须菩提是梵语,唐言解空。

【经】在大众中即从座起,偏袒右肩,右膝着地,合掌恭敬,而白佛言。

【解】随众所坐,故云即从座起。弟子请教,先行五种仪:一者

---

〔1〕 译者按:此《集注》附有永乐二十一年(1423)四月十七日成祖御制序文,该序文于洪莲重集本中改时间为同年四月八日;另有永乐九年(1411)五月初一御制序录于清邓旹《金刚经辑注》。因而本书最早可能刊于永乐九年,最晚刊于永乐二十一年,作者此处所谓永乐二十年成立,不知由何推定而来。

〔2〕 译者按:在《集注》(五十三家注)的两个系统中,都将马祖、黄檗希运等人单独列出,目前没有充分证据证明《集注》中其余前人之语是转引自李文会,而非出自《集解》或《集注》的编者。参见《续藏》所录《金刚经注解》卷一"金刚经五十三家批注姓号目录"(CBETA,X24, no. 468, p. 760, a14//Z1: 38, p. 425, b8//R38, p. 849, b8)。

〔3〕 参见前述长泽规矩也先生论文,第80页。

〔4〕《金刚经解义》虽有种种异本为人所知,但其中形态最古老的是六地藏寺本,以下提及《解义》时,使用前述拙稿《复原》中作为附录公开发表的六地藏寺本校订文本(附录"《金刚般若经解义》复原正文")。关于《解义》诸本的介绍及其之间的关系,也请参照上述拙稿。

从坐而起;二者端整衣服;三者偏袒右肩,右膝着地;四者合掌瞻仰
尊颜,目不暂舍;五者一心恭敬,以伸问辞。

【经】希有世尊。

【解】希有略说三义。第一希有,能舍金轮王位。第二希有,身
长丈六、紫磨金容、三十二相、八十种好,三界无比;第三希有,性能
含吐八万四千法,三身圆备。以具上三义,故云希有也。世尊者,智
慧超过三界,无有能及者,德高更无有上,一切咸恭敬。故曰世尊。

【经】如来善护念诸菩萨,善付嘱诸菩萨。

【解】护念者,如来以般若波罗蜜法护念诸菩萨。付嘱者,如
来以般若波罗蜜法付嘱须菩提诸大菩萨。言善护念者,令诸学人,
以般若智护念自身心。不令妄起憎爱,染外六尘,堕生死苦海。于
自心中,念念常正,不令邪起,自性如来自善护念。言善付嘱者,前
念清净,付嘱后念;后念清净,无有间断,究竟解脱。如来委曲,诲
示众生及在会之众,当常行此,故云善付嘱也。<u>菩萨者梵语,唐言
道心众生</u>,亦云觉有情。<u>道心者,常行恭敬,乃至蠢动含灵普敬爱
之,无轻慢心,故名菩萨</u>。[1]

划线部分是与《金刚经解》共通之处,这也揭示了李文会的注释受
到《解义》的强烈影响。

综上,《金刚经解》尽管署名慧能,但其内容本身已足够反驳这点,
因此对后代几无影响。但李文会的注释似乎影响颇大,在明末天启六
年(1626)编纂的《金刚般若波罗蜜经补注》(以下简称《补注》)中,亦
可见对其频繁引用。如"善现起请分第二"的一段解释所示:

《金刚般若波罗蜜经补注》

【经】"佛言善哉善哉须菩提"至"唯然世尊愿乐欲闻"。

【解】如汝所说,是佛赞叹须菩提能知我意,善教诸人不起妄
念、心常精进,勿令染着诸法相也。谛听者,谓汝当了达声尘本来

---

〔1〕 参见前述《复原》,第212—213页。

不生,勿逐语言,详审而听也。应如是住者,如来欲令众生之心不生不灭,湛然清净,即能见性也。

逍遥翁云,凡人心境清净,是佛国净土;心境浊乱,是魔国秽土也。

黄柏运禅师云,凡夫多被境碍心、事碍理,常欲逃境以安心、屏事以存理,不知乃是心碍境、理碍事。但令心空境自空,理寂事自寂,勿倒用心也。又云,凡夫取境,智者取心,心境双亡,乃是真法。……如是降伏其心者,若见自性,即无妄念;既无妄念,即是降伏其心矣。唯然,应诺协望之谓。愿乐欲闻,欣乐欲闻其法也。[1]

《金刚经解》

【经】佛言:"善哉,善哉,须菩提! 如汝所说……应如是住,如是降伏其心。""唯然,世尊! 愿乐欲闻。"

【解】如汝所说者,是佛赞叹须菩提能知我意,善教诸人不起妄念、心常精进,勿令染着诸法相也。谛听者,谛者名了。汝当了达声尘本来不生,勿逐语言,详审而听也。应如是住者,如来欲令众生之心不生不灭,湛然清净,即能见性也。

黄柏运禅师云,凡夫多被境碍心、事碍理,常欲逃境以安心、屏事以存理,不知乃是心碍境、理碍事。但令心空境自空,理寂事自寂,勿倒用心也。如是降伏其心者,若见自性,即无妄念;既无妄念,即是降伏其心矣。唯者,应诺之辞;然者,协望之谓。愿乐欲闻者,欣乐欲闻其法也。

由于《补注》未明示典据,因此是直接基于李文会注还是转引自《集注》,[2]光看内容尚有疑问。不过根据以上片段来看,对黄檗希运

---

〔1〕《续藏》1-92-3,255a-b。

〔2〕 译者按:此处《补注》引文中未划线部分(不与《金刚经解》重合处)都包含在《集解》同一位置中。前文作者直述注释中"马祖""黄檗"等紧跟李文会注释文句之后的内容都是转引自李文会注,此处用例就是一个反证。在两个系统的《集注》中,紧跟李文会注释文句的都是"庞居士"而非"逍遥翁"或"黄檗"的语录,从侧面说明了其余前人之语并非原就包含在李文会注中,更大可能是由某个阶段的《集注》编者汇入。

语录的引用，《补注》与《金刚经解》同样标记为"黄柏运禅师"，《集注》中则标记为"黄檗禅师"，可以认为《补注》是直接基于李文会注释的。

三、《金刚经集解》中所引用的慧能注释

《金刚经集解》（十七家解）编于南宋绍定四年（1231），是时任太中大夫浦城县开国男的杨圭汇集当时广为人知的多部《金刚经》注释书而成。[1]《集解》对慧能注释的引用总计 28 处，[2] 其中多数被认为出自《解义》，[3] 但以下三例在《解义》中找不到。

1. 对"依法出生分第八"中经文"须菩提，于意云何？若人满三千大千世界七宝，以用布施，是人所得福德，宁为多不"的注释：

六祖曰："此是如来问起。此意如何？布施供养，身外之福；受持经典，身内之福。身福即衣食，性福即智慧。虽有衣食，性中愚迷，即是前生布施供养、不持经典；今生聪明智慧，而贫穷无衣食者，即是前生持经听法、不布施供养。外修福德，即衣食；内修福德，即智慧。钱财，见世之宝；般若，在心之珍。内外双修，方为全德。此是赞叹持经功德胜布施福也。"[4]

2. 对"依法出生分第八"中经文"须菩提，所谓佛法者，即非佛法"的注释：

六祖曰："如来所说佛者，令人觉；所说法者，令人悟。若不觉不悟，取外佛外法者，即非佛法也。"[5]

3. 对"一合理相分第三十"中经文"但凡夫之人，贪着其事"的

---

〔1〕 有关该文献的成立、内容、传本、引用等情况，也请一并参照前述拙稿《复原》及其附论。

〔2〕 这些引用在前述"五十三家注"中也全都可以看到，"五十三家注"基于这一"十七家解"而来应是没有疑问的。

〔3〕 根据这些引文，可知《解义》在平行文本中属于相当古老的系统，史料价值极高。参见拙稿《复原》。

〔4〕 译者按：相同内容参见《续藏》所录《金刚经注解》卷二（CBETA，X24，no.468，p.773，b24-c6//Z1：38，p.438，d2-8//R38，p.876，b2-8）。

〔5〕 译者按：相同内容参见《续藏》所录《金刚经注解》卷二（CBETA，X24，no.468，p.775，b11-12//Z1：38，p.440，c7-8//R38，p.880，a7-8）。

注释:

　　六祖曰:"一合相者,眼见色、爱色,即与色合。耳闻声、爱声,即与声合。至于六尘,若散即是真世界。合即是凡夫,散即非凡夫。凡夫之人,于一切法皆合相;若菩萨,于一切法皆不合而散。何以故? 合即系缚,起生灭;散即解脱,亦不生、亦不灭。若有系缚、生灭者,即是凡夫。所以经云:'但凡夫之人,贪着其事。'"[1]

《解义》中对 1、2、3 这三处经文当然也有注释,但与《集解》不同,分别如下:

　　① 三千大千世界七宝持用布施,得福虽多,于性一无利益。依摩诃般若波罗蜜多修行,令自性不堕诸有,是名福德性。心有能所,即非福德性;能所心灭,是名福德性。心依佛教,行同佛行,是名福德性;不依佛教,不能履践佛行,即非福德性。[2]

这段注释在《集解》中是单独解释 1 的下句经文"须菩提言: 甚多,世尊。何以故? 是福德,即非福德性。是故如来说福德多"的,但在《解义》中是上下两句的合注。

　　② 所说一切文字章句,如标如指。标指者,影响之义。依标取物,依指观月。月不是指,标不是法。但依经取法,经不是法。经文则肉眼可见,法则慧眼能见。若无慧眼者,但见其文,不见其法。若不见法,即不解佛意。既不解佛意,则诵经终不成佛道。[3]

　　③ 由悲智二法,成就佛果菩提。说不可尽,妙不可言。凡夫之人贪着文字事业,不行悲智二法。若不行悲智二法,而求无上菩提,何由可得。[4]

这段注释在《解义》中作为 3 及其前一句经文"须菩提,一合相者

---

〔1〕 译者按: 相同内容参见《续藏》所录《金刚经注解》卷四(CBETA, X24, no. 468, p. 814, c5 – 10//Z1: 38, p. 479, d5 – 10//R38, p. 958, b5 – 10)。

〔2〕 参见前述《复原》,第 202 页。

〔3〕《复原》,第 201 页。译者按:"标不是法"参见《续藏》所录《金刚经解义》卷一"标不是物"(CBETA, X24, no. 459, p. 522, b9//Z1: 38, p. 335, d2//R38, p. 670, b2)。

〔4〕《复原》,第 173 页。

即是不可说"的合注。而《集解》中前句经文没有举出六祖注释。[1]

这样的事实究竟该如何理解呢?《解义》存在着各种异本,或许其中某版本如上述《集解》1、2、3处那般解释吧?但不可忽视的是,《集解》中这些引文和《解义》的解释有明显矛盾。《集解》引文3中的注释,将"一合相"与"系缚"相结合,皆归于"凡夫"并加以否定;《解义》则将"一合相"与"无所得"结合,作了如下的肯定评价:

> 三千者,约理而言,即贪、嗔、痴妄念各具一千数也。心为善恶之本,能作凡作圣,动静不可测度,广大无边,故名大千世界。心中明了,莫过悲智二法,由此二法而得菩提。说一合相者,心有所得故,则非一合相;心无所得,是名一合相。一合相者,不坏假名,而谭[2]实相。[3]

此外还有一点引人注目,即《集解》兼具引文1的"此是如来问起……此是赞叹持经功德胜布施福也"和《解义》①中的"三千大千……不能履践佛行,即非福德性"等注释,这也暗示了两者或引用自不同版本的注释书。

综上,笔者认为《集解》除《解义》之外还引用了其他署名慧能、名称不详的《金刚经》注释书,且这一(些)注释书在《集解》成立的时间(1231年)前就已存在了。

这样的事实一旦明朗,五山版《解义》[4]中以下注释的划线部分,[5]基于新的视角也就自然能理解了。

【经】所以者何?一切贤圣,皆以无为法而有差别。

【解】三乘根性所解不同,见有深浅,故言差别。佛说无为法

---

[1] 译者按:此句为译者出于方便理解所加。

[2] 译者按:"谭"同"谈"。

[3] 《复原》,第173—174页。译者按:此段是《解义》中对3的再前句经文"世尊,如来所说三千大千世界,则非世界,是名世界。何以故?若世界实有者,则是一合相。如来说一合相,则非一合相,是名一合相"的解释。

[4] 译者按:"五山版《金刚经解义》"藏于京都大学人文科学研究所松本文库,参见前述《复原》。

[5] 划线部分在更古老系统的六地藏寺本和五家解本中没有。

者,即是无住,无住即是无相,无相即无起,无起即无灭。荡然空寂,照用齐皎,鉴觉无碍,乃真是解脱佛性。佛即是觉,觉即是观照,观照即是智慧,智慧即是般若波罗蜜多。又本云:"圣贤说法,具一切智。万法在性,随问差别,令人心开,各自见性。"〔1〕

该系统《解义》的末尾附有元丰七年(1084)"天台罗适"所作后序,其中道:

适少观《檀经》,闻六祖由此经见性,疑必有所演说,未之见也。及知曹州济阴,于那君个〔2〕处,得《六祖口诀》一本。观其言简辞直,明白倒断,使人易晓而不惑,喜不自胜。又念京东河北陕西人,资性质朴信厚,遇事决裂。若使学佛性,必能勇猛精进,超越过人。然其为讲师者多传《百法论》《上生经》而已,其学者不知万法随缘生、缘尽法亦应灭,反以法为法,固守执着,遂为法所缚,死不知解。犹如陷沙之人,力与沙争,愈用力而愈陷;不知勿与沙争,即能出陷,良可惜也。适遂欲以《六祖金刚经口诀》镂板流传,以开发此数方学者佛性。然以文多脱误,因广求别本勘校。十年间凡得八本,惟杭、越、建、陕四本文多同,因得刊正冤句。董君遵力劝成之,且率诸朝士以资募工,士大夫闻者,皆乐见助。四明楼君,常愿终成其事。呜呼! 如来云:"无法可说,是名说法。"夫可见于言语文字者,岂佛法之真谛也? 然非言语文字,则真谛不可得而传也。学者因《六祖口诀》以求《金刚经》,因《金刚经》以求自佛性,见自佛性,然后知佛法不止于口诀而已。如此则六祖之于佛法,其功可思议乎哉!〔3〕

据此后序,此书是罗适决意刊行,并以十年间收集到的八种异本为底本付梓而成。因此,书中还能看到如下 4 条对正文的注记:

1. "乱",一本作"破"字。〔4〕

---

〔1〕 参见前述《慧能研究》,第 433 页。
〔2〕 译者按:"那君个"参见《续藏》所录《金刚经解义》卷二"邢君固"(CBETA, X24, no. 459, p. 533, b11//Z1: 38, p. 346, c16//R38, p. 692, a16)。
〔3〕 《慧能研究》,第 465 页。
〔4〕 《慧能研究》,第 419 页。

2．"不虚"，一本作"不乱"。[1]

3．云："多沦坠"，一作"堕阿鼻"。[2]

4．注云："心有能所"四字，一本云"有能舍所舍心在，元未离众生之见"。此解意又分明，故两存之。[3]

这些看上去都只是单纯的文字校异，令人很自然地推测是罗适依据收集到的异本《解义》所作，然而事实却并非如此。以上4条所指向的平行文句，在现存任一系统的《解义》中均未见，故而（该参校本）和《解义》正文的关系并不是不言自明的。

关于这个问题，在罗适后序中对异本的阐述"十年间凡得八本，惟杭、越、建、陕四本文多同，因得刊正冤句"很有启发。言下之意，八本中除杭州本、越州本、建康本、陕西本以外，其余四本与《解义》正文大不相同，说明这四本是在对校中没怎么使用的。

因此可以推测，可能是这另外四本大异于《解义》的注释书之一偶然引起了罗适的关注，而从中特别引出前述4条异文。而且若正如上文所推测的，《集解》所使用的名称不详的文献在十三世纪前就已作为慧能撰述存在，那么也决不能排除该文本可能在更早的十一世纪前就已成立，而被罗适取用了。

那这部注释书会是怎样的呢？ 必须指出还有其他记载中提到的注释可能指向此书。在《崇文总目辑释》卷四的"释书类上"中，不仅列有指向《解义》的"金刚经口诀义一卷释惠能撰"，还有今已亡佚、情况不明的慧能注释书"六祖大师金刚经大义诀二卷"。[4]

该书目是清代嘉庆四年（1799）重编本，原本是北宋庆历元年

---

〔1〕《慧能研究》，第426页。

〔2〕《慧能研究》，第426页。

〔3〕《慧能研究》，第446页。

〔4〕 参见《书目续编》所收本"崇文总目辑释"，台湾广文书局，1968年，第663—668页。此外在《宋史·艺文志》中，这一"六祖大师金刚经大义诀二卷"也和《金刚经口诀义一卷》一起列出（参见《文渊阁四库全书》所收本《宋史·艺文志》，台湾商务印书馆，1982年，第12页），该记载应该转引自《崇文总目》，史料价值较低。以上事实在椎名宏雄的《宋元版禅籍的研究》（东京：大东出版社，1993年）第414—415、445页中都已指出。

(1034)编纂的《崇文总目》,目录对象为太平兴国三年(978)设立的崇文院的藏书。[1] 所以这个"六祖大师金刚经大义诀"可以认为在十世纪末就已成立了,而这之后接续的正是罗适出版《金刚经解义》的时代。所以不得不说,罗适使用的本子极有可能就是这本《六祖大师金刚经大义诀》。

基于以上推论,我希望将这一两卷本"金刚经大义诀"与《集解》的引文进行比较。问题是对于该注释书的成立情况,除上述逸文外一无所知,所以很遗憾做不了什么明确的推论。但正如已经论述的那样,其内容上和《解义》有所出入。考虑到《解义》最晚在九世纪初就已成立,是署名慧能的《金刚经》注释书中最古老的这一事实,这一两卷本"金刚经大义诀"绝不会是真撰,而是在慧能权威确立后,约在唐末宋初的某个时期被创作出来并冠以其名的吧。

四、关于《金刚经口诀》

作为署名慧能的《金刚经》相关著作,《续藏》中收录有《金刚经口诀》(以下简称《口诀》)已是众所周知。根据关口真大先生的研究及前文所述,《口诀》只不过是五山版等《金刚经解义》所附的罗适后序的一部分。[2] 不过这些讨论尚有不够充分的地方,我想就此探讨一下。

虽然如关口先生所言,《口诀》不过是罗适后序的一部分,但问题的关键在于这一事态是怎样发生的。笔者可以肯定,(罗适后序的一部分成为《口诀》)发生于李氏朝鲜期间。

《慧能研究》已经指出,[3]该《口诀》实际上只是《五家解》末尾附载的"六祖口诀"罢了,但今天看到的这一《五家解》的形式,是大概明

---

〔1〕 参见椎名氏前述书,第445页。
〔2〕 参见前述《禅宗思想史》,第113—119页。这一事实在朝鲜早已为人所知。《口诀》在多数情况下以《金刚经五家解》附录的形式流传,但在凤岩寺刊本(花园大学国际禅学研究所所收藏)等一部分本子中,由于已知是罗适的后序,所以被删除了。《口诀》只不过是五山版等《金刚经解义》所附的罗适后序的一部分。
〔3〕 参照前述《慧能研究》,第486、489—490页。

成化二十三年(1487)、朝鲜成宗十八年[1]才形成的。[2] 加上大明天顺八年(1464)、朝鲜世祖九年[3]成立的《金刚经谚解》使用了罗适刊本作为底本,末尾也收录了其后序,可知该后序在当时的朝鲜已为人所知。因此,这一事态大概发生在天顺八年至成化二十三年的二十多年间。[4]

除《五家解》外,必须一提的是以《续藏》录本为底本的《金刚经正解》也传有这一《口诀》。京都大学图书馆存有"藏经书院本"线装一册写本《金刚经正解》,[5]天地 268 mm、左右 193 mm,由如下三种文献集成:

1.《金刚经口诀》(六祖大鉴禅师说)(一~四张)

2.《金刚经正解》(龚概彩注、扈正智校)(一~八一张)

3.《金刚经总提》(王化隆撰)(一~二张)

不过,从《续藏》分别刊行了《口诀》和《正解》也可以看出,[6]此三种文献就内容而言原本互不相干,如此编成集及注上"金刚经正解"的标题只是出于某种方便。虽然如此,所录三文均以各半叶 10 行、每行 20 字的统一行款写成,还附有卷首的佛画及卷末的刊记,那这种版式的"金刚经正解"在当时无疑已经刊行了,可以认为藏经书院本是照当时已有刊本的行款,原封不动抄写下来的。此外,末尾刊记有云:

　　信士西月居士　普明施赀印此

----

〔1〕　译者按:成宗即位于 1469 年,1487 年应是成宗在位第十九年。

〔2〕　关于《金刚经五家解》及下面将提到的《金刚经谚解》,也请参照前述《复原》的附论。

〔3〕　译者按:世祖即位于 1455 年,1464 年应是世祖在位第十年。

〔4〕　译者按:本节作者以成宗年间刊本《五家解》及世祖年间刊本《金刚经谚解》推定罗适后序被节录入《口诀》的时间,值得商榷。事实上早在朝鲜太宗十五年(1415)由烟峰寺刊行的《五家解》卷末就已经录有上述形式的《六祖口诀》;此外,朝鲜半岛最早校释《五家解》的禅僧己和(1376—1433)对此书的来源及其编集者一无所知,加之此五家注解中成书最晚的"宗镜提纲"完全找不到单行本曾传入朝鲜半岛的证据,无法排除最初的《五家解》就是在中国编集后传入的。下同,不赘

〔5〕　馆藏番号:藏 - 9 - コ - 1。

〔6〕　分别收于《续藏》1 - 92 - 1、1 - 92 - 3。但《续藏》编者自作主张将《正解》分成了两卷。

金刚经一百五十本恭祝

　父信士齐华居士刘熙鼎

　母信女达城徐氏莲池行　仗此印经胜缘功

　德现享福乐当生赡养之愿

　光绪癸未猛秋　甘露社识

据此可知,所抄原本刊行于清末的光绪九年(1883)。又从卷首佛画中"主上殿下壬子生李氏"等记录来看,应该是在李氏朝鲜发行的。那么其中包含的《口诀》,很可能是从朝鲜广泛流传的《五家解》中取用的。实际比较文字后可知二者完全一致,[1]因此罗适后序的一部分被截出另立为《口诀》,应该是源自《五家解》在朝鲜的传承。[2]

如此截出《口诀》且署名慧能的理由,事到如今难以知晓。硬要猜想的话,应该是从中国传来的一本罗适刊行本,由于某种原因缺失了卷末罗适后序的后半部分。因此,在对后序作者一无所知的前提下,(人们)把它和卷首的序文一并视为慧能的撰述。进一步推测,根据《解义》开头所记载的"曹溪六祖大师慧能解义亦曰口诀并序"中的"亦曰口诀",可能产生了"口诀"是残缺后序之名称的误解,所以演变成独立刊行的情况。

无论如何,该《口诀》的成立未必是故意伪托慧能而作,大概是源自某种传承上的错误吧。

结　　语

以上讨论了几部署名慧能《金刚经》注释书,结果判明都是后世的

---

〔1〕　另外,把《口诀》和《五家解》的文句与《金刚经谚解》和五山版《解义》相比较,可发现部分不同。显示《口诀》和《五家解》的正文特别紧密,可以证明《口诀》就是从《五家解》中抽取出来的。这些校异如附表所示(已排除异体字,另外"位置"指前述《慧能研究》翻刻的五山版《解义》的页数和行数),可知正文传承的顺序是:五山版→谚解本→五家解本·口诀。这表明《口诀》和《五家解》与《金刚经谚解》一样,是在朝鲜传承下来的文本。

〔2〕　因此,《慧能研究》第490页所言"在中国及朝鲜,罗适后序的一部分作为六祖慧能说传承下来。"如此叙述似乎这样的"口诀"在中国也存在,这是不正确的。

伪撰。〔1〕 因此,这些文献对笔者目前的研究课题——初期禅宗史的阐明,可说帮助甚微。

但是,它们的存在绝非毫无意义。正如本文所述,通过对这些文献的检视,随着其内容及成立的明朗化,与之形成对照的,是《金刚经解义》渐渐浮现出来的独特性和其传承的古老性。

并且,如将禅宗史作为一个整体来看待的话,这些文献反映了后人的"慧能"观,也应赋予它们极其重要的存在意义。亦即,它们的存在体现了后世根深蒂固的,将慧能与《金刚经》相结合的愿望。这一愿望的内容,是时人(即使假设只是其中一部分人)所向往的作为"禅者永远的理想形象"的六祖慧能,这种渴望体现了他们自身的核心禅思想。因此,阐明这些文献的成立及其思想内容,依然是今后禅宗史的重要研究课题之一。

(李铭佳 译)

附 表

	1	2	3	4	5	6	7	8	9	10
五山版	入	几	则	自	在于诸趣	讬	圣贤	闵	显	"如所谓佛法即非佛法之类是也"作为夹注

---

〔1〕 松本史朗在《禅思想的批判的研究》(东京:大藏出版社,1994 年,第 190 页)中断定《金刚经解义》是慧能的真撰,并进一步论述如下:"再者,根据本论文,即使认可《解义》的作者在神会之前这一假设,是否能够将其特定为慧能,仍留有疑问。但对此我想说:'一般情况下经典的注释不作为伪撰。'也就是说,所谓伪撰是冠以某些神秘人物的名字而成的,神秘人物一般不从事踏实的经典注释工作,因此'经典的注释不作为伪撰'。当然也有例外,也许你会问'那《大智度论》如何'。但一般而言,没有视为伪撰的经典注释。在印度大乘佛教中,龙树被托付了大量论书,那不是经典的注释。'经典的注释既没有必要也没有目的被伪造',这是我想强调的点。"
关于松本所谓的"经典注释不为伪造"等理论,想我孤陋寡闻,竟完全不知。本文所述已明,即使假定其理论是部分通用的,至少在慧能相关的情境中是无法成立的。因此他以此所谓"一般理论"为根据,将《金刚经解义》拟定为慧能真撰的讨论,恕不接受。并且,他已作充分证明得出的,关于《解义》成立于《坛经》及神会之前的见解,根据《解义》与其他初期禅宗文献的关系等判断,我认为不是正确的。私见请参照前述拙稿《〈金刚经解义〉的成立》。

	1	2	3	4	5	6	7	8	9	10
谚解	↑	↑	乎	目	↑	↑	↑	↑	现	"如所谓佛法即非佛法之类是也"作为正文
五家解·口诀	不	机	↑	↑		托	贤圣	悯	显	↑
位置	四六三／二	四六三／四	四六三／一三	四六三／一五	四六三／一七	四六四／三	四六四／五	四六四／八	四六五／二	四六五／三

（"↑"表示"同上"）

135

章炳麟与明治佛教

——以《日本及日本人》杂志为中心(上)

陈继东

（日本青山学院大学）

引　　言

　　和晚清其他思想家相比,章炳麟(1869—1936)独放异彩之处,便是将其对个人、社会、国家乃至世界的思考置于佛教理论之上,形成了一个独特的思想体系。然而,这在章炳麟思想研究中却始终是一个薄弱的环节。中国近代思想研究的著名学者坂元弘子指出,以往的章炳麟研究虽然也重视其与佛教的关系,但是往往只把佛教作为解决其政治思想课题的手段或武器,而不认为是与章炳麟思想、哲学的本质相关联的具有根本意义的问题。甚至有的研究很轻视章炳麟思想中佛教的作用,以为对章炳麟思想而言,佛教只是一时性的,而且是非本质的因素。实际上,章炳麟直到晚年也没有切断与佛教的缘分,其"回真向俗",并非要告别佛教,而是意味着以佛教教理为核心,来与道家、儒家传统思想相调适。不仅如此,章炳麟与佛教的相遇,也决非偶然,即使其早年的"转俗成真"这一转变,也是由于其思想根源使然。[1] 在"章

---

　　〔1〕〔日〕坂元弘子:《中国近代思想的"连锁"——以章太炎为中心》,郭驰洋译,上海人民出版社,2019年,第33—34页。

炳麟的个体思想与唯识佛教——中国近代万物一体论的走向"〔1〕一章中,坂元弘子卓有成效地论证了上述的主张,成为解读章炳麟佛教理解的必读之作。

　　然而,章炳麟的思想体系并非如同教科书一般系统明晰,而是分散在他众多的论著之中,需要摸索与重建。这既是章炳麟思想研究的难点,也是其魅力之所在。而章炳麟的佛教理解正是造成这一困难局面的主要原因。因为不论是唯识或华严,章炳麟的理解都不是师承某一教学传统而展开的,而是由其独自的阅读经验而进行的抉择取舍,因此对于传统的佛学理论往往有尖锐的批判,有不同于前人的诠释。为了把握章炳麟哲学中的佛学的意义,只是将其言说的断片,配合某种预设的问题意识进行笼统的解释,已经难以实现这一目的。因此,对其每篇涉及佛教的论述进行文本性研究,则显得十分必要。就是说,为了准确把握章炳麟每篇著述中所阐述的佛教思想,要对每篇著述进行细致的文献考证,包括对他引述的经典原文、对传统佛理理论的批评、对佛教经典的阐释以至写作背景等等,都要作具体而实证的考察。为此,笔者曾尝试对《訄书》初刻本中的佛教理解进行逐篇分析,近年又发表了专门探究其《大乘起信论》真伪之辨的论文,同样做了文献上的考察,试图通过这种文本性研究,更准确深入地揭示和理解佛教在章炳麟思想中所具有的地位和意义。〔2〕

　　明治时期的日本佛教,对于章炳麟思想的形成产生了不可忽视的影响。章炳麟不仅对明治的佛教学(即佛学研究)有许多批判的吸收,也与明治佛教界有密切的交往。而章炳麟与明治时期的日本的直接关系始于变法自强运动的失败。至此为止,他承继考据学传统,埋头于中国古典研究的同时,对于由西方和日本传入的新思想和学术抱有强烈

---

　　〔1〕　[日]坂元弘子:《中国近代思想的"连锁"——以章太炎为中心》,郭驰洋译,上海人民出版社,2019年,第33—34页。
　　〔2〕　上述两篇论文分别为《章炳麟〈訄书〉(初刻本)中早期佛教认识》(2009)和《章炳麟与〈大乘起信论〉真伪之辨》(2016),均收入与龚隽合著的《作为"知识"的近代中国佛学史论——在东亚视域内的知识史论述》(商务印书馆,2019年)。

的关心。但是,在与日本有了直接的接触之后,他的思想有了飞跃的展开。小林武在其《章炳麟与明治思潮——又一种近代》(东京:研文出版,2006年)中,具体探讨了章炳麟的思想与西方近代思想以及明治思潮的关系,展示了在全球化的知识传播中其思想形成的轨迹。但是,章炳麟思想的核心部分,即关于他的佛教理解与明治佛教的关系,并没有深入讨论。利用佛教的学说建构革命的理论,正是以明治佛教学为媒介逐步完成的,因此,揭示章炳麟与明治佛教(佛教学与佛教界)的关系,是考察章炳麟思想形成的一个不可忽视的问题。[1]

日本净土真宗僧人妻木直良(1873—1934),在1911年9月15日发行的《日本及日本人》杂志上发表了《访章太炎》一文,不仅记述了与章炳麟相见的情形和谈论内容,而且还附载了章炳麟对其所著《灵魂论》的书评即《读〈灵魂论〉》一文。尽管这是一篇仅有近一千四百字的短文,但涉及章炳麟哲学与佛教的主要论点,而且可以说是章炳麟在日流亡期间撰写的最后一篇有关佛教学与哲学的文章。笔者曾在十年前的一次章炳麟研究会[2]上做过报告,并将这篇采访译成中文,但是始终没有公开刊出。此次,值逢在杭州师范大学召开此盛会,[3]激起了重新整理这篇时过境迁的旧稿的欲望,借此机会重加修订,进一步拓展和加深对章炳麟与佛教关系的研究。

本文将首先概述章炳麟与日本佛教的关系,介绍章炳麟对明治佛教中的学术研究的吸收与批判,以及他和日本佛教界的交往状况。其次,将考察《日本及日本人》何以要采访章炳麟的原因和背景,主要介绍和分析以往该杂志对章炳麟的专文报道,即《支那革命家章炳麟》(1907)和《〈学林〉与章太炎》(1911)两篇文章的内容。接着,叙述妻

---

〔1〕 最新的研究有彭春凌《章太炎对姊崎正治宗教学思想的扬弃》(《历史研究》2012年第4期)、《章太炎与井上圆了——一种思想关联的发现》[《杭州师范大学学报(社会科学版)》2018年第2期]等。

〔2〕 即由香港城市大学林少阳博士主持的"章学会"。

〔3〕 2019年11月29日至12月2日,在杭州师范大学召开了"章太炎与近代中国"国际学术研讨会。

木直良的《访章太炎》(1911)的详细内容。最后,解读章炳麟的《读〈灵魂论〉》。

一、章炳麟与日本明治佛教之概观

章炳麟对日本佛教的认识是一个很少受到关注的问题。实际上,章炳麟对日本佛教界的现状一直保持批判的态度,这与他热心吸收明治佛教学的姿态形成了鲜明对比。而厘清章炳麟对日本佛教的认识,也将有助于理解章炳麟佛学思想的具体内涵。

(一) 对明治佛教的批判

因从事反清革命活动,章炳麟多次流亡日本。1898 年,戊戌变法失败后,章炳麟逃到台湾。翌年初,在给友人汪康年的信中,讲述了日本净土真宗的状况:

> 亦有本愿寺,问其与上海本愿寺同派否? 则云:真宗有十派,惟大谷派、本愿寺派最广。上海松林师本大谷派,今权理此耳。本愿寺派所奉者,则《无量寿经》、《观无量寿经》、《阿弥陀经》,及龙树菩萨之《十住毗婆娑论》、天亲菩萨之《往生净土论》。盖彼尊阿弥陀佛(即无量寿佛),而不尊释迦牟尼,斯亦可怪矣。(真宗贵信,禅宗贵悟。真宗近基督,禅宗近儒。二宗互相诋毁,或言钝根,或言魔道。)[1]

其中所说的松林师,即为东本愿寺上海别院的负责人松林孝纯,从中可以看出章炳麟与他相识,有过交往。不过,净土真宗虽是日本最大的佛教教团,却不尊奉释迦牟尼佛,而尊崇阿弥陀佛(无量寿佛),让章炳麟颇感怪异,并认为真宗贵信,接近基督教,并与贵悟且接近儒教的禅宗相对立,暗示了其批判立场。

1899 年 6 月,章炳麟又从台湾航至神户,游访京都等地,写下了《游西京记》。首先,金阁寺藏有多达六七十种宋明图书以及各种绘画

---

〔1〕《与汪康年》(1899),马勇编:《章太炎书信集》,河北人民出版社,2003 年,第 7—8 页。

和文物,让他颇为感慨,并说日本僧人不单传承佛法,也保留着大量中国的文物。其次,在清水寺,他参拜了月照(1813—1858)墓地,对这位虽退隐于方外,而献身于维新事业的僧人表达了敬意。然而,京都佛教寺院的宁静优美以及经典文物的繁多,并没有使他消除对日本佛教的异样感受:

> 日本沙门多蓄妻妾,求食人间,与贾竖无以异。[1]

其中,将日本僧人与卑贱的商人相提并论,显示了对日本佛教现存方式不敢苟同的态度。

他力的净土信仰以及戒律颓废,是章炳麟日本佛教批判的主要论点。1906 年,当他度过三年牢狱关押之后,再次流亡日本,受到了在日中国留学生的热烈欢迎。7 月,在东京神保町景辉馆,面对两千多位听众,章炳麟发表了著名的演说。他指出,要推翻清朝统治,建立以汉民族为主体的国家,有两个途径:一是用宗教发起信心,增进国民的道德;一是用国粹激励民族(种姓),增进爱国热肠。而在宗教方面,他将孔教(儒教)和基督教排除在外,因为孔教变成了追逐名利的装饰物,而基督教则与哲学不相符合,钳制自由思想,对于中国有损无益,只有佛教才是最适合中国革命的思想。因为佛教的理论可让有知识的人信服,其戒律可让一般民众信服。但是,佛教里也有许多杂质,如净土教、密教,追求个人现在的康乐和子孙的福泽,与迷信相结合,烧纸拜忏,在人格上卑鄙,没有勇猛无畏的气概。[2] 虽然其批判是针对中国佛教的密教和净土而说的,但实际上也将净土真宗归为净土信仰一类了。

在 1906 年的《人无我论》这篇重要的论文中,他不仅阐述了为何要以佛学(佛教理论)来拯救日趋衰颓的道德,而且着重申明不可模仿日本佛教的立场:

> 至欲步趋东土,使比丘纳妇食肉,戒行既亡,尚何足为轨范乎?

---

[1] 《章太炎全集》(四),上海人民出版社,1985 年,第 143 页。
[2] 章炳麟:《演说录(东京留学生欢迎会演说辞)》,《民报》1906 年第 6 号,第 4—7 页。

自非法相之理，华严之行，必不能制恶见而清污俗。若夫《春秋》遗训，颜、戴绪言，于社会制裁则有力，以言道德，则才足以相辅。使无大乘以为维纲，则《春秋》亦《摩拏法典》，颜、戴亦顺世外道也。拳拳之心，独在此耳！〔1〕

其中明言纳妇食肉、抛弃戒行的日本明治佛教，不足以成为效仿的对象，完全否定和拒绝明治佛教作为晚清佛教模式的想法和可能性。

1907年，章炳麟为反对清朝政府的庙产兴学政策，并针对由此政策，江南的一些寺庙归附日本净土真宗，以寻求保护的动向，与在日的僧人苏曼殊共同撰写了《儆告十方佛弟子启》，呼吁政府停止迫害佛教，而佛教必须自主进行改革，反对投靠日本佛教的行为。为此，在该文中，章炳麟对日本佛教再次进行了严厉批判：

顷者，日本僧徒，咸指板垣退助（日本勋臣，创议废佛法也者），以为佛敌，其实百万哑羊，娶妻食肉，深着世法，骧废律仪。纵无板垣，彼僧自当为人轻蔑。不自克责，于人何尤！吾土诸德，犹有戒香。不务勇猛精进，以弘正法，而欲攀援显贵，藉为屏墙，何其左矣？〔2〕

又今南土沙门，多游日本，日本诸师亦欲于支那传教。俗士无知，谓宜取则，详东僧分明经教，实视汉土为优。至于修习禅那，远有不逮。置短取长，未妨互助。若其恣啖有情、喜触不净……既犯僧残，即难共处。〔3〕

即日本佛教的肉食妻带，戒律废弛，不足以为中国佛教所归信，也不可能兼容共处，而中国佛教在经教研究与戒律守持方面要远远优越于日本佛教，也为其所认可。但是他同时指出中国佛教徒缺乏勇猛精进、锐意弘法的气概，对此必须进行自我反省，以图改善。

1912年，因辛亥革命的成功，由日本回国的章炳麟，在繁忙的政治

〔1〕《章太炎全集》（四），第429页。
〔2〕《章太炎书信集》，第169页。
〔3〕《章太炎书信集》，第171—172页。

事务之外,还积极参与了僧人黄宗仰在上海出版《频伽大藏经》的活动。他在给其友黄宗仰的信中,重申了对日本佛教的批判:

> 大法东渐,阅岁二千。大乘经论,惟留此土,西瞻佛国,盈缩有殊焉。仁山居士昔云:"中夏当为佛法之宗。"此非虚语。绛居东国五岁,数从彼沙门宴游,标宗谈理,殊胜故乡,其于持戒习禅,则又弗逮远甚。[1]

流亡日本五年,尽管与日本僧人有过密切交往,对于佛学理论也曾切磋琢磨,虽觉其"标宗谈理,殊胜故乡",可是对日本佛教的戒禅松弛的世俗化形态,章炳麟始终不能认可。从上述的资料中可看出,章炳麟始终将勇猛精进、习禅持戒,看作是佛教的道德依据和体现,而这种不畏牺牲、自律的品格,恰恰是其革命道德的重要来源。

(二) 对明治佛教学的吸收及其与明治佛教界的交往

与对日本佛教现存方式的批判相对照,章炳麟对日本的佛教研究即佛教学却积极吸收,成为其革命理论不可或缺的部分,而且,与明治佛教界也有密切的交往。就笔者现有的把握,主要体现在下述五个方面,即原型观念的提出、大乘非佛说批判与《大乘起信论》真伪考辨、与梦庵(武田范之)展开作民声还是佛声之论争、和净土真宗学僧妻木直良的交流,以及与南条文雄等著名佛教学者共同举办杨文会的追悼会。以下仅略作概述。

1. 原型观念与阿赖耶识

东京大学教授姉崎正治的印度佛学和宗教学研究,对章炳麟产生了深远影响。小林武氏在《章炳麟与姉崎正治——从〈訄书〉到〈齐物论释〉的思想联系》[2]一文中,十分详细地考察了两者之间的密切关联,特别提到了章炳麟用"原型观念"来对阿赖耶识进行哲学的说明,成为其唯识学理论的基本概念,并指出这一概念是直接来自姉崎正治

---

[1] 《与黄宗仰》(1912),《章太炎书信集》,第88页。
[2] 《章炳麟と姉崎正治—〈訄書〉より〈齐物論释〉にいたる思想の関係》,《东方学》107,东京:东方学会,2004年。

的。小林武说：

> 实际上，"原型观念"一语，可见之于姊崎的《上世印度宗教
> 史》。姊崎说"即作为根本的阿黎耶识是一切法之所依，是含蓄一
> 切现象的种子即原型观念之执持（Adaana）。即这些原型观念种
> 子依据意识（Manas）呈现出分别认识（略，21页）"，已经将阿赖耶
> 识与原型观念结合在一起，原型这一词语，当时是对柏拉图的理念
> 的翻译词，具有"元子、基本、起端"之意思。井上圆了等人将阿赖
> 耶识与莱布尼兹的"元子"进行附会，"原型观念"一语，据现有的
> 调查，除了姊崎同书，不见于其他资料，有待今后的检讨，不过，可
> 以推定太炎是从姊崎那儿得到启发，用"原型观念"来理解阿赖耶
> 识的。[1]

但是，小林武仅仅指出这一事实，没有做思想上讨论，因此原型观念与
阿赖耶识的思想意涵，仍有探讨的必要。

2. 大乘非佛说与《大乘起信论》真伪之辨

大乘是否为佛说，《大乘起信论》之真伪，是日本明治时期佛学研
究上的一个重要问题，也是依据近代佛学研究方法，即运用客观、合理、
科学、历史的方法而获得的一个重要成果。而在近代中国佛教史上，却
很少看到同步相应的介绍与回应，也很难找到与之匹敌的独自探讨。
直到二十世纪二十年代，中国才出现梁启超的《大乘起信论考证》，而
在日本的争论业已持续了二十年。

不过，1908年，章炳麟撰写的《大乘佛教缘起考》和《辩〈大乘起信
论〉之真伪》[《民报》第十九号，《辩〈大乘起信论〉之真伪》则作为《大
乘佛教缘起考》的附录附于其后，而《章太炎全集》（四）则题为《〈大乘
起信论〉辩》]，可以说是迄今可看到的中国学者最早的回应。作为一
位用佛教学说来构筑其革命理论的思想家，为什么在这一时期，将其兴
趣和精力投入到一个十分具体的学术问题的讨论，这本身就是一个十

---

〔1〕 小林武：《章炳麟と姊崎正治——〈訄書〉より〈斉物論釈〉にいたる思想の関
係》，《東方学》107，第99页。

分耐人寻味的问题。

章炳麟的《大乘佛教缘起考》和《辩〈大乘起信论〉之真伪》是两篇几乎被遗忘的,然而在近代中国佛教研究史上却是难得的论考。其基于文献学与历史学的方法,不仅正面回应了日本明治佛学界的动向,也与中国的传统教学式的研究相区别。如果说杨文会的"马鸣宗"学说缺乏对马鸣和《起信论》进行文献学与历史学的批判考察,仍然局限于传统的判教性研究的话,那么,章炳麟则积极将近代的研究方法与其考据学相结合,从文献和思想两个方面,对马鸣和《起信论》进行了历史的批判性考察,可以说在同一时期的中国佛教研究界极为罕见,无出其右者。尽管章炳麟的推断,大多没有被后来的研究所认可,但是,他所展示的方法论上的转换却是必须予以高度评价的。[1]

3. 与梦庵的论争

可以说,章炳麟的上述两篇纯为学术考证的文章,表面上几乎与他所从事的革命思想的宣传毫无关联。正因为如此,梦庵(即武田范之,1863—1911)在黑龙会主办的刊物《东亚月报》第二号(1908 年 5 月)上,撰文批判章炳麟忘却了《民报》宗旨,将《民报》变为佛报,指出"《民报》宜作民声,不宜作佛声"。所谓《民报》的宗旨,共有六条,即(1) 倾覆现今之恶劣政府,(2) 建设共和政体,(3) 土地国有,(4) 维持世界真正之和平,(5) 主张中国、日本两国之国民的联合,(6) 要求世界列国赞成中国革新之事业。针对这一批判,章炳麟撰写《答梦庵》一文,刊载于《民报》第二十号(1908 年 6 月),予以反驳。章炳麟承认《大乘佛教缘起考》是一篇考证之文,的确不关《民报》之宏旨,但有关这方面的论说已经在《民报》上发表过多篇。为此,章炳麟较为详细地阐述了要振兴民众的道德,和儒教、基督教等相比,只有依靠佛教才能

---

〔1〕 参见本文首页注〔1〕。实际上近年的研究表明,章炳麟的一些推断并非臆测,如 Christopher I. Beckwith 在其 *Greek Buddha: Pyrrho's Encounter With Early Buddhism in Central Asia*(Princeton,NJ:Princeton University Press,2015)中就主张大小乘教义在佛陀时代就并存了,与章炳麟的推断几乎一致。

实现这一主张。对此,梦庵又撰文进行反驳。这一争论的全貌依然需要做进一步的探究。

4. 与妻木直良的交流

妻木直良作为《真宗全书》的编辑者,是活跃于明治后期佛教界的净土真宗学僧。他于 1906 年出版了《灵魂论》一书,对佛教的轮回说作了哲学和科学性的论述。1911 年 8 月 15 日,他访问章炳麟,以栖庵道人笔名撰写了题为《访章太炎》的记事,发表在有名的《日本及日本人》杂志上,而且还附载了章炳麟撰写的对其《灵魂论》的书评即《读〈灵魂论〉》一文。这显示了章炳麟与明治佛教界交流的又一个侧面,而以往的研究没有给予应有的关注,将成为本文主要考察的对象。

5. 与明治佛教界共同筹办杨文会居士的追悼会

1911 年 11 月 8 日于东京一桥学士会馆,由大内青峦、高楠顺次郎、高岛米峰、妻木直良、南条文雄、村上专精、前田慧云、赤松连城、水野梅晓、岛地大等、章炳麟共同发起,为杨文会居士举行了追悼会。午后二时开会,高岛氏致开会辞,然后,与会者一同面向安放居士肖像及遗墨的祭坛就座。南条博士诵经之后,由妻木氏代读赤松连城寄来的挽诗,一一上前焚香。接着,有南条博士对故人的怀旧谈,至此,仪式结束。又于别室,水野梅晓氏叙述了当时在南京数次和居士会面的情形,以及释庆淳氏为故人门生教授密教之事。四时左右,散会。章炳麟氏因故缺席,由其门生傅铜代理出席。这篇刊载于同年 12 月 1 日出版的《新佛教》杂志上的记事,除了表明章炳麟与杨文会的密切关系之外,还显示他与明治佛教学界有着广泛的交流这一事实。所记参会者都是明治佛教界的著名人物,其与章炳麟交往的情形至今尚不清楚,有待考察。[1]

二、章炳麟与《日本及日本人》杂志

《日本及日本人》是由政教社创刊的杂志《日本人》与新闻《日本》

---

〔1〕 陈继东:《有关在日本举行的杨文会居士追悼会之资料》,龚隽、陈继东:《作为"知识"的近代中国佛学史论——在东亚视域内的知识史论述》,第 115—116 页。

于 1907 年合并而改名的半月刊杂志。于 1888 年创立政教社和《日本人》杂志的三宅雪岭(1860—1945)为该杂志的主笔,其创刊号[1]《题言》明确制定了该杂志的方针,"在《日本及日本人》的名称下,从事说明日本应如何为世界的人文做贡献,而世界又应如何为日本着想,这绝非是野卑之事业"。正是这一既继承了《日本人》杂志以来的"保存国粹""显彰国粹"的国粹主义立场,同时又面向世界,具有向世界开放的性格,因而聚集了众多当时舆论界和学术界的著名人物,为其撰文投稿。而且,由于该杂志坚持在野的立场,批评时政、拥护民权的言论充溢于纸面。因此,在明治末期的舆论界和学术界中依然扮演着重要角色,成为与《中央公论》《太阳》等主流杂志相抗衡的媒体,具有很大的影响力。[2]

晚清的局势以及革命动向,也是《日本及日本人》杂志关注的一个焦点。其创刊号(1907 年 1 月 1 日发行)"人物评论"专栏就登载了《孙逸仙》一文,长篇介绍孙文的革命生涯及其与日本的关系,紧接着在第二期(第 451 号)上又刊登了孙文撰写的《支那革命论》日文翻译。[3] 直至 1911 年辛亥革命,该杂志先后在"人物评论"专栏上登载了介绍黄兴、张之洞、袁世凯、康有为、梁启超、光绪帝与慈禧太后等的文章,还有其他大量有关晚清局势的报道与分析。[4] 其中,对章炳麟的介绍尤为突出,专门的报道就有三篇。其第 454 号(1907 年 3 月 1

---

〔1〕 因接续《日本人》杂志终刊号第 449 号,故为第 450 号。

〔2〕 参见松本三之介:《明治思想における伝統と近代》,东京:东京大学出版会,1996 年,第 165—221 页。

〔3〕 即 1906 年孙文于东京神田锦辉馆为纪念《民报》创刊一周年而举行的讲演《三民主义与中国革命》。《孙逸仙》一文作者与此文译者,疑为同一人,很可能是熟悉孙文的宫崎滔天或关系相近之人。下文的金陵生,与其或是同一人物。

〔4〕 王晓秋《近代中日启示录》(北京出版社,1987 年,第 146—147 页)介绍了辛亥革命爆发后,《日本及日本人》第 569 号(1911 年 11 月 1 日)有关孙文、黄兴、章炳麟等革命人物的报道,以及辛亥革命形势与趋势的论说。佐藤美奈子《辛亥革命をめぐる日本の世論——〈日本及日本人〉を中心に》[《思想史研究》(1),日本思想史、思想论研究会,2001 年,第 128—140 页]则具体分析了该杂志上发表的种种对辛亥革命的论说和立场,是了解该杂志对辛亥革命认识的最为详细的研究。但是,他们都没有关注辛亥革命爆发之前,该杂志对孙文、黄兴以及章炳麟等革命党人的报道、评论与访谈。

日)刊登了署名为金陵生撰写的《支那革命家章炳麟》一文,四年之后的第562号(1911年7月15日)上登载了稻叶君山撰写的《〈学林〉与章太炎》,第566号(1911年9月15日)又有栖庵道人的《访章太炎》的专访,还有其他多篇涉及章炳麟的文章。从中可看出,《日本及日本人》杂志似乎一直在跟踪章炳麟的活动和思想。究其原因,固然因章炳麟是革命派的主要人物,对于晚清局势的变化具有举足轻重的影响力,或许比之更为重要的是章炳麟的国粹主义的主张、佛教哲学的论说和对世界的思考,与该杂志有不少共鸣之处,而且,他对日本汉学研究的严厉批评也倍受瞩目。

《日本及日本人》杂志从一开始就紧密关注章炳麟的动向这一事实,对于考察妻木直良何以要采访章炳麟的背景具有重要意义。又因这些资料在以往章炳麟研究中,虽在其年谱中有简单的提及,但看不到对这些资料的成立和内容的全面考察,以及思想意义的具体分析,没有得到应有的关注。[1] 所以,以下逐篇介绍上述的报道与专访,从中揭示日本舆论界和知识界对章炳麟的认识和评价,试图从另一个侧面展示章炳麟思想的特征。

（一）金陵生撰《支那革命家章炳麟》一文中章炳麟的革命者形象

《支那革命家章炳麟》这篇文章,全面介绍了章炳麟如何从维新变法的参与者最终走向反清排满革命的历程。笔名为金陵生的作者,尚不知其真名,暂时无法确定他与章炳麟的关系。但是,从作者如此详知章炳麟事迹来看,可以断定是与章炳麟有着密切交往的人物。不仅如此,两个月后,金陵生又撰写了《支那革命党领袖黄兴》,刊载于《日本及日本人》第458号(1907年5月1日),对于黄兴的革命事迹以及在日本与孙文的合作,叙述得十分周详。据此可知,金陵生无疑是一位与孙文、黄兴、章炳麟等革命党人有着广泛交往、熟知内情,并支持革命的人物。以下详述《支那革命家章炳麟》一文的内容。

---

〔1〕 汤志钧编《章太炎年谱长编》(增订本下册,2013年,第705—708页),对稻叶君生的文章有简短的介绍,对妻木正良的访谈录有节译,而没有记述金陵生的文章。

首先,该文对章炳麟当下的工作做了介绍:

> 牛込区新小川町有支那革命党机关杂志《民报》,在其杂志上发出堂堂议论的太炎则是其号,社中同仁称其为"神人"。

章炳麟曾自称"疯子",而此文在披露了流传于其同事之间的另一称呼"神人"(日文为"神様")。孙中山领导的同盟会机关报《民报》的所在地牛込区新小川町,现位于新宿区饭田桥一带,也是当时章炳麟寄宿之地。[1]

其次,在扼要介绍章炳麟的学术背景以及走向革命前的主要著作《訄书》的同时,对章炳麟在当时的中国知识界以及中国学术史上的地位给予了很高的评价:

> 他是浙江省杭州府余杭县人,不仅为现今支那读书界之泰斗,也是支那四百年以来的大学者。他身为考据学者,学识深远该博,其文章尤为迫近先秦诸子文章。显示其学识与文章的则是其所著《訄书》,阐明民族之原,主张革命。据云他在上海发行此书时,若清廷衙门知此訄字之意,则会禁止此书的发售,可是,在不明其义的情况下一直得以销售。《说文》有"訄者为迫也",吾人也只是模模糊糊地粗解其意而已。

该文将章炳麟的革命思想,直接追溯到1900年出版的《訄书》,指出此书"阐明民族之原,主张革命",这是十分确当的认识,显示了作者对章炳麟思想有很深的理解。而且,指出因清朝当局不知《訄书》之訄的革命性含义,侥幸没成为禁书,得以发行。该文更将章炳麟视为中国读书界的泰斗,晚明以来的大学者,其学术承继考据学,近乎于先秦诸子。这一评价可以说在当时也独具只眼,并非一般性的看法,表明作者对章炳麟学问的推重。

再次,该文详述了章炳麟参与维新变法活动,与康、梁分手,走向革

---

[1] 1908年10月《民报》被查封,其后章炳麟移居《学林》杂志所在地,其地址为"东京小石川区小日向台町一丁目四十六番地"。见黄侃:《学林缘起》,《学林》第1册,1910年,第3页。

命的经过:

> 他数年前在上海与康有为、梁启超诸人创办时务报馆,因主义不合,与康、梁等人分手绝交。当时,张之洞欲开办一家报馆,驳斥时务报派的言说,招聘了他。因此,太炎应招前往张之洞处,恰好在前来商议的梁鼎芬面前,指着满洲皇帝的名字痛骂,为此,又与张之洞不和,飘然去了台湾。

> 其后,他来东京,于是初次与孙逸仙相识。此时,他与一部分留学生相谋,要举办"支那亡国纪念会",可是当时驻东京清国公使蔡均与我国政府交涉,因取得了我国政府进行干涉的方针,最终此会没能举行。从此,支那留学生中,谈论革命的人逐渐增多。

对照《章太炎年谱长编》,上述记述颇为准确,而且与张之洞不和的原因也详知原委,可见该文作者对章炳麟的深知程度。章炳麟在1906年流亡日本之前,曾数次来过东京。其与孙文初次见面是在1899年6月,而举办"支那亡国纪念会"则是在1902年第二次来日之际。尽管因清廷和日本政府的阻扰,致使纪念会未能开成,然而,由章炳麟起草的《宣言书》广为流传,的确如该文指出的那样,传播了革命的火种,使得赞同革命的人日益增多。

该文对章炳麟因为邹容的《革命军》撰写序文而与之一同遭到逮捕的事件,叙述尤为详细:

> 其后,他又回上海,开办了国学社,大肆鼓吹革命主义。因当时康有为主张保皇立宪,攻击排满革命的主义,故太炎又著《驳康有为政见书》,论述不得不实行革命的理由。恰逢邹容从日本逃回上海,著《革命军》一书,登载太炎的序文而发行了。清国政府忌讳他们鼓吹革命主义,派遣江苏候补道俞明震,要严加惩治爱国学社。当时,爱国学社里有叫吴眺的人,将《革命军》以及《驳康有为政见书》交给了俞明震,密告此两人为鼓吹革命的首谋者。加之,苏报馆主干陈范,喜好革命主义,时时将爱国学社人的论文刊登其报上。因此,俞明震要将章、邹、陈三人捕获,押送到内地。

可是,因英国领事的反对,决定将其拘留于上海。陈闻风,早早溜之大吉,所以,巡捕便到爱国学社将章炳麟抓获,投入牢狱。此时,邹容躲藏于英国传教士处,听到了太炎被逮捕的消息,邹容自首下狱。此二人在狱中,每日以读书为乐。一日,邹容作题为《涂山》一绝,其诗曰:苍崖坠石连云走,药叉带荔修罗吼。辛壬癸甲今何在,且向东门牵黄狗。"向东门牵黄狗"是将自己比拟于李斯具五刑之事。太炎笑曰:未也,未也。

清国衙门为章、邹断罪,认为应判为枭首,而因逢皇太后的万寿节,减罪一等,当处以终身禁锢。然而,由于英国领事不认可此判决,最终判决邹容二年、章太炎三年禁锢。他们在狱中期间,狱卒暴行实为不堪言状。章炳麟自思道:我身体本不强壮,所以,三年中必死无疑,与其在狱中受凌辱而死,不如自行早死。若我死去,衙门或畏惧外界之舆论,会宽大处理邹容。可是狱中无法得到刀具或毒药,所以只有饿死。在支那,饿死的首位是伯夷,其次是龚胜,第三是司空图,第四是谢枋得,第五是刘宗周,第六则轮到了我。七日绝食却不得死。随后,邹容因过于愤懑得病,卒于狱中。同牢囚犯皆谓是被毒杀致死。

值得关注的是,对章炳麟与邹容被捕下狱事件所涉及的人物、前因后果叙述得十分生动,若没有确切的资料作为依据,是很难写出的。尤其是章炳麟为了让邹容获得释放,而要绝食饿死的描述,若非亲自听章炳麟的讲述,是难以知晓的。依据初步考察,上述记述主要依据了章炳麟的两篇文章,即《邹容传》和《狱中与威丹唱和诗》。后者详细讲述了绝食七日的前后情形,而前者则叙述了被捕入狱的经过。然而,与邹容的唱和诗是刊登在1907年1月发行的《汉帜》第二期上的,距金陵生的这篇文章不过两月,而《邹容传》则最早公刊于1907年3月25日发行的《革命评论》第十号上。因此,这意味着在《邹容传》公刊之前,金陵生就先阅读到了。若果真如此,这篇文章的作者金陵生与章太炎毋庸置疑有着不同一般的关系。

接着,着重讲述了流亡来日的章炳麟在东京举行的演讲会上,有关国粹的论述:

太炎服完三年之刑,受到民报社同仁的迎接,成为该报主笔。留学生闻其来东京,便召开欢迎会,他即席做了一场演说,论述宗教与支那的国粹。这里姑且略去宗教部分,只介绍其国粹论之大要。其曰:

国粹不是要人尊信孔教,只是要人爱惜我们汉种的历史。这个历史,就广义而言,可以分为三项:一是语言文字,二是典章制度,三是人物事迹。

先说语言文字。因为中国文字,与地球各国绝异,每一个字,有他的本义,又有引申之义。若在他国,引申之义,必有语尾变化,不得同是一字,含有数义。中国文字,却是不然。且如一个天字,本是苍苍的天,引申为最尊的称呼,再引申为自然的称呼。三义不同,总只一个天字。所以有《说文》《尔雅》《释名》等书,说转注、假借的道理。又因中国的话,同是一字,而有不同的读音;同是一物,而有不同的名号。所以《尔雅》以外,更有《方言》,说那同义异文的道理。这一种学问,中国称为"小学"。更有一事,是从来小学家所未说的,因为造字时代先后不同,有古文大篆没有的字,独是小篆有的;有小篆没有的字,独是隶书有的;有汉时隶书没有的字,独是《玉篇》《广韵》有的;有《玉篇》《广韵》没有的字,独是《集韵》《类篇》有的。因造字的先后,就可以推见建置事物的先后。且如《说文》兄、弟两字,都是转注,并非本义,就可见古人造字的时代,还没有兄弟的名称。又如君字,古人只作尹字,与父字一样,都是从手执杖之象,就可见古人造字的时代,专是家族政体,父权君权,并无差别。小学要如此研究的话,这爱国保种的力量,自然会伟大的。

第二要说典章制度。中国政治,总是君权专制,没有甚么可贵,但是官制为甚么要这样建置? 州郡为甚么要这样分划? 军队

为甚么要这样编制？赋税为甚么要这样征调？都有一定的理由，不得因其皆专制政府遗物而一概抹杀。将来建设政府，必须对那项须要改良、那项须要复古等问题胸有成竹，才可以见诸施行。至于中国特别优长的事，有欧、美各国所万不能及的，就是均田一事，合于近世的社会主义。不说三代井田，便从魏、晋至唐，都是行这均田制度。所以贫富不甚悬绝，地方政治容易施行。[1]

（其他如刑名法律、科场选举以及第三项人物事迹等内容在此省略。）这些记述，依据的是《民报》第六号(1906 年 7 月 25 日)刊登的《演说录》（即《东京留学生欢迎会演说辞》）。

最后，作者金陵生对章炳麟的气质容貌做了生动的描绘，并与孙文进行对比，认为两者是相得益彰的革命伙伴：

> 他容貌古雅，让人以为是伏羲、神农时代的人。他对所有事情毫不介意，不炫耀，也不修饰，毫无做作。在民报社洗澡时，女佣人来洗，太炎展开双臂，任其擦洗。一入浴盆，一个小时也好，两个小时也好，只是仰望天空。女佣人来打招呼，他便从浴盆出来，交给她擦身，拂拭完了，光着身子，走进客厅，站在那儿读起书来。碰巧来访的客人见之，惊吓得逃走。民报社同仁称其为"神人"，是指他如此这般的本来面目。

> 孙逸仙如同加里波第（译者注：Giuseppe Garibaldi 1807—1882），是实行革命的猛将，而太炎则如同马志尼（译者注：Giuseppe Mazzini, 1805—1872），是革命传道的勇将。孙逸仙周游天下，进行革命运动的时候，太炎则在《民报》，是鼓吹革命主义的人。孙逸仙回到故国举起革命义旗的时候，太炎则是于帷幕中起草陈琳（译者注：？—217）檄文的人。在众多清国腐儒之中，学识操行皆高，超越时代潮流。他真正是顾亭林以后之第一人。

章炳麟不拘小节的生活风貌，可以说描写得淋漓尽致，宛然现前。

---

〔1〕 这段引文据日文译出，与章炳麟的原文略有出入。

而孙文的革命运动，有了章炳麟则如虎添翼。文中高度唱赞章炳麟的学识操守，以为是顾炎武之后最高的学者和思想家。这些并非溢美之词，在清末的知识界中章炳麟的确是独树一帜的先行者。章炳麟来日不到一年，就以革命家的形象，与孙文并列，出现在日本的重要媒体上，这在当时也是极为罕见的。[1]

（二）稻叶君山《〈学林〉与章太炎》中的日本汉学批判

《日本及日本人》第562号（政教社，1911年7月15日）发表了稻叶君山的《〈学林〉与章太炎》的文章。[2] 这是该杂志时隔四年之后，再次专篇报道章炳麟的记事。此时的章炳麟不再是革命运动智囊的陈琳，而是离开了《民报》，与孙文分手了的一介书生。然而，尽管旁落于草野，依然热心于创办学刊，执笔撰文，而且其锋芒直刺明治汉学界。这又引起了该杂志的关注。

稻叶君山（名岩吉，1876—1940），正是锐气勃发的汉学者，私淑史家内藤湖南，尤为擅长史学和考证学。1897年为《万朝报》记者，发表了众多有关中国的论说，引人注目。自1900年经白鸟库吉的介绍，往中国留学两年。回国后，在勤务于一家商社的同时，又为《太阳》杂志撰文投稿，发表了《清国硕儒吴汝纶传》（1902）、《支那剧之由来》（1903）。1904年后转入陆军，充任中文翻译，分配到驻扎鸭绿江的部队。从军之余，开始调查清朝祖先的陵墓，自此转入清朝历史的研究，在《太阳》杂志上发表了《西太后之前半生》（1907）。退役后，受白鸟库吉和内藤湖南之介绍，1908年至1914年，供职于满铁设置的"满鲜历史地理调查室"，其成果收录于由白鸟库吉主编的《满洲历史地理》二卷（1913）。其后有《清朝全史》（1914）等著作多种。

〔1〕 例如，同时期的《太阳》杂志，主要报道晚清宪政动向，采访张之洞，特别关注袁世凯，还刊登了梁启超的有关宪政的文章，而对孙文、章炳麟的革命派没有介绍。至1909年1月号，只有犬养毅的《清国之革命党》一篇，而在1911年武昌起义爆发后，才出现了数篇分析革命局势的文章，参见铃木正节：《博文馆〈太阳〉的研究》，东京：亚洲经济研究所，1979年，第26—32页。
〔2〕 同号目录尚有稻叶君山《太平天国逸闻》，紧接其后便是本文，署名为"同上"，即指稻叶君山。不过，文中另有"艮维生"之署名，当是稻叶君山之笔名。

其实,稻叶君山在《日本及日本人》杂志创刊之际便是其撰稿人。据笔者调查,他先后撰写了《读〈热河日记〉》(451号,455号,1907)、《长春在满洲之地位》(462号,1907)、《太平天国逸闻》(562号,1911)、长篇连载《反清朝之思想》(566—568号)、《错误的对清史论》(570号,1911)以及《明末清初乞师日本始末》(572号,1911)等文,在清史研究领域崭露头角,为人瞩目。譬如,稻叶重新发掘朝鲜文人朴趾源撰写的《热河日记》,指出这篇为祝贺乾隆七十寿辰的使清记录,是研究清史的重要文献。对于晚清的反清思想,稻叶追溯其源流,认为自朱元璋建立明朝始,就形成了"汉人本位"的思想,至明末而大为发扬,尤其是在东南地区,至清代依然绵绵相传,列举顾炎武、黄宗羲、史可法、张煌言(字苍水)等人的"民族思想"及其在清代的流传,还在文中多处引用章炳麟的叙述以为证据。如章炳麟为《张苍水集》的跋文(1901):"余生后于公二百四十岁,公所挞伐者益衰。然戎夏之辨,九世之仇,爱类之念,犹湮郁中国。"[1]因此,该文的撰述很可能受到了章炳麟的启发。

那么,稻叶君生为何在此时要报道章炳麟呢? 恐怕与章炳麟在其参与创刊的《学林》(1910)杂志上,公然批评林泰辅、安野重绎、白鸟库吉等明治汉学家有密切关系。这篇报道虽是短文,然而,将章炳麟的学术概貌以及对日本汉学的尖锐批判作了如实介绍,无疑显示了章炳麟在学术界举足轻重的存在感及其对日本汉学批判所不容忽视的分量。其全文如下:

> 余姚章太炎,近来发刊《学林》,据说是一年四期的计划。太炎学问渊源之深远,而今毋庸再多絮说,不过,读其《学林》之文章,我不得不更加佩服此人。太炎的学问并非别有师承,然而,德清俞樾与瑞安孙诒让之学,影响此人应为最深。《学林》第一号收有名言部(文始)、制度部(封建考)、学术流别部(五朝学)、文史

---

[1]《日本及日本人》第566号,1911年9月15日,第25—28页。

部(信史)、通论部(思乡愿)等篇,近九十页的文章竟然出自其一人之手,足可让人感到太炎学问殊为赅博。而且,其文章若与《章谭合钞》相比,也让人有迥然不同之感。太炎学问之进步已是不争之事实。《学林》"缘起"有一节言"老聃曰死而不亡者寿,雅曰大命近止,无弃而成。若载其言,国虽亡,其神宜不没"。噫! 其文字何其悲怆,太炎之志令我深为哀叹。

"与农科大学教习罗振玉书"章绛(译注:此处省略)

以上是太炎批判日本汉学之言,附载于《学林》之末,我等莫如将之视作他山之石。日本之汉学是否如太炎所言日趋衰颓,尽管是一个疑问,但是,至少从像太炎这样的人物之口,能听到如此激越的批评,或许倒是显示了(日本汉学的)发达。

原文中有"与农科大学教习罗振玉书"全文,[1]此处略去。章炳麟在此书简中,对日本的汉学历史以及现在的林泰辅、白鸟库吉等中国思想、历史研究进行了严厉批判,显示了极大蔑视。如说:

林泰辅者,尝在大学治古典科,非能精理,其所作说文考,特贾贩写官之流。非独泰辅也,东方诸散儒,自物茂卿以下亦率末学肤受,取证杂书,大好言《易》,而不道礼宪。日本人治汉土学术者,多本宋明,不知隋唐以上。然宋人治礼者亦尚多,日本即无其人。盖浮夸傅会,是其素性,言礼则无所用此也。其学固已疏矣。

今东方人治汉学,又愈不如曩昔。长老腐朽充博士者,如重野安绎、三岛毅、星野恒辈,其文辞稍中程,闻见固陋,不知康成子慎。

白鸟库吉自言知历史,说尧舜禹三号,以为法天地人,尤纰缪不中度程。

这些刺痛明治汉学家(中国研究者)神经的尖锐批判,大有全盘否定之

---

〔1〕 该书信刊登于《学林》第1册《杂文录》,第85—87页。

论断,作为师承白鸟库吉等人的弟子,稻叶君山自然不能坐视不问。然而,稻叶并无激情反驳之意,而是最大限度地保持了克制,以虚心欣赏的姿态向日本读者介绍了这位独放异彩却处在失意中的流亡学者。或许是因稻叶君山的这篇报道激起了《日本及日本人》杂志以及日本读者的兴趣,于是在一个月后,又特派佛教学者妻木直良直接拜访章炳麟,而且稻叶君山也亲自同往,对章炳麟的近况和佛学理论及其哲学做了难得的采访和介绍。

三、妻木直良的《访章太炎》——章炳麟在日本的最后写照

1911 年 8 月 15 日,净土真宗学僧妻木直良与其他三人同伴,专程前往章炳麟住处,拜访了章炳麟,并以栖庵道人笔名,撰写《访章太炎》一文,刊载于翌月 15 日发行的《日本及日本人》上（第 566 号）,还附录了章炳麟关于其著作的书评《读〈灵魂论〉》,从中显露了章炳麟与明治佛教界交流的一个侧面,这也是以往的研究未给予足够的关注和讨论的资料。[1]

妻木直良（1873—1934）是活跃于明治后期佛教学术界的人物,由其编辑刊行的日本净土真宗典籍全集即《真宗全书》及其续编（1913—1916）,在佛教界评价甚高。妻木直良出生于和歌山县真宗僧侣家庭,30 岁时毕业于龙谷大学前身的"大学林高等学科",先后担任高轮大学、日莲宗大学讲师以及龙谷大学教授,既是新锐的佛教史学者,又是近代日本中国道教研究的开拓者。[2] 他在 1906 年出版了《灵魂论》一书,对于佛教的轮回学说（业论、心识论）,试图进行哲学和科学性的诠释,在佛学界崭露头角。以下逐段介绍其《访章太炎》全文。

---

〔1〕 汤志钧先生著《章太炎年谱长编》（增订本下册）以及《乘桴新获：从戊戌到辛亥》(2018)有节译。本译文为全文,出于行文考虑,未参照汤译。
〔2〕 参见《故妻木直良先生追悼录》,《龙谷史坛》1935 年第 15 号,第 47—66 页。

（一）访问章炳麟的缘由

妻木直良何以要登门拜访章炳麟？在此之前，两人之间有无交往？与其同行的人与章炳麟又有何关系？要解决这些疑问，从其访谈录的开头对章炳麟所作的描述，以及对同行人的介绍，可以找到相应的线索。

> 发行《学林》，藐视日本学者，傲称"国虽亡而文不灭"之学林主人，何许人也？草《国故论衡》，于哲学、宗教、历史、文学诸方面，悉能发挥独特见识之章太炎，又为何等风采？尤其《章谭合钞》所收《建立宗教论》一篇，滔滔数万言，提取法相之教义，比照泰西之哲理，谆谆发挥佛教之真谛，恰似慈恩、淄州之再来，翱翔于明治之学界。据闻，太炎原本投身于革命党之漩涡之中，图谋故国之维新，而事不如意，于是志绝当世，倾其毕生气力，专注学术钻研，以学遣闷。余爱孙诒让之朴学，而章太炎乃其知心之友。余好法相之教义，而章太炎是其鼓吹者。若遥隔山河万里则已，而其今在我江都（译者注：即东京），同为砾川（译者注：即小石川町一带）之居民，岂非啮齿（译注：习凿齿）、弥天（译注：释道安）互相叩问之良机乎？

妻木直良对章炳麟的代表著述以及当下的学术活动，可以说了如指掌，尤其推崇章炳麟《建立宗教论》中所发挥的唯识哲学，以为是唐代法相唯识学大家窥基（慈恩）和智周（淄州）之再来，而且表示在朴学（考据学）和法相唯识学两方面，与章炳麟有着同样的学术嗜好。从中也可看出此次来访的目的之一，便是要与章炳麟切磋佛教与哲学的问题。但是，两人在此之前并不相识，那么，是谁促成了此次访问呢？

> 八月十五日，相约同行的有东道之水和尚、邻友之君山子[1]，加之太炎门第之傅铜君。水和尚在中国有十年，傅君来我国已有五个春秋，对话武器十二分够用。

---

〔1〕 汤志钧编《章太炎年谱长编》（增订本下册）第706页误作"君代子"。

同行者有三人,一是作为东道的水和尚,即安排此次访问的水野梅晓,其次是友人稻叶君山,以及章炳麟的弟子傅铜。傅铜(1886—1970)便是前述日本佛教界举办杨文会追悼会之际,代替章炳麟出席的人物,1905年由河南来日留学,曾就读早稻田大学,后转入东京大学哲学科,1913年回国后又赴英留学,专攻哲学。可能因其日语娴熟,故常充当章炳麟的翻译。稻叶君山则与妻木直良的佛教哲学的兴趣不同,要与章炳麟探讨清史研究以及孔子教问题(见后文),这无疑也是此次访谈的又一目的。

在中国有十年经历的水野梅晓是此次访谈的主要策划者,他与章炳麟的关系值得关注。水野梅晓(1878—1949)是与清末革命党人有着广泛交流,并直接投身于辛亥革命战场的少见的日本奇僧。他出生于广岛福山市,自幼为当地具有亲缘关系的曹洞宗法云寺僧收为养子,后成为该寺主持。1894年,水野前往东京就学东洋大学前身哲学馆时,就寄宿在小石川某家寺院。因得到在上海创办东亚同文书院的根津一院长的知遇,于1901年前赴上海,成为该校第一届学生。[1]1902年,水野梅晓撰写了两篇有关中国佛教现状的调查报告,一是《天童小志》,一是《湖南佛教视察报告》,[2]至今也具有较高的学术价值。湖南之行使他结识了不少寺僧,1904年,于长沙开福寺,与当地僧人共同创办了近代中国首家"僧学堂"。而前赴浙江天童寺的缘由,乃因该寺为其宗祖道元禅师留学之地,所以要向该寺呈献道元的著述,同时考察该寺的现状。在《天童小志》中,他记述了因得到宗仰和尚的介绍信,才得以实现此行之经纬。而且,此行的又一收获,便是结识了时任天童寺方丈的八指头陀敬安禅师。

---

〔1〕 参见《学僧·日中友好の先驱者 水野梅晓(1)》,大学史编纂委员会编:《東亞同文書院大學史——創立八十週年記念誌》,东京:沪友会,1982年,第370页。

〔2〕 水野梅晓著《天童小志》(高田道见编,非卖品,1902年11月发行)有《天童山小志》和《天童参拜日记》两篇,除了水野的绪言之外,卷末附有编者高田的《天童小誌出版に就いて》的跋文。水野1902年夏赴湖南南岳、长沙等地,踏访寺院,于该年撰成《湖南佛教考察报告》,后收入安井正太郎编《湖南》(1905年,第566—624页)。

第二天(译注：1902 年 7 月 29 日)，我因(调查)手中的教案问题出门，将名片交给宗仰和尚，始得会见。交谈中偶及天童山参拜之事，(宗仰)和尚以其友为天童客堂(译者注：即知客)，要为我写一信介绍，于是相约出发之际，前去领取书信，便告辞返回。本月 7 日(译注：8 月 7 日)，(宗仰)和尚冒着大雨来我寓所，说接到老友患大病消息，正要明日出发，去看病友，故前来践约，将信交给我。而且，对水陆路程，做了无微不至的指示，深为感激其厚意。[1]

胜境一览之后，上方丈室，与和尚细谈。和尚生于湖南，俗姓黄，盖为黄山谷后裔，道心坚固，年齿五十，兼诗文巧妙。关于净祖(译注：宋如净禅师，道元之师)塔，和尚大为发愁，要我先上古天童拜开山祖义兴及宏智禅师塔，去中峰拜密庵师塔。我时而问道：南谷庵(译注：如净离开天童，晚年住处)在否？答道：如今已无，不过有南谷和尚塔，须一一拜访一过，或许也就拜了净祖，未必可知。明日和尚与我一起搜寻拜访。[2]

被称为"革命和尚"的宗仰与章炳麟有着密切的交往。1902 年宗仰就撰写《赠太炎》诗，称扬章炳麟的革命志向。1903 年，章炳麟为邹容的《革命军》撰写序文，而宗仰则出资刊行。1921 年宗仰圆寂时，章炳麟便撰写了《栖霞寺印楞禅师塔铭》，叙述了两人的深厚交谊。[3]因此，可以推测水野梅晓很可能由宗仰的关系而得以与章炳麟相识。在此次采访之后，因辛亥革命爆发，水野便迅疾赶往上海、镇江、南京等地，参与救护活动，其事迹可详见于《水野梅晓在清日记》。[4] 该日记中多处记载了与孙文、黄兴、宋教仁等见面商谈的场面，显然早已相熟

---

〔1〕 《天童小志》，第 35 页。

〔2〕 《天童小志》，第 45 页。

〔3〕 参见沈潜：《清末民初章太炎与黄宗仰交谊述录》，《近代中国》第 17 辑，2007 年，第 205—226 页。

〔4〕 中村义整理：《辛亥革命研究》第 6 号，1986 年，第 99—131 页。

知。因此，水野也有可能因与革命党人交流的关系而结识了章炳麟。[1]
不过，此时的水野梅晓不再是因敬仰宗祖道元而参拜天童寺的禅僧，已
是改宗归依了净土真宗，与妻木直良同为本愿寺派的僧人。[2]

（二）章炳麟印象

或许因是初次相见，所以妻木直良对章炳麟的居住场景和容貌格
外关注，描述得细致而生动：

> 于大冢终点站下车，沿着一条寂静小路，过了五六个路口，又
拐了数次弯曲，看见靠右手稍高之处，有一徒有形式的栅门，门前
的"学林处"挂牌，[3]与杂志之题字正相仿佛。熟知内情的水和
尚走在前头，推开栅门，径自领着大家走进了榻榻米房间。尾行其
后，只见站在阳台与和尚说话的蓬头乱发的巨汉，腰下缠着裤子，
披着一件陈旧的网眼衬衫，半裸着身子，此人当是久闻大名的乐在
陋巷之章太炎。八叠大的屋子，摆着六七张类似在私立小学用的
小桌子，拼成方形。面对着床（译注：日式榻榻米房间一角所设木
质地板小隔间，通常挂字画、摆花盆等），挂着一块黑板，无疑这正
是砥川村夫的住处。半开的隔扇的架子上，藏有《缩刷大藏经》，
正面的桌子上，有和刻书两三部，当下正是滥读之境。

章炳麟离开《民报》后，失去了经济来源，只有靠讲学撰文获取细微
的收入。妻木直良所目睹的狭小而简陋的住居，如实地反映了章炳麟的
生活窘态。而蓬头乱发、衣冠不整的容姿，与前述金陵生的描述几无二
致，可以说放达不拘是章炳麟一贯的生活态度。尽管如此困穷，可是陋
室却充溢着书香，《缩刷大藏经》和线装书透露出主人的读书状况。后年

---

[1] 据松田江畔《鸟居観音と水野梅晓》（1979），1907年以后，在一次晚餐会上，由头山满介绍孙文和水野梅晓相识。
[2] 水野梅晓之所以改归真宗，主要出于想借助真宗本愿寺派的力量，最终使日本佛教在外交上获得在华传教的权益，扩大在华的传播和影响。有关水野梅晓在华活动的详细情况，可参见广中一成：《日本の中国侵略と水野梅晓》，《愛知大學國際關係研究所紀要》146，名古屋：爱知大学国际关系研究所，2015年，第39—62页。
[3] 《学林缘起》（《学林》第1册）文末记有《日本东京小石川区日向台町一丁目四十六番地学林处》，应是章炳麟当下居住地址，不同《民报》时期的住处。

章炳麟正是依据这一《缩刷大藏经》，协助宗仰和尚在上海刊行了《频伽大藏经》，开启了近代中国活字版大藏经出版的历史。"熟知内情"的水野和尚想必是"学林处"的常客，可知在此之前与章炳麟就有了交往。

（三）有关佛教理论问题的问答

紧接着便是此次访谈的具体内容，就佛教的基本学说及其与科学、哲学的关系，两人之间展开了紧张而富有思想内涵的对话。

首先，是关于天堂地狱以及须弥山的存在与认识问题。

水和尚作了介绍，我往椅子（类似公园里的长凳）上一坐下，突如其来的则是发问信不信天堂地狱这样的问题。因事出突然，弥天庵子，稍有迟疑，便应酬道："我信焉。"不待其问理由，接着说到如下。

庵子：我信天堂地狱。而所言信其存在，并非说是现实的存在，现实存在与否，本在我等思虑之外。对照社会之状态，善恶苦乐之情形，高低上下极为不同。以此相推，善与乐的极点为天堂，恶与苦的极点为地狱。准此，若以具体之词语表示此两极端，则称天堂地狱，未尝不可。

章子：然。大凡人所思议之物，不得不依据比量和现量。比量是比较推论，现量则是现在的实验（体验）。天堂地狱之存在，当依据比量的结果而决定其信与不信。而现在，如飞蛾投火、南美有大人种之类，即使在现量方面，尚得以发现想象之外的有情（生命）。若就现量说明之，恐应考虑此等情形。然而，你是否相信须弥山为佛说？

庵子：余不信。须弥山之说合理与否，本与佛教无关。

章子：固然。佛陀只是取印度之古老传说，塞进到自家的说法而已。若以须弥四洲之说应用于今日，有关天体星辰界之研究，可以发现有与其类似之处。总之，敝人以为，比量为总相，现量为别相；总相之精神，是佛教亘古不变之真理，而至于别相之说明，则不得不与世道的进步，一同推移和发展。

佛教的天堂（净土）地狱以及须弥山的说法，在近代遭到了科学的否定和批判。如明治初期"排佛毁释"的运动，就以佛教的地狱说、须

弥山的宇宙观为不合科学的谬论,而加以排斥。章炳麟对于佛教的净土和地狱说法,本来就是否定的,很少论及。那么,章炳麟为什么向妻木直良劈头提出这一问题呢？这值得玩味。妻木直良是净土真宗僧人,对于净土的实在性,在信仰上是不能否定的。章炳麟或许以此来试探对方的反应,观察对方在佛教理论上的思考深度,以便主导对话的进程。果然,妻木直良沉思片刻后的回答,没有让章炳麟失望。章炳麟则利用唯识学的比量和现量的认识理论,进一步指出天堂地狱不是存在论问题,而是认识论问题,正如妻木直良所答复的那样,是出于解释社会现状的要求而设定的。须弥山的存在与否,也是如此,在章炳麟看来佛家早就形成了与天体星辰的科学相类似的学说,但其具体的说法则要与科学相一致,需要与时俱进。从中可以看出,章炳麟确信佛教理论具有哲学和科学的价值。

其次,是有关章炳麟《建立宗教论》所阐发的以佛教唯识学为基础的哲学能否救度广大民众的问题。

庵子：高论甚是。以智力之进步、学术之精粗而言,今日有胜于昔日之处。然而今日之科学,并非将现象界研究净尽,如天文学,如心理学,尚有人智难及之事物。泰西之科学亦当有待东洋之古说相发明之处。而佛教之说明必须要与时世之进展、科学之发达相同步,自不待言。贵著《宗教论》(《建立宗教论》),欲依法相宗而建设将来之宗教,所说一一切中时弊。然法相宗乃哲学,乃智力性的,以此可满足智者和学者,而救度四亿之民,不能没有其他之方法,就此请教。

章子：对于一般民众,自有其法。彼愚民本无所有,故与其何物则领受何物。佛教实行之方面有十善五戒,或者,大善根之念佛也可用之。今余所欲言者,乃为折伏识者之宗教,说服智者之宗旨。

佛教的学说要符合科学,要与科学同步发展,同时,佛教的学说也包含了许多启发科学发展的内容,在这一点上,两人取得了一致意见。接着,由妻木直良开始发问,他认为章炳麟的《建立宗教论》(1906)针对时

弊,阐发了法相唯识哲学,可以满足知识阶层的需要,然而对于广大的民众,是否适用,有无其他救度方法,则表示怀疑,提出了疑问。章炳麟则认为针对民众的理解力,可以用佛教的十善五戒,甚至念佛的方式,进行道德上的教化,而自己的主要目的则是建立能够说服知识阶层的宗教和学说。其实,关于这一问题,就曾遭到过武田范之的批判,两人之间展开了所谓"佛声"与"民声"的争论,的确是章炳麟思想中的一个薄弱环节。

最后,是有关中国佛教的现状以及进一步发展佛教哲学的问题。

庵子:深领贵旨之所在。贵国明末之际,有学德兼具之高僧如蕅益(智旭),其著《宗论》,日本佛学者,在今日也至为赞叹推赏,其感化现今尚存否?

章子:明末垂示教化之高僧可数憨山、蕅益、莲池。蕅益之感化今虽尚存,其影响莫如莲池之深广。大凡清朝之人,上中之人大抵归往华严,如金陵之居士杨文会,举此一例便可知。而好学深究者则往往倾向于法相。若欲说服今日我国之人,则须与泰西哲学相比较,显示佛教之长处。彼所谓十二范畴,岂非我法相之不相应行,彼哈德曼、叔本华之盲动盲意(盲目意志),不正是我法相之末那识吗?彼所言大我,虽欲至我法相之阿赖耶识而尚未企及,恰与神我(数论哲学)相类似。

庵子:余亦以十二范畴说明不相应行,所论悉皆不胜同感。贵论以法相之教义,欲风靡当今之哲学,余深为赞赏。不日欲论评贵著《宗教论》之大旨,以介绍与我国之识者。云云。

紫柏真可、德清憨山、云栖袾宏(又称莲池)以及蕅益智旭被后世称为明末四大家,其中袾宏与智旭,自江户时期就流传较广,在明治时期也有不少介绍。如妻木直良主办的《六条学报》第 102 号(1910)就刊载了《云栖袾宏及其著作》(作者是佐佐木宣正)一文。而智旭的影响则更大,除了妻木直良举出的《宗论》之外,如岛田蕃根编辑刊行了近代首部活字版大藏经《缩刷大藏经》(1880—1885),其体例便依据了智旭的《阅藏知津》。与妻木直良同派僧人赤松连城曾向杨文会索求

智旭的《蕅益四书解》,〔1〕并将之刊行,寄赠给了杨文会。妻木直良本人在后年撰写的《淄溪笔谈》〔2〕一文中,设"云栖之禅,蕅益之教"一节,称二人是中国佛教最后阶段的两大明星。在这里,妻木直良可能借此询问章炳麟对中国佛教界现状的看法。

然而,章炳麟对于唐以后的中国佛教历史少有兴趣,尽管也认识到云栖、智旭等人对后世的影响,但是对他们提倡净土、念佛,在思想上很难认可。章炳麟认为晚清佛教界的代表当推南京杨文会居士承继了清代以来偏重华严的学风,但是好学深究之士则推崇法相唯识学。杨文会曾以"教宗贤首,行在弥陀"来表明自己的佛学立场,而且受到了清代初期重视华严与净土的彭绍升居士的影响。不过,杨文会也致力于法相唯识典籍的收集和刊刻,提倡法相唯识学的研究。章炳麟在三年囚禁中所阅读的法相唯识典籍中不少就是由杨文会主持的金陵刻经处刊行的,如《成唯识论》《成唯识论述记》《瑜伽师地论》等,而大多又是由杨文会通过南条文雄从日本收集而来、重新翻刻的。尽管如此,在章炳麟看来,杨文会对唯识学尚未有值得关注的思考,而且对杨文会的"行在弥陀"的净土立场也不赞同。〔3〕 其所说的好学深究者,恐怕包括了对章炳麟学佛有极大影响的宋恕以及孙宝瑄、宗仰、文廷式等人,他们都崇尚法相唯识学,是将佛教与哲学、科学相联结的主要推动者。

而更为重要的是,章炳麟再次表明了要通过与西方哲学的比较,来显示佛教的长处的立场。其所举出的康德、哈德曼、叔本华,都是其以往的著述中常常出现的西方哲学家。但是,此时的章炳麟对他们的认识和态度有了很大变化,已经由早期重视他们与唯识学的相似性,而转向批判其不足,尝试建立和完善自身的"齐物哲学"。关于这一问题,《读〈灵魂论〉》有进一步的阐发,将在下篇中具体探讨。

〔1〕 陈继东:《清末仏教の研究——楊文会を中心として》,东京:山喜房佛书林,2003年,第162—163页。
〔2〕《六条学报》151号,京都:大学林同窓会,1914年,第100—102页。
〔3〕 有关章炳麟与杨文会的交往,参见陈继东:《有关在日本举行的杨文会居士追悼会之资料》,《作为"知识"的近代中国佛学史论——在东亚视域中的知识史论述》,第122—123页。

(四) 访谈的场面以及稻叶君山的提问

上述富有深度的思想对话,又是如何进行的呢? 妻木直良笔锋一转,对访谈场面做了生动而风趣的描写。

> 居于其间的水和尚,奔命于传译,彼此之交谈,直至水和尚疲累不堪而止。太炎上颚门齿缺失,口中时时泄出好似打在树叶上的风声,而乘兴滔滔不绝地讲述,果真是怀有识见之论客。其宽阔的额头,付着污垢,蓬散的头发,一件网眼衬衫的款式,也都与其肥大的体格浑成一体,反衬出其优雅之人格,毫无丑恶之感。时辰将近正午,话题让给了同行的君山兄。与君山子相问答的则是清朝史学源流、曾国藩与太平天国、君山欲撰写摄政王多尔衮传之想法、对孔子教之批评,这些当交由君山子之笔,另作介绍。于是,饮下一杯苦茶,小润干喉,离开了此地,已是午后一点半。

据此可知,水野和尚居于两人之间,充当传译,疲于奔命;而章炳麟的谈吐风貌,透露出其放达、优雅的人格,恰似魏晋风度之再现,令人油然起敬。访谈话题并不止于佛教,同行的稻叶君山就清朝史学源流、曾国藩与太平天国以及孔子教等问题,与章炳麟也展开了讨论。稻叶君山想撰写多尔衮传的想法,在其《读〈热河日记〉》中就有显露。他在此文中指出朝鲜赴清使者朴趾源的记述透露了清初摄政王多尔衮不见史籍记载的讯息,是研究清初历史的重要资料,显示了要利用中国周边国家的文献来研究清史的观点。[1] 这一想法想必也传达给了章炳麟。

----

[1] 稻叶君山《读〈热河日记〉》中引用了该日记中有关多尔衮的一节,其原文为:

余求见乙未十一月内阁奉谕崇祯死事诸臣奖忠诏,鹄汀许夜间誊示。余问中国所称摄政王谁也,鹄汀曰这是睿亲王讳多尔衮,我皇清之一个周公。顺治元年四月,自盛京统领大军进向宁远,而流寇已碎皇城,则平西伯吴三桂,迎我师入关,复雠除凶,睿亲王谕示官民取残不杀共享太平之意,民大悦。五月睿亲王进朝阳门,御辇,陈明卤簿,受明文武众官朝贺。余曰是时天下都是睿亲王得之,何不遂自效天子? 鹄汀曰故是我皇清之周公,当时事亦还有做不得处。当时诸睿亲王个个英雄人人豪杰。(中略)余问睿亲王身后缘何被籍? 鹄汀摇手曰多少说得长,鸱鸮之诗所以作也。程子称金縢如近世祝文当焚埋而重其事故,藏之金縢,此巧就周公著,然则李宸妃水银殡殓,亦一金縢华林鸣为公乎为私乎?

对此,稻叶君山说:"如此一节,可想象国初顺治之时,睿亲王之权威如何熏灼,而足可推知对于亲王薨逝之秘史。此绝不见清史,独存此集,据此得以洞察几分。"(《日本及日本人》第451号,1907年1月15日,第75页)

而其先前撰写的《太平天国逸闻》一文与其《〈学林〉与太炎》刊载在同一期《日本及日本人》(第 562 号,1911 年 7 月 15 日)上,对此两文恐怕章炳麟也已有所闻。尤其是关于孔子教问题,两人之间展开了怎样的议论,对于康有为等人所宣扬的孔子教,章炳麟又做了什么样的批判,让人不禁想象。此后,稻叶君山并没有将与章炳麟的对谈整理发表出来,使后世不得其详,极为可惜。

(五)对章炳麟的评价

在此篇访谈录的最后,妻木直良对章炳麟的学问在晚清学术界的地位做了独自的评价。

> 若问其小学造诣如何,则可读其《新方言》,若想知其人物性行,则可看《章谭合钞》。依我等肤浅见闻,现时清朝之学者,才识明敏,盛为讨究者,则推罗振玉。至谓学识渊博,特富创见,则当无出章氏之右者。太炎自可安居陋巷,乐其学问,而若置之不顾,则又非我学界之庆事。

妻木直良认为章炳麟的学术成就可从语言学和思想两个方面来看,其代表作分别为《新方言》(1909)和《章谭合钞》(1910)。后者虽然收录了章炳麟的主要论文,如《建立宗教论》等,但其思想的集大成《齐物论释》一书虽已写就,尚未出版,妻木直良未得阅读,所以才有上述的评价。不过,妻木直良将章炳麟与罗振玉视为当时中国学术界的代表,而未提及康有为和梁启超,颇有意味。在此次访谈之前,《日本及日本人》杂志发表了署名为易水郎撰写的《康有为与梁启超》一文,其中举出作为政治家要具有四种资格,即节操、见识、学问和胆力,而康、梁于此四条皆不相符,只是一个学究而非政治家,与御用新闻记者德富苏峰同属一类,对康、梁批判颇为严厉,评价甚低。[1] 因此,妻木直良对章炳麟的评价也显示了《日本及日本人》杂志乃至当时日本学术界的一般看法。

结　　语

以上,在将《访章太炎》全文译出的同时,考察了此次访谈的目的、

---

[1] 《日本及日本人》第 563 号,1911 年 8 月 1 日,第 42 页。

一行四人与章炳麟的关系，并对访谈内容做了整理和介绍。从中可知，促成此次访谈的主要人物是水和尚即水野梅晓，他与宗仰和尚以及孙文、黄兴、宋教仁等革命党人的密切交往，使得他在此之前就与章炳麟相识了，似乎也是学林处的常客。而稻叶君山因从事清史研究，很关注章炳麟的著述，想必也是此次访谈的重要推动者。章门弟子傅铜可能因其师的关系与水野等人也已相熟。妻木直良本人则因学术研究上与章炳麟有接近和共鸣之处，即对于清朝考据学和佛教法相唯识学具有共同的兴趣，对佛教与科学、哲学的问题，与章炳麟进行了罕有的对话，为确认章炳麟此时的思想提供了难得的资料。

　　《日本及日本人》所刊登三篇章炳麟的介绍和访谈，作为明治后期的主要杂志是极为罕见的，无疑显示了章炳麟的独特历史地位。而此三篇无意中凸显了章炳麟思想的三个特征，即革命、学术和以佛教理论为基础的哲学。可以说这是日本舆论界和学术界对章炳麟所作的最早的实时观察和研究，也是理解章炳麟思想与活动的不可多得的历史文献。不仅对章炳麟在上述三个方面的成就都给予了很高的评价，而且这些评价并非是孤立地只从晚清历史的变化来看的，而是结合了明治的政治、学术和思想的发展而进行的。这三篇文章的日本作者，如此热心而严肃地去认识和宣传章炳麟，也显示了章炳麟在思想上与明治思潮以及明治佛教有着深厚的联系。

　　章炳麟在完成《齐物论释》之后，仍然坚持以佛教理论来建立和发展哲学的立场，表明了《民报》以来的一贯主张。这一点，在其《读〈灵魂论〉》中则有进一步的阐述。因此，考察妻木直良的《灵魂论》与明治佛教哲学的关系，揭示章炳麟对《灵魂论》的评论及其对自身的唯识哲学的阐发，将是下一篇的内容。

当禅佛教遇到哲学家：
田边元《正法眼藏の哲学私观》读后

何燕生

（武汉大学/日本郡山女子大学）

前　　言

　　田边元（1885—1962）作为日本京都学派哲学的学者，其哲学轨迹十分特异。田边早年研究数理哲学，担任东北帝国大学讲师期间，主要讲授"科学概论"等课程，后以《数理哲学研究》一书而获得博士学位。著名的《正法眼藏の哲学私观》一书，是田边从德国留学归国之后撰写的著作。当时田边任职于京都帝国大学哲学系，与西田几多郎（1870—1945）共事，但在哲学问题和对禅的理解问题上，田边始终与西田意见分歧，对西田哲学以及西田用临济禅解释哲学的方法，提出批判，毫不隐瞒自己的态度。日本侵略战争期间，田边提出"种"的理论，并试图将"种"与国家相关联，表示出强烈的国家主义思想倾向。晚年，田边结合自己的战争体验，撰《懺悔道としての哲学》一书，以亲鸾（1173—1263）的净土教作为自己的哲学归宿。因此，从其与佛教的关系看，田边元早年重视禅特别是道元（1200—1253）的禅思想，晚年则转为净土教，特别是亲鸾的净土教。

　　《正法眼藏の哲学私观》一书，反映了田边对道元禅思想的理解。田边视道元为日本历史上超越传统宗教的杰出哲学先驱，认为从道元

的主要著作中可以发现哲学的真理,这对于我们了解禅与现代性的问题,无疑提供了重要线索。其次,田边试图从曹洞宗的道元禅探索一条哲学与禅调适会通的路径,以解救近代日本由现代性所带来的思想困境,与西田试图从临济禅所摸索的路径,形成鲜明的对比,颇富特色。本文将对《正法眼藏の哲学私观》一书的思想特色进行介绍,以此来了解禅佛教在京都学派哲学中是如何被理解、被受容、被转化的一个侧面。

一、道元禅是解决现代性的哲学资源

田边元对自己研究道元的动机,在《正法眼藏の哲学私观》一书的序文中进行了叙述。他说,自己之所以要研究道元,第一是因为受到了和辻哲郎所著《沙门道元》[1]一书的启发,认为通过从道元《正法眼藏》中发现哲学真理,可以将宗教家道元从传统宗教的界域解放出来,作为日本哲学的先驱,作为强韧的形而上学的思索者来理解。第二是认为研究道元具有现实性意义。田边认为,通过了解自己的祖先之中曾经存在过道元这样的人物,可以增强日本人对思索能力的自信,而且,为了解决哲学的现代性课题,道元的思想是唯一有效的资源。如他说:"其实,我被道元的思辨之深邃和绵密所打动,对日本人的思索能力具有强大的自信得到了鼓舞。我感到,道元的思想,早已洞察并道破了当今哲学的体系性思维的必然进路。"[2]"作为辩证法思辨的一个活生生的宝库,(道元的思想)与西方哲学的辩证法思想具有许多相同之处";"正法眼藏的哲学,不仅仅是日本哲学的先驱,在对于当今理应调和东西方思想负有责任的日本哲学方面,具有指导性意义。"[3]

其实,通读《正法眼藏の哲学私观》一书,我们可以知道,此第二点

---

[1] 和辻哲郎:《沙门道元》,东京:岩波书店,1925年。后收入氏著《日本精神史研究》(岩波书店,1926年)。
[2] 田边元:《正法眼藏の哲学私观》,东京:岩波书店,1939年,第11页。
[3] 田边元:《正法眼藏の哲学私观》,第101页。

是促使田边元研究道元的最主要的动机。在该书第一章《日本思想的传统与使命》中，田边元用较大的篇幅论述了自己对日本文化、日本思想传统的理解。田边元认为，日本文化的特点，在于其强韧的同化性和不被外来文化所压倒的包容性。与此相对，儒教和佛教，则都在各自发祥的本国基本失去了作为文化传统的力量，在面对建设新的历史、新的文化时，只有业已同化于日本思想之中的儒教思想、佛教思想仍然维持着现实性意义，这"完全依赖于日本精神的强韧性、包容性"。[1] 据田边元的理解，经过禅和净土二宗传入日本之后，"发现了日本精神中固有的超越性与内在性直接融合的恰当基础，使日本佛教的发展获得了新生命"。[2] 田边元认为，亲鸾、日莲和道元生长在此"日本精神"传统之中，基于其天才性的创造力，使佛教得以日本化。"日本佛教既是佛教的发展，同时也是日本思想的发展。"[3]然而，明治时期，日本在吸收西方先进思想的过程中，佛教并未发挥应有的作用。也就是说，明治时代日本对西方思想的吸收，完全是作为历史性、社会性的必然，是单方面的和被动的，并未与业已渗透于日本的精神风土、历史文化之中的佛教发生任何思想性的关联。对此，田边元认为，日本应该从传统日本精神的深处中去发现"个人的创造力"，而此"创造力"，是日本同化外来文化，作为"无限发展的主体"，使日本文化得以形成和发展的力量。如他说："所谓日本精神，并不是离开日本人的个别性创造之外被固定的客体性存在，而是通过个人的创造，无限发展的主体。"[4]基于这样的认识，田边元强调自己对道元的研究，并不是将道元作为日本曹洞宗开祖的形象，而是视为"一个伟大的形而上学的思索者"，"日本哲学的先驱"。[5] 田边认为，"从当今的哲学

---

〔1〕 田边元：《正法眼藏の哲学私观》，第3页。
〔2〕 田边元：《正法眼藏の哲学私观》，第3页。
〔3〕 田边元：《正法眼藏の哲学私观》，第6页。
〔4〕 田边元：《正法眼藏の哲学私观》，第9页。
〔5〕 田边元：《正法眼藏の哲学私观·序》。

立场来看,诠释最具重要意味的道元的思索内容,其不朽的创见和深意,足可以引导现在的我们"。[1]

田边元所谓的"当今的哲学立场",并不是指由康德以及费希特所发展的自然存在论形而上学,而是指基于实存的自由意志发展起来的自觉存在论,这是西方哲学给现代哲学提出的形而上学的要求。田边认为,实存哲学是将拥有身体、受着生死之苦的具体个人作为实存的自我来把握,而其实存自我,是"与作为自我否定根据的绝对之间,常常处于一种对决的、断然拒绝的主体"。田边元对于兴起于欧洲的实存哲学,并不完全认同,作为主体的决断契机,他提出了"无的媒介"说。针对康德的人格主义将绝对理解为相对的本质,田边元则试图将绝对与相对对立,并将其对立矛盾通过以"辩证法的无"作为媒介,置于"自我限定即非限定""非限定即自己限定"的相关之中。田边元认为他提出的这种哲学要求,在基督教中是不能得到调适与满足的,因为,作为"启示宗教"的基督教毕竟是将上帝视为创作者、绝对者的一种宗教,而且基督教还倡导"末世论",裁断与现实的关联。

田边元认为,西方哲学在近代处于历史的转折点时,所面临的课题是必须超越内在于西方哲学中的"有"的思想,须要建立一个基于哲学与宗教的否定性媒介(即对立统一)的哲学。这种哲学,与单单只是阐说人类存在的实存性自觉的实存哲学相异,它是一种作为"历史性、社会性存在的,绝对性、现实性的实践哲学"。田边元称这种哲学为"现实哲学",并认为在道元的思想之中,可以发现这种哲学与宗教对立统一的媒介辩证法的逻辑,而且它还包摄着西方哲学的逻辑,并超越西方哲学,从"无"的立场展开辩证法的思索。道元的这种哲学,是回应西方近代形而上学所提出要求的唯一有效的资源。田边元在其《哲学入门——哲学的根本问题》一书中曾说:"在柏拉图主义以来的西方思想中,类似于佛教的'绝对无'的性格,并没有得到充分的展开,这是不得

---

〔1〕 田边元:《正法眼藏の哲学私观·序》。

已的,因为,它本来是发源于希腊'有'的存在论,这可以说是理所当然的事了。相反,禅在这方面,显得更加透彻一些。"〔1〕田边元深信,只有道元的《正法眼藏》中所论述的绝对无的辩证法立场,才能对近代哲学的历史性发展提供有效的方向。

二、"道得"的哲学意蕴

田边元在《正法眼藏の哲学私观》一书中,主要围绕"道得"概念进行哲学解读。所谓"道得",是一句方言,在现代汉语里,即是"说得"的意思,指可以用语言表达。但在禅宗中,特别是进入宋代,语言成为重要的课题,禅师们常常要求弟子用语言说出自己所体悟到的境界,所谓"道! 道!",或者"速道! 速道!",便是其例。田边认为,道元的"道得",不仅限于宗教信仰含义,还与哲学的绝对媒介相契合。他引用道元《正法眼藏》"道得"卷中"道得此道得时,则不道得之不道得也",〔2〕指出道元一方面明确承认"不道得",同时又说"莫言不道得,不道是道得头正尾正也",〔3〕"道得之良友,则有不期而访之道;道不得之友,不期而有知己之心。若是知己之参学,则有道得之现成也"。〔4〕 因此,我们可以理解道元的"道得"所讲的,是指"交互媒介性发展即还归,即是道不得的绝对统一的溯源性发展之现成"这样的道理。〔5〕 田边还引用道元所说的"以道不得,十年五载,功夫修行,已是道得也",指出我们如果被不可得不可道的绝对转换性无的力量摄受而功夫办道,这便是"得道之现成",这正可谓一种"绝对道得即绝对媒介"的东西。〔6〕 因此,田边认为,道元在《普劝坐禅仪》中所讲的"思量个不思量底! 不思量底如何思量? 非思量。此乃坐禅之要术也",其

---

〔1〕 田边元:《哲学入门——哲学の根本问题》,东京:筑摩书房,1966 年,第 449 页。
〔2〕 道元:《正法眼藏》"道得"卷。引文见何燕生译注:《正法眼藏》,宗教文化出版社,2003 年,第 307 页。
〔3〕 何燕生译注:《正法眼藏》,第 308 页。
〔4〕 何燕生译注:《正法眼藏》,第 310 页。
〔5〕 田边元:《正法眼藏の哲学私观》,第 34 页。
〔6〕 田边元:《正法眼藏の哲学私观》,第 35 页。

实也就是关于绝对媒介的一种极致的表达；坐禅与辩证法，宗教与哲学，其实都是相同的。所以，道元讲："思量之现前，直下非矣不矣；非不者，不言除却，即是思量之真实体也。"（指月《普劝坐禅仪不能语》）〔1〕

　　然而，因为绝对媒介性的统一是一种行为性的，即超逻辑性的逻辑性，以逻辑的否定作为逻辑的媒介，所以，所谓媒介，其实常常又是无媒介性的，即对媒介的否定。换句话说，同一的反面，当即又是对立的。它绝不同于以直观主义的立场直观全体、超越相对而归入绝对的所谓直接绝对的同一。因为是绝对媒介以绝对现成的媒介去媒介绝对自身，因此，归根结底，是一种绝对与相对之间的交互媒介，绝不可能是两者的同一，即相对的绝对化。基于这样的理解，田边指出，道元排斥这样的观点，站在了行为性媒介的立场。绝对即是绝对，因此它常常是一种"道不得"的超越者。而且，作为超越者，同时又无限地现成于行为性、自觉性之中而得到内在化，被相对所媒介，所以又是绝对的。离开此媒介之外，不存在所直观的绝对。然而，田边指出，通过行为性来"信证"这种绝对相对的对立统一的，即是宗教；在宗教中，对超越的信仰和内在的证悟，与行为相即，并以此建立一种超越即内在的原理，即内在超越原理。〔2〕

　　与此同时，田边还从时间论角度对道元的"道得"进行论述，认为道元的"道得"具有"绝对的历史性"含意。虽然绝对的佛在相对的层面是一个完全不可知不可得的存在，然而佛在相对层面通过"现成"自我，在佛祖嫡嫡相承的发展过程中，从根源上深化自我。田边引用道元《正法眼藏》"唯佛与佛"卷所谓"佛法者，非人之可知。是故，昔来无以凡夫悟佛法，无以二乘悟佛法，独佛所悟故，云：唯佛与佛，乃能究竟"，指出成佛是对佛的否定性媒介的一种自觉，绝对相对的辩证性媒介即

―――――――――

〔1〕　田边元：《正法眼藏の哲学私观》，第35页。
〔2〕　这里的几段引文见田边元：《正法眼藏の哲学私观》，第36、37页。

构成佛的内容。[1] 因此,佛并不是以众生的可能性而存在的,只作为一种绝对媒介的行为性自觉而存在,即"信""行""证",道元称此为"佛之向上事",是一种动态的溯源发展,并不是一种静态的回归。如道元说:"谓佛向上事者,谓到佛后,进而更见佛也"("佛向上事"卷);[2]"学释迦佛嗣法于迦叶佛,迦叶佛嗣法于释迦佛"("嗣法"卷)。[3] 在田边看来,道元所谓的"佛向上事",不单单是朝向佛法的顶点而参究,而且是在佛祖的教诲的指导下,通过"发展即溯源"的转换而作佛、回归于自我的根源,进而追溯"深邃无底"的深渊,而这时是一种"溯源即发展"的行为,成为一种向下即向上、向上即向下的圆环状态,这才是寻求绝对统一的"佛向上事"。田边特别强调这种向下即向上、向上即向下的圆环状态,认为它表达了一种历史性。田边认为,此圆环状态因为是绝对媒介的圆环,意味着它并不只是朝向同一根源回归,而且是进而令根源得到深化、发展的一种"溯源即发展"的图式,田边称其为"无限的动态漩涡",可以看出历史的具体形态,又称其为"历史的辩证法"。佛作为一种绝对性,对于相对来说,虽然是不可测知的"静一者",但同时在"媒介性"上,又是一个无限地"发展即回归"的向上向下的过程。田边认为,道元本人虽然没有将佛的绝对性与媒介性从宗教问题的立场展开讨论,但"开拓了将历史性现实的无限行为发展与宗教的统一回归相即不二的途径",这也是田边元所谓的历史辩证法的理论。

我们知道,道元将汉语"有时"的意思读成"时既是有也,有皆时也",与海德格尔的"存在即时间"的存有论之间具有异曲同工之趣。道元发现了日常的"现存"与"自觉存在"之间的相即。田边认为道元"唯正当恁么时故,有时即尽时也,有草有象皆是时也,时时之时,当有

---

[1] 田边元:《正法眼藏の哲学私观》,第47页。引自道元《正法眼藏》的文字,见何燕生译注:《正法眼藏》,第710页。
[2] 何燕生译注:《正法眼藏》,第243页。
[3] 何燕生译注:《正法眼藏》,第353页。

尽有尽界也"(《正法眼藏》"有时"卷)，[1]表达了"时间的相对与绝对之间的媒介相即"的道理。道元同时还说"三头八臂即一经我之'有时'，似在彼方，然是而今也"，或说"有时有经历之功德"(《正法眼藏》"有时"卷)等，[2]因此，道元的时间论具有时间的连续性与非连续性两层含意。田边认为，道元的这种"存在即时间"的时间论，表达了通过与"世界即自己"的行为性自觉的相即、互为媒介而向着相对的"发展即究竟"进行溯源、回归的逻辑。

田边还认为道元的思想是"绝对现实的立场"，《正法眼藏の哲学私观》对此专章进行了论述。田边指出：

> 道元的绝对媒介的思想，其实可以说将大乘佛教的具体思想几乎贯彻到了一种极限。如果我们将此时空世界的相对性与国家现实的历史相结合而加以具体化，对于所谓众生即自己的全体即个体的统一，从学问上阐明种的媒介的社会基体，此(道元的)绝对媒介的宗教思想，真正能够发挥其含蓄的哲学性，不止停留在传统，还会媒介到现代的哲学。而推行此媒介，应该成为我们的真正的任务。只有这样，我们才可以期待道元的思想从教团中得到解放，走出僧堂，成为国民的哲学。[3]

由此我们可以看到，田边的道元论，带有很浓厚的国家主义意味。这也是田边元的道元研究一直以来不被学术界看好的主要原因。比如同为"京都学派哲学"人物的高山岩男就曾批评田边的这种做法有点牵强附会。[4]杉尾玄有则针对田边是为"发展即溯源"的动态性绝对媒介的说法予以驳斥，认为田边并没有抓住道元禅的真髓，也不会得到道元本人的认可。日本学界基本一致认为，田边元在发现道元是日本历史上的伟大哲学家、形而上学的思想家方面做出了重要贡献，但田边元的

---

〔1〕 何燕生译注：《正法眼藏》，第 199 页。
〔2〕 何燕生译注：《正法眼藏》，第 200 页。
〔3〕 田边元：《正法眼藏の哲学私观》，第 79 页。
〔4〕 高山岩男：《正法眼藏の哲学私观を読みて》，载《思想》第 206 期，东京：岩波书店，1939 年，第 80 页。

"国家论",即"种的逻辑"有问题,特别是将道元禅与自己所倡导的"种的逻辑"相结合,不符合道元禅的精神,其各种解释不免过于主观。

晚年,田边元的思想发生了转向,从道元的"自立圣道门"转向到亲鸾的"他力易行道",撰写了《懺悔道としての哲学》(岩波书店,1945年),后来又出版了《キリスト教の弁証》(岩波书店,1948年)。关于这些,容今后专文介绍,此不详述。

三、什么是"京都学派"——代结语

最后谈一谈"京都学派"哲学的定义。

所谓"京都学派",一般指曾执教于京都帝国大学哲学学科的西田几多郎、田边元和继承他们学说的弟子们。因他们以哲学的建构为目的,且形成了富有特色的哲学流派,所以,一般又称其为"京都哲学"或"京都学派哲学"。

然而,严格地说,所谓"京都学派",其实是一个颇为含糊的概念。首先,对于哪些学者应该包括在"京都学派"之内,目前学术界并未得到一个共识。比如,岩波书店出版的《岩波哲学思想辞典》所收的"京都学派"词条,将高坂正显、高山岩男、西谷启治、下村寅太郎、铃木成高等人列为西田几多郎和田边元的门下,并指出,在广义上,还应该包括三木清、户坂润及其周围的和辻哲郎、九鬼周造等人。与此相对,最近出版的《京都学派の哲学》(2001年昭和堂出版)一书,只收录了西田、田边、三木、户坂、木村素卫、久松真一和西谷八人,而高坂、高山和铃木等人的名字,则不见收录。

欧美的情况似乎也一样。欧美学者之中,有学者提出用六个标准来界定"京都学派"的范围:1. 与西田的关系,2. 与京都大学的关联,3. 对日本和东洋知识传统的态度,4. 对马克思主义、国家主义以及太平洋战争这三个相关事物的态度,5. 对佛教传统和宗教一般的态度,6. 对绝对无概念的态度。[1] 但同样在欧美学者之中,却有学

---

[1] 见藤田正胜编《京都学派の哲学》(京都:昭和堂,2001年)所收 John C. Maraldo 的论文。

者提出相反的意见，认为应该限定在西田、田边和西谷三人，理由是此三人的哲学，可以视为西方语境中的哲学问题，有利于考察世界哲学。[1]

其次，在围绕如何评价"京都学派"的问题上，也观点各异。我们知道，"京都学派"所涉及的问题层面较为广泛，特别是在日本侵略战争期间，以西田为首的学者曾发表过一些配合国家主义的言论，对于其哲学思想，目前学术界可以说批判与反批判两种观点并存。一般说来，研究日本思想史的学者，比较注意结合近代日本的历史背景，从思想史的角度看待"京都学派"的哲学。因此，"京都学派"与战争的关系问题、"京都学派"的国家主义倾向，自然不可回避地成为他们讨论和批判的焦点。[2] 与此相对，研究哲学的学者，一般比较注意结合西方哲学的发展，从哲学研究的角度看待"京都学派"哲学的来源和内涵。因此，"京都学派"与西方哲学，与宗教特别是佛教、基督教的关系问题，自然地成为他们研究"京都学派"的主要课题，容易忽略或有意识地回避思想史上的一些问题，甚至对来自思想史方面的批判表示反对。[3]

欧美学界曾作过将两种观点结合起来的尝试，以解救"京都学派"所面临的处境。比如 1994 年出版的 *Rude Awakenings: Zen*, *the Kyoto School*, *and the Question of Nationalism*（ed. by J. W. Heisig and J. C. Maraldo. University of Hawai'i Press），就是一个典型的例子。该书收录了日本和欧美学者批判和反批判两种观点。

那么，"京都学派"的哲学到底是一个什么样的哲学呢？日本和欧

---

〔1〕 James W. Heisig, *Philosophers of Nothingness: An Essay on the Kyoto School*, University of Hawai'i Press, 1996.

〔2〕 见末木文美士著《明治思想家论》（近代日本の思想再考 1）、《近代日本と佛教》（近代日本の思想再考 2，トランスビュー出版，2004 年）以及石井公成所著论文《大东亚共荣圈の合理化と华严哲学（一）》（《佛教学》42 号，2000 年）、《赞仰亲鸾的超国家主义者们（一）》（《驹泽短大佛教论集》第八号）、《大东亚共荣圈への华严哲学》（《思想》943 号，东京：岩波书店，2002 年 11 月）等。

〔3〕 持这种观点的，大多是"京都学派"学统的晚辈学者。这方面的著述很多，例如藤田正胜已经出版的一些著作，基本都持这类观点，此不一一列举。

美的宗教学界,一般都倾向于将"京都学派"哲学视为宗教哲学,认为"京都学派"的哲学与宗教有密切关系。西田、田边、久松、西谷、阿部正雄、武内义范、上田闲照这些被视为京都学派的代表学者,在欧美甚至被看作是现代的佛教哲学家。"京都学派"之所以在欧美受到瞩目,很大程度上与"京都学派"将佛教传统当作其精神土壤这一事实有一定的关系。

　　如前所述,的确,"京都学派"与宗教,特别是与佛教的关系极为密切。西田试图发明一种逻辑和概念来表述东方思想、佛教或禅,其所谓的"场所"逻辑、"绝对无"的思想,主要来自他对禅的理解。但值得注意的是,这些概念,并不是禅的哲学化,而是将禅拿到哲学的层面,使其脱胎换骨而形成的概念,其根本立场,依然是哲学。西田的目的,在于对抗西方哲学"有"的立场。其后的田边元、久松真一和阿部正雄等人,继承西田的思想,展开对"绝对无"的思索。田边元将"绝对无"把握为一种"爱"的作用;阿部正雄认为它是"自我无化"的作用;久松真一倾向于从宗教层面把握,提出"觉的哲学"或"觉的宗教"概念;西谷启治用"空"的概念替代"无",其宗教意味更加浓厚,可以说是对西方虚无主义的一个直接性的回应,目的更为鲜明。西谷特别指出,尽管"禅的本质存在于一切哲学的彼岸",但是,"将禅反映在所谓哲学立场的同时,加深对禅思想的探究,并非完全不可能,也不能说毫无意义或者说有害,我认为不能这样单纯地进行判断"。[1]

　　至于"京都学派"的出发点,如前所述,主要在于试图调和东方与西方之间的矛盾与冲突。面对西潮的冲击,他们强调对东方传统的自觉,其间所表现出来的对宗教特别是对佛教传统的关注,正是在这一历史背景下奋力格斗的产物。

　　有鉴于此,我们可以认为,"京都学派"的哲学,可以成为当今特别是由基督教世界所强烈呼吁的宗教间对话的共同基础。其实,在日本,

---

　　〔1〕　西谷启治:《禅の立场》,1986年。收入《西谷启治著作集》第11卷,东京:创文社,1995年,第3页。

以由基督教天主教创办的南山大学宗教研究所为中心，业已展开了这方面的工作。他们迄今举办了各种以京都学派为基础的佛教与基督教的对话活动，邀请"京都学派"的第二代、第三代学者参加对话，共同发表意见，产生了积极的影响。

中国禅的日本视角论：
中山大学禅宗史座谈会述评

蒋海怒

（浙江理工大学）

虽然禅宗自其初步形成迄今已约 1 300 年，然而学术意义上、摆脱传统宗门"灯史"叙事的"禅宗史"研究只是近代的产物，即便从伯希和、胡适和铃木大拙的相关撰述算起，至多也不过百年左右。在最近一段时期，该领域内的研究者越来越注意到，中国、日本和欧美禅史学术传统并非仅表现为语言的差异，而是蕴具着更为复杂的脉络，这些基于不同背景书写出来的探索作品，并不能在"语境搁置"情况下进行同质化理解和使用。作为汉语禅史研究者的我们，由此需要一方面吸收日本、欧美学者的研究成果，同时也要对他们的学术传统的形成和变化过程，进而对产生其学术传统的社会文化语境展开考察。为此我们需要不断与国外禅宗史研究者进行对话，了解他们各具特色的研究思路，并就禅宗史未来研究图景进行共同思考。

因应这种学术需求，2019 年 11 月 10 日，中山大学锡昌堂举办了一次"禅宗史座谈会"。本次座谈会是"东亚禅宗的历史形成与思想建构"工作坊的第二个环节，由中山大学哲学系佛学研究中心主办，龚隽教授主持。[1] 主办方特别邀请了驹泽大学小川隆、郡山女子大学何

---

〔1〕 该次会议的"论文发表"与评论部分，请参考《澎湃新闻·思想市场》2019 年 11 月 21 日的报道。

燕生（同时担任武汉大学珞珈学者讲座教授）、新潟大学土屋太祐和花园大学柳幹康四位学者，其他与谈者包括来自中国（含香港和台湾）的学愚、邓伟仁、宣方、林佩莹、张德伟、成庆、王磊、李瞳、蒋海怒。本次座谈围绕"日本禅宗史研究传统"展开，学者们就一系列焦点议题展开深入和富有成效的讨论。在此，笔者根据录音整理出座谈主要内容，并缀以背景介绍和简要评议，供中国禅宗史学界参考。

一、日本禅史研究传统的特色

就日本的禅史研究传统而言，我们对于铃木大拙、宇井伯寿、关口真大、柳田圣山以及他们之后的重要禅史研究著作是有一些初步了解的，一些最新的优秀禅史研究著作也有所译介。[1] 但由于语言障碍和难以全面接触相关文献的原因，我们对日本学者的了解并非如一些人相信的那么深入：一方面，许多优秀研究成果的引入尚待时日；更为重要的是，关于日本禅史研究传统背后的学术意识与社会文化语境，我们也尚未获得足够清晰的认识。

本次座谈会上，与谈者讨论到一些带有全局性的日本禅史研究特点。其一，与欧美及中国学者个人独自研究状态相区别，日本禅史学者富有协作精神。何燕生提到日本学术是"共同研究的学术形态"。"共同研究"的特征是日本学术界区别于欧美及中国的特色，在东瀛具有普遍性。就佛教禅宗而言，早期京都大学塚本善隆教授及入矢义高、柳田圣山等著名学者都发扬了集中讨论的精神，许多重要成果都来自集体贡献。著名的例子包括塚本善隆主编的《肇论研究》、牧田谛亮主编的《弘明集研究》，以及驹泽大学禅宗史研究会历经八年编成的《慧能研究》等。我们也看到，一些关键的禅学术辞典也是集体撰写而成，例

---

〔1〕 关于日本学者禅研究的成果，可参考如下三种：《禅学研究入门》（田中良昭编，东京：大东出版社，2006年）、《中国禅学研究入门》（龚隽、陈继东著，复旦大学出版社，2009年）和《禅宗语言研究入门》（周裕锴著，复旦大学出版社，2009年）。最新的译介是小川隆《语录的思想史》（何燕生译，复旦大学出版社，2015年）、伊吹敦《禅的历史》（张文良译，国际文化出版公司，2016年）和小川隆《禅思想史讲义》（彭丹译，复旦大学出版社，2017年）。

如驹泽大学负责编纂的《禅学大辞典》。

其二，细腻甚至"苛刻"的文本阅读与分析。著名学者小川隆认为，日本学者较少考虑"过于"整体性的问题，即使要对一些全局性难点开展思考，也时刻面临着文本的细读。日本学者对禅文献的细读功夫特别反映在一些著名案例上，例如筑摩书房出版的二十卷《禅の语录》的整理，就花费了几十年时间，有数代学者参与此工作。另一个典型案例是他们的"读书会""读书班"制度。何燕生介绍道，柳田圣山过去在京都曾长期组织"禅语录读书会"，阅读《禅林僧宝传》等。"读书会"一般是逐字逐句地读，对于不懂的词汇以及文中出现的人名、地名、书名等专业术语，除查找各类词典外，还要对照相关的文献书籍，包括佛教之外的典籍，也都在查找之列，而以历史文献最为优先。查找出来的结果，一般用注释的形式予以记录，而最后一道手续则是将原文翻译成现代日语。这种做法既可以训练初学者阅读古典禅文献的能力，同时更可以提醒我们，说话应该做到"言之有据"，不能凭空想象。其反映出来的特点是"重视文献研究""以底本作为问题"。关于日本禅宗研究者的"读书会"制度，详见下文。

其三，对宏大叙事和观点、概念先行保持警惕和距离。在日本学术传统里，许多新颖观点并不直接呈现在著作和论文的开头或结尾，而是隐藏在论述中间，使读者在阅读时很难快速找到其结论。例如，我们可以在日本最近的禅宗史撰述中发现"《坛经》降格"现象——某些禅宗史著作目录上甚至找不到"《坛经》"这个项目。部分日本学者还认为，"伪经"在唐代禅思想史上的重要性要高于《坛经》，这些伪经包括《心王经》《禅门经》《法句经》《最妙胜定经》《金刚三昧经》等。然而，上述禅宗史上重大观点的调整都是在文献的细致解读中完成的，并不是先提出一个吸引眼球的颠覆性看法，然后再加以论证，更不是"先射箭再画靶"。在座谈中，日本花园大学国际禅学研究所柳幹康有如下批评：一些中国学者的撰述往往"理念先行"，例如在描写永明延寿思想的时候，大都根据"法眼宗第三祖""禅净一致""禅教一致"这几个概念排

篇布局。然而，如果我们细读《宗镜录》，就可以发现他自己并没有说到法眼宗，另外讨论禅与净、禅与教等两者关系的地方也不多。所以在面对禅思想史书写的时候，应该首先要细读文献，下一步才是建立自己宏观的看法。

二、基础性的"读书会"制度

日本学者的撰述在材料、论证和表达方面的独特性都非常鲜明，这些特色的塑造和成果的取得与他们的阅读和写作方式有很大关系。日本学者有个很好的习惯，就是对基本典籍进行学术性的全面、深入、细腻和前沿性的集中探讨，这就是他们的"研究会"和"研究班"，其阅读成果也充分反映在他们对于禅宗史的基础研究和典籍研究方面。与此相对照，中文学界也有不少禅典籍的整理，但多来自学者个人努力，集体合作较少。

"集体研读"是日本禅史学者的成功做法。参加本次座谈会的小川隆、土屋太祐和柳幹康是日本目前最具代表性的禅宗史（尤其是禅宗语录）研究学术群体。在交流中我们了解到，他们的"读书会"往往有"顾问"和"干事"两种角色：顾问由资深学者担任，干事则是年轻学者。干事的工作非常重要，因为要事先准备共同阅读的禅文本，并收集好非常详尽的相关研究资料。例如，在东京开的一个禅语录"读书会"曾由丘山新、衣川贤次担任顾问，小川隆担任干事。现在则是小川隆担任顾问，土屋太祐任干事，频率是每月一次，现在的阅读对象是《碧岩录》。小川隆先生从二十世纪九十年代开始就主持"读书会"，并且对《祖堂集》的集体阅读持续了二十年，因此我们也特别请他介绍了"读书会"制度。

小川隆先生介绍道：不止是禅宗研究有"读书会"传统，实际上，从江户时代开始，日本就有"读书会"。在那时，"学问"就等于阅读中国古典。然而对于日本人来说，中国古典是很难懂的，所以一个人看不通，往往需要几个人一起切磋。将大家的知识和思维统合起来，公共地

读解一个文本,故而自然形成了"会读"的传统。另外一方面,"会读"很符合日本人喜欢集体行动的气质。这一点与中国和西方都不一样,在日本人看来,学问不是个人与个人的竞争——虽然最近受到美国的"坏"影响,我们也开始被逼着参加这种竞争,但是我们学禅学的目标绝不是赶时髦,标新立异。大家共同追求真理,这是日本学问真正的传统。这是我们理解"读书会"制度应该讨论到的社会文化背景。然而禅宗语录更为特殊。因为禅宗"问答"写得比较简单,我们很少看到禅僧进行"问答"的临场记录。也就是说,当我们看"问答"的时候,这个"问答"是在什么情况下进行的,在什么样的问题意识上进行,都没有写清楚。因此,我们首先需要自己想象、设想一个框架,然后开始读。然而当设定框架后,自己就很难从自己设定的框架里解脱出去了,所以几个人一起阅读的时候,因为别人也有想象,故能互相刺激,互相改正,互相启发。在诸如此类的几个人的双方向的交流中,大家慢慢地得出一个共同的、较有说服力的、可共同接受的结论。所以,"读书会"这种方式很适合"问答"类禅宗语录。进而,这种对"问答"本身进行思想史探讨的新阅读方法是把"禅问答"当作直接的历史资料,用"问答"来叙述禅宗的历史,这是他们的禅思想史研究与其他禅思想史研究的不同点。

国内一些学者认为禅宗史研究力度已经差不多了,很难再寻觅到新的重大激发点。我们也了解到,北美学者也有类似的看法,他们认为唐代禅宗史的研究已经非常深入,所以把精力放到宋代禅和明清禅宗史那里。对此,三位日本学者给出了不同回答。小川隆认为,很多人开始研究明清禅史。明清禅史是一座宝山,因为以前研究少。然而,唐宋时代禅宗史研究还有许多工作没有做完,对禅宗语录文本的追索还应继续。他们表示,禅文本的细腻阅读依旧是首要的工作,在长达几十年的《祖堂集》《碧岩录》等共同阅读后,他们的"读书会"制度也还将长期进行下去,目前的重点是《碧岩录》,由土屋太祐主持。土屋太祐还提到,他目前的工作是处理禅的"唐末五代"阶段,也就是要寻求这个

阶段的禅僧是怎样总结"马祖""石头"禅，而打开宋代禅视野的，对该议题的深入探讨也是以会读为基础开展的。"读书会"制度以其特有的方式嵌入禅宗研究的未来图景中。

三、铃木大拙的遗产

回顾日本禅宗史研究的百年历程，给人们造成强烈震撼的是那些具有划时代意义的学者群像，包括铃木大拙、宇井伯寿、关口真大、入矢义高、柳田圣山、田中良昭、椎名宏雄、石井修道、上山大峻等重量级学者。然而如果从对研究传统的影响力视角来考察，我们发现铃木大拙、柳田圣山和入矢义高三位先生的研究更具有典范价值，他们在禅思想读解、敦煌禅文献整理及禅语录解读方面都做出了开创性研究，其研究方法和思想也不断地启导禅宗史研究的后学。对于三位先生各自开创的研究传统的认识，也是本次"座谈会"讨论的重点之一。

首先是铃木大拙的禅传统。我们都知道，铃木大拙对二十世纪八十年代中国知识界的禅理解产生了强烈影响。然而我们要提出的问题略有不同，就是说，禅史学者今天应该如何面对铃木大拙的遗产。我们了解到如下事实：无论在日本还是西方，今天的学者几乎没有把铃木大拙看成禅宗史专家，尤其在西方学者们的印象里，铃木大拙主要是一位禅的哲学家，他们创造了一个词"铃木禅"（Suzuki Zen）。然而，我们还要提出如下问题：就禅宗史研究而言，铃木大拙的遗产是什么？也就是说，铃木对今天的禅宗史研究有无影响？

小川隆教授对铃木大拙曾做过独到和深入探究，他说道：对于我们现在在做的禅宗史研究而言，铃木大拙几乎没有影响。我在驹泽大学上学的时候，禅宗史研究是柳田圣山的时代，我的老师们对铃木大拙没有兴趣，我们几乎没有读过铃木大拙的书，甚至觉得不该看，不应该受他的体验主义、神话性禅学话语影响。后来我于八十年代后半期去北京大学留学，那时候中国大陆流行"文化热"，我看到学校里的个体户书摊那里有许多介绍存在主义、精神分析的著作，铃木大拙是与弗洛伊

德、荣格、萨特、海德格尔摆在一起的。所以在我这样的外国留学生看来，那个时候流行起来的"禅"不是在中国自己的传统里发现的"禅"，而是跟西方思想一起进来的"ZEN"。但是我那个时候崇拜柳田圣山和胡适，我的老师楼宇烈先生也让我将他一篇关于胡适禅宗研究的文章翻译成日文。我长期对铃木大拙保持敬而远之的态度，我自己的研究则深受入矢义高和柳田圣山先生的影响。但是进入二十一世纪后，我自己脑子里也形成了"语录的思想史"这种禅宗史研究方法。在此之后我再看铃木大拙的书，就觉得很有意思。我认识到铃木大拙写的不是过去的禅宗史，而是二十世纪他自己的禅思想。曾经在历史上存在过的都只是每个时代、每个人的禅，并不是超越时空的抽象而纯粹的"禅"本身，现在我们研究二十世纪的铃木大拙禅，就跟研究唐代的马祖禅、宋代的大慧禅一样。

对此，土屋太祐补充道：虽说如此，但铃木大拙对文献整理方面的贡献也不能忽视。铃木大拙所整理过的禅文献，除敦煌出土禅宗文献，还有"一夜本"《碧岩录》。现在我们所能看到的其他《碧岩录》版本都是元代以后的。"一夜本"据说是南宋时代的写本，传言说是道元一夜之间抄写完成的——对此我不敢确定。然而我们确切知道，在道元弟子时代，日本已经存在了《碧岩录》的抄写本，时间是十三世纪后期。铃木大拙整理出"一夜本"《碧岩录》，并且清楚地看到，该书里面的"着语"其实是三次"评唱"的结果。对于铃木大拙在禅宗史研究上的影响，我们也可以换句话说，他作为禅师（Zen Master）的形象很有名，部分掩盖了他在禅宗文献整理方面的成就。

四、典范的差异：入矢义高和柳田圣山

当我们把目光转移到柳田圣山那里，所得到初步印象是：柳田圣山是作为铃木大拙的"反面"进入禅宗史研究领域的。柳田圣山的考察重点是初期禅，写出了《初期禅宗史书の研究》等名著，用纯粹客观的研究取代了铃木大拙的基于主观体验的研究。那么，柳田圣山这种

纯粹客观性的研究法产生的背景和动机是什么？他又是如何看待禅的精神遗产的？"禅史"和"禅思想"这两个侧面在其禅的书写里有没有产生出某种"紧张"的笔调？以及柳田圣山为何选择初期禅作为研究对象，他的研究又为何在相当长的时期内塑造了禅宗史研究的面貌和取向？

小川隆认为柳田圣山乃是作为初期禅研究的宗师确立其地位的。他说道：我们看到，禅宗本身的历史是连续性的，然而在文献里面存在着一个很大的代沟：初期禅宗史的情况保存在敦煌文献里面，马祖以后的情况没有反映在敦煌文献里面，只写在传世文献里面。正因为上述文献的巨大"代沟"，所以禅宗史研究就分为初期禅宗史研究、马祖以后禅宗史研究。然而就日本而言，二十世纪后半叶中国禅宗史的研究学者大部分都在初期禅宗史领域里。其原因如下：日本很多宗派都有自己的学校，曹洞宗有驹泽大学，临济宗有花园大学。在这些宗门学校里，研究禅学有其强烈的"意识形态"的关注，并且传统权威的约束很强，许多在宗门学校里研究禅宗、禅学的学者，大部分还是按照传统的权威来"唱戏"。反之很多想从事"学问研究"的人，都把精力集中在初期禅宗史里，因为研究初期禅宗史不需要担心宗门权威，可以非常自由地进行，而一谈到马祖以后的禅，就不得不与宗门权威相冲突。这是柳田圣山先生最终成长为初期禅宗史研究的大家的背景。柳田本来是临济宗出身的，而且本来是久松真一的弟子，并且在僧堂也修行过。柳田愿意追求"禅"本身的理想，而且本来也想做禅哲学研究，但后来自我克制了这个愿望，强迫自己不谈到"禅"本身，完全做客观的考据性研究。他在那个阶段的代表作是《初期禅宗史书の研究》，这本书影响特别大，后来想做客观研究的都模仿柳田圣山先生的做法，继续做禅宗史研究。因而造成某种看似自然而然的结果：禅宗史研究就等于初期禅宗史研究。我们的石井修道老师是极少数的例外，他为究明道元与中国禅的关系一开始就研究宋代，但其他老师都研究初期禅宗史。我读硕士、博士的时候还是这个情况，我想学禅宗，本来是对禅宗语录感

兴趣,自然就选择了禅宗史。然而一进入禅宗史研究,只好做初期禅宗史,一开始是敦煌本《坛经》成书过程的研究。我的老师做的是初期禅宗史,而且跟着柳田圣山先生研究的路数,不敢碰思想领域,因为一进入思想领域,就很难保持客观性。概括地说,《初期禅宗史书の研究》是有意识地排除思想领域的研究,把精力完全集中在客观的历史事实上。这种学术门径影响很大:禅宗史研究就等于初期禅宗史研究;初期禅宗史研究就等于用敦煌文献做材料,专门研究客观的历史,不去谈论思想问题,这是自然形成的习惯。

何燕生对此表示同意,并补充道:柳田圣山第一次把禅宗研究从传统的"护教式"研究中独立出来,开辟了相对客观的禅宗历史研究的新路径。此外,对于以铃木大拙为首的重视"体验"的禅学研究路向,柳田常常示以"同情心的理解",但他并不完全采纳。再者,柳田向往以胡适为代表的"研究型"的近代历史学禅学研究,但对胡适贬低信仰的态度亦有批评。最后,作为临济宗的僧侣,他的笔下仍然流露着宗派上的偏好。柳田圣山的禅宗史研究就矗立在如此复杂的背景里。[1]

虽然柳田圣山的禅宗史撰述至今很少有中文版,但是经由学者们的介绍,汉语学界对柳田圣山的研究方法已有了较充分认识。然而,这更凸显了我们对日本禅史研究另一支脉——入矢义高的禅语录解读传统了解的欠缺。实际上,唐代禅宗文献大部分属于禅问答或禅语录,它们自身也都衍化为宋代禅里的"公案"。表面上看,唐代禅的"问答"呈现出谜语一般的难解特征,这主要是因为它们大多是用中唐以后乃至五代口语书写,如果我们不了解其口语的具体意涵及延伸释义,就只能做一些较为笼统、模糊和大致模糊性的解释,国际范围内学者们此前的研究也都陷入了如此困境。而自二十世纪下半叶始,日本入矢义高开创了禅语录的语文学解释传统,他们把禅宗语录当作具体情境里的中国的古典文献,从语言学和文献学的角度进行精确性的研读。正因为

---

〔1〕 相关论述可参考何燕生:《疯狂·破格·禅——寻梦〈临济录〉的柳田圣山》,《文汇学人》2019 年 8 月 23 日。

他们把禅语录解读的方法论重心从"佛学"领域挪到"汉学"领域，禅语录读解才能够在语义学上做到有径可循。追随入矢义高先生学术传统的日本学者主要有衣川贤次和小川隆先生，后者进一步将这种传统发展为禅语录的思想史解释。

小川隆也就此做了说明：我幸运地遇到了入矢义高先生，他是汉语史和中国文学的大专家，最初是为了汉语史研究而开始阅读禅宗语录的。后来，入矢义高先生又从汉语文学慢慢进入禅宗思想问题的探索。然而，与过去许多学者也一样，先生读得多、考虑得深，而写得倒很少——与现在的学者完全相反。所以我跟随入矢先生学习，只好坐新干线去京都参加他组织的读书班。从某种意义上看，这也与禅的传统有关系：禅是行脚的佛教，所以我"行脚"去京都参加入矢义高先生的研究班。在先生的研究班上，我受到许多启发，也很受感动，自己慢慢学着开始研读禅宗语录。我将自己的研究精力从初期禅慢慢转移到马祖以后。入矢先生的读解是很令人感动的，然而在那个时候，我们能读懂的地方很少，并且大家模糊地感觉到唐代的禅宗语录与宋代的公案禅不一样。我们心里都有这种感觉，但说不出哪些地方不一样。昨天蒋老师问我为什么偏爱唐代禅宗，这个问题很好。那时候我们确实偏爱唐代禅宗，对宋代禅宗有点敬而远之的心情。为什么？因为日本的禅宗传统是来自宋代禅的，是南宋末期的禅宗传到日本，后来一直延续到现在。宋代的禅宗是中国禅宗史的完成时态（终点），然而，中国禅宗史的终点却是日本禅宗史的起点。以前，在日本人的心中，禅宗就是宋代禅，因为大家所相信的禅宗，实际上是宋代传播过来的。即使在今天，日本的临济宗和曹洞宗还保持着非常大的权威。我们一开始研读的禅宗语录是《碧岩录》《无门关》这类"公案集"的著作，它们在我们心中是与日本宗门权威联系在一起的。所以我们阅读《祖堂集》，觉得很有意思，很"健康"，很"新鲜"，而宋代公案禅是已经发霉的。故而我们不知不觉地产生偏爱唐代禅的心理。至于唐代禅和宋代禅之间明晰的区分，将它说明得清楚，实际上是近二十年左右的事情。虽然我们没

有认真讨论禅宗史的分期问题,因为日本学术的特点是细腻,一般不去谈论宏观问题,但是我们确实也依从初期禅、马祖以后至唐末五代禅,以及宋代禅这种划分。最近二十年,我们通过《祖堂集》的解读弄清了唐代禅宗的基本特点,然后在与唐五代禅宗的对比下才开始认清了宋代禅宗独特的价值和魅力。

我们可借由日本学者的评论,调整汉语学界自身对日本同行研究传统的认识。例如,我们过去一向认为日本禅思想是受到唐代禅的影响,但事实恰好相反,日本禅宗的起源是宋代禅思想。此外,我们原来也普遍认为日本重视初期禅的研究传统是来自他们自身的学术风格——对于文献的重视,欧美学者也是如此认为。然而上述认知都对日本禅宗史研究的复杂性缺乏深入考察,从日本学者的介绍中我们了解到,正因为考虑到"宗门权威",许多人(特别是柳田圣山先生)才有意避开对禅思想的探索,将自己的精力主要放在客观的初期禅文献的批评上,并由此做出了巨大贡献。

五、英语和汉语世界的禅史研究

最后,日本禅史研究者是如何看待"他者"——汉语和英语禅史研究传统的,这也是与谈者很感兴趣的话题。

近十几年来,西方禅史尤其是英语禅史重要研究成果也被引入了一些。龚隽认为,二十世纪八十年代之后,西方一批禅宗史学者开始以完全不同的眼光与方法重新审查铃木禅所带给他们的有关禅宗史的图式,他们充分利用敦煌禅籍的发现,以及中国学者胡适与日本禅学史大家柳田圣山等学者的禅史研究成果,对于中国禅宗史,尤其是中古禅宗史的研究进行了深入而且多少有些颠覆性的研究与探索。他们不仅建立起一套与东亚禅史学者很不相同的禅史论述与景观,而且他们对于禅宗史的文献、思想与历史所进行的批判性研究,也为我们理解禅宗史敞开了一个全新的视野。其中,佛尔(Bernard Faure)与马克瑞(John McRae)是这一时期西方禅宗史研究领域里最具有代表性与开拓性的

学者，他们的著作对汉语禅宗史研究产生了一定影响。[1]

但是，西方学者的研究，依旧存在一些问题，例如他们理论背景、研究路数等尚未在汉语世界里明晰。对于他们的发展趋势，也有许多尚待发覆的地方。通过交流我们了解到，日本学者自我感觉与欧美学者存在一些根本性差别，最为明显之处在于：他们认为欧美学者过于追逐宏观问题，然而宏观论说如果在细节上出错误，就会变得不可靠。西方学者很爱研究外在的问题，却不严肃地对待（或读不懂）禅宗语录。例如，西方禅史学界流行一种观点，认为以"机缘问答"为代表的"古典禅"是宋代禅师想象出来的作品。"机缘问答"这种观点的误谬之处在于不解读"问答"的内涵，而把唐五代的"问答"与宋代"公案"笼统地看作一种莫名其妙、不可思议的东西。

小川隆认为，"古典禅"可能不是宋代禅僧而是美国学者想象出来的作品。

在交流中，日本学者指出了汉学禅史研究里存在禅思想史、禅语言研究、禅哲学研究等不同学术脉络的差异，较系统地表达了他们对汉语禅思想史写作的看法，并就这一议题与中国学者深入交换了意见。关于禅的思想史撰述，土屋太祐表明，对于中国学者二十世纪八十年代以来的禅宗史研究，日本学者最感兴趣的是思想史进路和禅语言研究。就前者而言，他们认为，对唐宋禅宗进行思想史探讨，主要任务是探究禅僧和禅僧之间的联系以及各种禅思潮之间的互动关系，回过头看，正是思想史的研究进路为当时的汉语知识界的禅认识带来了全局性影响。

对此，龚隽与何燕生作了补充说明。他们认为，在对禅的思想史研究进行学术史回顾，乃至评价迄今为止的中国禅思想史撰述时，我们也不能忘记更早的一批学者，例如侯外庐和萧萐父先生。对于那个时代而言，侯外庐主编的《中国思想通史》隋唐卷相当领先性地提及了"北

---

〔1〕 相关论述可参考龚隽：《虚构与真实之间的禅史书写》，《读书》2019 年第 11 期。

宗"禅思想的重要性。此外,我们也不应忘却萧萐父先生撰写于1961年的《禅宗慧能学派》一文。正是在该文中,萧先生系统地论述了以慧能为中心而形成的"南宗禅"的思想特点,及其作为宗教哲学的本体论、方法论和宗教归宿。该文对禅宗历史的把握,对禅宗基本思想的论述以及鲜明的问题意识等,即便在今天读来,非但没有过时,反而觉得随着时间的推移和研究的进展,愈显现出其学术价值。此外,何燕生还特别提到在台湾地区写作的印顺法师,这也是中日禅学术史交流的一段佳话。印顺法师的《中国禅宗史》出版于1971年,后来得到日本重要学者关口真大的推荐,获得日本博士学位,在汉语禅史学界有重要意义。印顺《中国禅宗史》大陆出版虽然在九十年代,但在八十年代中期就流传在大陆地区,并对此后的禅思想史撰写产生了一些根本性影响。例如,大陆学界的"中国禅宗史"撰述大都以唐代马祖禅为结尾,这种安排其实是受到印顺《中国禅宗史》的启发。

然而,对于汉语学界的禅思想史写作也并非没有批评。小川隆先生认为,当前中国禅宗史著述,大多来自思想史、汉语史和禅语言的文学研究两个领域,没有很好做到学科之间的联系和协作。各个领域接二连三出了许多著作,但大体表现为各扫门前雪的态势。

对于汉语禅史写作里浮现出来的问题,与谈的中国学者也有感触。龚隽看到了其中甚为可惜的方面。例如,胡适开创的禅历史学研究在中文学界并没有得到很好的继承,反而对柳田圣山先生有很大的影响。返观二十世纪八十年代,知识界对禅宗的认识往往局限于禅哲学方面,不仅体现为对铃木大拙的过分热衷,而且在中国思想史书写时,也往往把禅跟老庄哲学放在一起,李泽厚先生就是如此。而从那以后的禅的历史学研究,虽然在文献利用、观点发掘方面有许多成绩,但一直没有形成从自己内部出发的问题意识,在这个方面与柳田圣山的历史学研究差距较大。此外,他认为汉语的一些禅思想写作往往是目录结构很好,但是问题难以深入下去。宣方则认为,禅思想写作这一进路带有自身难以克服的弊端,它们无法理解禅传统更深层的语法结构,也就是禅

者的内部视角。学者们应该认识到,禅的教义学基础是最深层的语法结构,这是禅的最基层。这个层面的意义是不言而喻的,是禅文本的基础,但恰恰被我们的禅思想史撰述忽略了,而在吕澂和印顺等佛教界内部人士撰写的禅思想史篇章里,我们可以感触到这方面的内容。我们看到,汉语禅思想史写作大多铺叙了时代和环境因素。那么,禅思想史的主要问题是禅自身的洞见还是环境因素,也构成了一个问题。对此,成庆认为,在中国思想史学界,学者一般认为王汎森能够较好地处理环境和思想的平衡。如果说禅思想史主要处理古代禅师的洞见,这是一般学者达不到的,并且洞见的联结不被认为是历史。对于如何才能逐渐迎来具有典范意义的中国禅思想史典范书写,显然还需要进一步思考。此外,张德伟还看到了禅学史和禅思想史的差别,认为它们之间就是冯友兰所言"接着讲"和"照着讲"的区别。

六、禅宗史研究:一项"行事的学术"

随着禅宗史研究的深化,自二十世纪九十年代始,来自不同语言文化传统的学者不约而同地就该领域进行学术史意味上的"返观"和"反思"。他们开始感觉到:作为一项人文宗教性质的探索,禅宗史研究并非如曾经想象的那样,是某种单线条、素朴的进步主义过程,在其中,学者们毫无个人预设地朝向共同目标进行客观研究——而是相反:信仰、知识、性情、态度这类主体属性往往对其研究结论产生决定性影响。也就是说,学者与其研究对象之间、"言说者"和"言说"之间存在某种"契约"似的"让渡关系"。有国外学者曾用"行事的学术"(performative scholarship)来描述禅者及其"语录"之间的"话语行动"特征,实际上,这个术语也可以被我们用来观察禅宗研究之百年学术史。

该洞见的产生是与二十多年来各国学者反复讨论胡适和铃木大拙之间发生的著名争论后获得的。我们发现,胡适貌似纯粹客观的禅史考据背后隐藏着历史还原主义和近代启蒙思想的目的论设定。我们也

同样认识到,铃木大拙禅哲学为其禅史研究带来了宗派主义蕴涵和"日本文化本位"的信仰意识。禅宗史领域里,类似的"让渡关系"也体现在其他具有典范意义的学者及其研究方法上,例如我们上文讨论过的柳田圣山先生也是如此。如果放宽历史的视界,对汉语、日语和英语世界的不同禅宗史研究传统进行远距离、广角的考察,我们会发现它们都有各自特具的思想"紧张感"、问题意识和学术取径。

我们强烈地认识到,如果不关注欧美和日本禅宗史撰述,汉语学界较为开放性的禅宗史研究就无法进行。而在日本和欧美两种研究传统里,日本禅史研究在原创性和积累性,在数量和质量方面都居于领先地位,因此对汉语学界而言,吸收日语禅史研究成果尤显迫切和重要。然而如下认知也具有同等重要性:在吸收日本(和欧美)学界成果时,我们也要对其自身携带的社会文化背景、研究动机、理论视域和方法论传统有充分了解。

汉传佛教的教育功能刍议：
历史背景与现代展望

陈金华

（加拿大英属哥伦比亚大学）

作为宗教之一的佛教自然以信仰为核心，然而其同样注重修学与教义传播，至于僧俗之日常行为举止亦皆为律藏琐碎规定之对象。自佛陀驻世以降，佛教师徒以此相授，代代相传，延及于今。其广宣教化、普度众生之力，非仅限于自度，亦且开启芸芸众生之真如自性，使有情蒙获解脱自在。佛陀之身体力行与所遗三藏十二分教，遂为后世教育之典范。古典时期，佛教之教育法即已引人注目，如其广设本生、譬喻、因缘以行法，善巧以度化，多观机施教之法门等，皆有别开生面之处。至于中世以降，禅宗之教育更是观机逗教、触类旁通，使旧有佛教教育又达至一全新阶段。降及近世，西方列强叩关，传统文化面临全新挑战，佛教界也因势利导，在太虚（1890—1947）等带领下，将传统僧院教育制度与干预人世间的积极态度结合起来，完成了佛教教育的现代化成功转型。

就学科内容而言，佛教教育也从印度始即为一开放之系统，所谓"菩萨求法，应于五明处求"，即除内明（佛教知识）外，还包括语言文字学（声明）、逻辑学（因明）、医学与药学（医方明）、各种工巧制作技艺（工巧明）等世间学问。这些世俗学问与技艺的追求、教授与传承，使

得佛教之教育远远超越了佛教学理畛域,并对世俗社会产生了重大影响。因此,本序仅以中古中国的寺学与私学为枢轴,略论东亚佛教与教育这一宏大课题中的一个微观层面,以此显明该课题对于研究中国思想史与宗教史的重大意义。

寺学者,顾名思义,即依托于寺院之学,与俗世间之学相对。俗世间之学大致又有官学与私学之分。官学乃官府所支持之学,迟至西周(约前十一世纪中叶—前771),即已形成了从中央到地方的官学体系。在帝制中国的大多数时间里,该官学系统以儒法为教,以官吏为师,旨在培养服务于官府之人才。于中央则有太学、国子学、四门学及某些时代特有的书、算、医、画等学;在地方则以路、府、州、县——其管辖地域在各朝可能因行政区划变化而不同——之学为主。在基础教育层面,自中世以降,中国各朝中央政府也曾有过尝试,早在宋代(960—1276)就在部分城市建立了基础性启蒙识字的小学,[1] 到元代(1271—1368)则进一步扩张为全国性的社学制度。后社学曾大盛于明(1368—1644)初,但旋因资源不足而渐行废止,初级教育终究还是落于私人之手,即以私塾、蒙馆、义学诸形式而存在。[2] 这类具有一定官方背景的教育,往往采用儒家经典为教材,遵循朝廷的律令与宣传,务使黎庶服膺纲常以稳定社会之秩序。

与官学相对,私学乃是根植民间之学,既可造就符合官方道德标准与实际应用要求之人才,亦可培育关乎世俗生活的种种技艺与技巧。[3] 顾名思义,寺学与私学乃是指寺院之学与私学之关系。

---

〔1〕 此非指"文字学"意义上的、相对于"大道"而言的"小学";此处之"小学",类似现代意义上的基础教育体系中的初等教育部分。

〔2〕 刘祥光:《中国近世地方教育的发展:徽州文人、塾师与初级教育(1100—1800)》,《"中央"研究院近代史研究所集刊》1997年第28期,第1—45页,特别参考第40页。另有学者认为清代朝廷仍然以社学的形式较大规模地开展了蒙学基础教育,见陈剩勇:《清代社学与中国古代官办初等教育体制》,《历史研究》1995年第6期,第59—75页。但即使是陈文,也依然承认清代官方蒙学的规模小,见第75页。

〔3〕 关于中国古代私学之演进,稍后将有概述,相关专著则可参考吴霓:《中国古代私学发展诸问题研究》,中国社会科学出版社,1996年;叶齐炼:《中国私学·私立学校·民办教育研究》,山东教育出版社,2002年。断代私学之研究,可参考余书麟:《两汉私 (转下页)

中国之私学传统源远流长，应在有官学之初便有了私学。"天子失官，学在四夷"，春秋战国时期（前 770—前 221），诸子聚众讲学，应可视作私学之滥觞。[2] 私学之繁荣，是战国时期子学繁盛的一个根本原因——这个中国历史上少有的思想解放、学术空前进步的时代，为中华文明奠定了坚实的基础。吊诡的是，支撑这种私学鼎盛局面的要素之一，乃是其时政治上的分裂。

具有雏形的官学系统出现得很早，但早期官学系统或者因时代久远、材料太少而难以追溯，或者因政治分裂而不具全国统一之性质。真正具有统一帝国全局性之官学系统，应从汉帝国开始。其时政治归于一统，学术也定于一尊，官学之目的在于培养国家官吏，[3] 以及为意识形态服务的经学大师。[4] 与官学相应的私学在汉代也获得长足进步，但相较于先秦的私学，汉代的私学内容变得狭窄，主要集中在对儒

（接上页）学研究》，《师大学报》1966 年第 11 期（上册），第 109—149 页；张鹤泉：《东汉时代的私学》，《史学集刊》1993 年第 1 期，第 54—59 页；郭海燕：《汉代平民教育研究》，山东大学 2011 年博士论文；高慧：《魏晋南北朝私学与书院起源的关系研究》，中国社会科学院 2011 年硕士论文；鲁凤：《北朝私学研究》，曲阜师范大学 2008 年硕士论文；童岳敏：《唐代的私学与文学》，苏州大学 2007 年博士论文；高碧英：《唐代私学教育研究》，四川师范大学 2011 年硕士论文；高福顺：《辽朝私学教育初探》，《求是学刊》2010 年第 4 期，第 137—144 页；闫利雅：《宋代私学的特性及其社会教化功能》，《文教资料》2009 年总第 35 期，第 90—91 页；肖钢：《宋代书院的兴盛与理学的发展》，《暨南学报（哲学社会科学版）》1990 年第 3 期，第 41—47 页；李屏：《儿童冬学闹比邻——宋代私塾中的学生生活》，《河北师范大学学报（教育科学版）》2011 年第 5 期，第 35—40 页；王耀祖：《社会变迁中的元代徽州社会教化研究》，华东师范大学 2016 年博士论文；张昂霄：《明清闽粤地区的社学与地方社会》，东北师范大学 2018 年博士论文等。

〔2〕 中国人传统上认为春秋以前"学在官府"，尤其是儒者更强调"盛世无私学"。然而孔子以前之私学，可参王越：《论先秦私人讲学之风，不始自孔子》，《中山大学学报（社会科学版）》1957 年第 1 期，第 183—194 页。对"春秋以前无私学"之批评，可参考张鸿、王贞：《"私学产生于春秋时期"属于重大学术误判》，《江海学刊》2015 年第 6 期，第 160—170 页。

〔3〕 关于汉代以儒为思想指导的官学系统与选官制度，可参考陈姿桦：《汉代官学与察举制度之研究》，台中教育大学 2006 年博士论文。

〔4〕 自汉代以降，官学与经学常密不可分，断代研究可参考洪铭吉、李文琪：《南朝官学体制与经学发展之关系》，《弘光人文社会学报》2017 年第 20 期，第 1—29 页。当然，也有若干例外，如唐代崇老，故道家之学曾对官学系统有所渗透，可参考任育才：《唐代官学教育的变革》，《台大历史学报》1998 年第 8 期，第 39—57 页；另参氏著：《唐型官学体系之研究》，台北：五南图书公司，2007 年。

家经典的阐释,同时在学术自由与思想独立方面远逊先秦。[1]

随着汉帝国的解体,儒家成为替罪羊,失去了作为帝国意识形态与普世价值来源的地位,道家(以及后来形成的制度性道教)之学与佛教借机崛起。尤其是佛教,依凭其精深的哲学体系与丰富的文化内涵,以及跨文化、跨地域的广博视野,很快就俘获了南北朝(420—589)胡、汉士人的心灵。佛教此时也灵巧地将其内核填入中国固有的私学传统外壳,由此形成了佛教特有的寺学与私学传统。[2]

首先,非常有意味的是,佛教用汉代指代私学学府的一个专有名词——"精舍"或"精庐"——来转译梵语 vihāra,即佛教作为一种宗教其最重要的物质载体——寺院。《后汉书》在为名儒如包咸(前6—65)、[3]刘淑(活跃于二世纪初)、[4]檀敷(活跃于二世纪末)[5]等所撰的传记中,都不约而同地提到他们"立精舍教授(或"讲授")",故而诚如王观国(活跃于十二世纪中叶)《学林》所言,精舍乃是指古儒教授生徒之所。[6] 佛教以"精舍"等来转译 vihāra,就很好地体现了其以承继中华私学为己任的壮怀。佛寺也确实在深度与广度上推进了中国传统的私学。寺学的私学优势,原因很多,揆诸要者,当有以下数端。

第一,除了传播宗教知识以外,寺院还传播世俗的知识。就前现代时期中国教育之稀缺性而言,僧侣阶层既掌握宗教知识("圣学"或"内学"),又享有世俗文化之知识(所谓"俗学"或"外学")。[7] 而各处寺

---

〔1〕 关于汉代之私学,可参考余书麟《两汉私学研究》。至于其时教材之选用,可参考该书第111—114页:当时教材除蒙学字书外,主要是《孝经》与《论语》等。
〔2〕 南北朝时期佛教寺院教育的对象,除了僧职人员以外,还包括平民百姓。关于此一时期的僧尼教育,可参考罗文:《魏晋南北朝僧尼教育研究》,湘潭大学2015年硕士论文。至于普通平民在寺院接受教育之情况,可参考喻进芳:《南北朝平民教育的主要承担者——佛寺僧人》,《武汉科技大学学报(社会科学版)》2007年第1期,第65—69页。
〔3〕 范晔:《后汉书》卷七十九《包咸传》,中华书局,1965年,第2570页。
〔4〕 范晔:《后汉书》卷六十七《刘淑传》,第2190页。
〔5〕 范晔:《后汉书》卷六十七《檀敷传》,第2215页。
〔6〕 王观国著,田瑞鹍校:《学林》卷七,第239则"精舍条",中华书局,1988年,第244页。
〔7〕 佛教僧人的外学修养,可参考曹仕邦:《中国佛教的译场组织与沙门的外学修养——大乘佛教奠基于东亚的两大要素》,《中华佛学学报》1999年第12期,第113—129页。

院,也就自然地成为各种知识之储备场所,以及各类神圣与世俗知识交融与传递之绝佳地点。[1] 尤可注意者,乃是中国古代本具多重社会功能之丛林寺院,除对僧团与佛教社群内部提供教育资源以外,亦承担部分私学之功能,因此就在古代官学、世俗私学之外,又开宗教私学之一门。而后者深具之独特性,已然获得敦煌遗书发现之证明:[2] 古代讲经分僧讲与俗讲二门,除内部的讲经说法("僧讲")外,寺院还重视面对普罗大众的、公开的讲经活动(即"俗讲",往往关乎世俗话题,甚至也不排斥香闻艳事)。[3] 寺院讲堂由此连接着僧众与俗众,深具佛教教育的开放性并广摄大众。由此,除出家众以外,准备出家之在家学童、沙弥、沙弥尼,以及世俗公众都能优游其中,使得佛法对世俗的影响越来越大。

第二,寺院很容易成为民间三教九流、奇人异士——如杂家、兵家、堪舆家——这些不被官方推崇甚或容许的人(通常是科举制度所淘汰或根本不容者)的荟萃之所。在寺院里,他们享受着各种其他地方无法提供的物质与精神支持。唐代名僧与科学家一行(683—727)的如下传奇经历,颇能说明唐代佛寺如何成为非主流人才的藏龙卧虎之地:

> 然有阴阳谶纬之书,一皆详究。寻访算术,不下数千里,知名者往询焉。末至天台山国清寺,见一院,古松数十步,门枕流溪,淡然岑寂。[一]行立于门屏,闻院中布算,其声蔌蔌然。僧谓侍者曰:"今日当有弟子,自远求吾算法,计合到门,必无人导达耶?"即除一算子。又谓侍者曰:"门前水合却西流,弟子当至。"[一]行承

---

〔1〕 中古时期佛寺的多重社会功能,可参考张弓:《汉唐佛寺文化史》,中国社会科学出版社,1997年。

〔2〕 郑阿财:《敦煌石窟寺院教育功能探究——论敦煌三界寺的寺学》,载饶宗颐主编:《华学》第九、十辑(一),上海古籍出版社,2008年,第1040—1050页;祁晓庆:《晚唐五代敦煌三界寺寺学教育与佛教传播》,《青海社会科学》2009年第2期,第154—157、169页。

〔3〕 李骞:《唐变文的形成及其与俗讲的关系》,《敦煌学辑刊》1985年第2期,第91—108页;李正宇:《敦煌俗讲僧保宣及其〈通难致语〉》,《社会纵横》1990年第6期,第34—38页;刘正平、王志鹏:《唐代俗讲与佛教八关斋戒之关系》,《敦煌研究》2005年第2期,第92—95页;侯冲:《俗讲新考》,《敦煌研究》2010年第4期,第118—124页。

其言而入,稽首请法,尽授其决焉,门前水复东流矣。自此声振遐迩,公卿籍甚。[1]

这类人才的荟萃,为寺学的多元与优质的师资提供了保障。

第三,佛寺优越的藏书资源为寺学提供了坚实的物质保障。就硬件而言,教育的首要要素当推图书,古今中外概莫能外。中国古代民间很大一部分图书就收藏在寺院中,[2]这是因为佛教本身具有博大精深的特性;欲精研佛典,就不能局限于内典的学习,还须涉猎各类外学,此为寺院拥有大量藏书之原因。可以说,在中国古代,除皇家藏书以外,在公共空间中要以寺院图书馆之藏书最为丰富。而且,相较而言,官府藏书往往限于儒家等正统学问,失于品类单一;而大量的杂学、百科类书籍,则往往聚于寺院。在官方提供资源的现代公共图书馆系统缺位的中古中国,作为私家藏书的佛教寺院藏经楼,因同时具备宗教与世俗藏书之传统,就在很大程度上提供了公共图书馆的重要职能。[3]寺院作为一个宗教和世俗知识的储备基地,并同时具备邸店、救济、社会福利、娱乐文化中心等多重社会职能。[4]寺院藏书不仅来自私藏,亦得自官赠。其数量众多,门类齐全,吸引了各阶层知识分子前来披阅。士人墨客于公私羁旅或备战科考途中,都愿意留宿寺院以披览群籍,寺院也因此为中古宗教、世俗教育提供了一个重要的知识贮藏、复制、传播与获取的场所。

第四,寺学之私学具有很强流动性;这种流动性既包括地域上之流

---

〔1〕 赞宁:《宋高僧传》卷五,《大正藏》第 50 册,第 732 页下—733 页上。同收于赞宁著,范祥雍校:《宋高僧传》卷五,中华书局,1987 年,第 91—92 页。此处标点依中华版。

〔2〕 许磊:《我国古代寺院藏书简论》,《文献》2002 年第 4 期,第 176—191 页;王丽娜:《唐代长安寺院藏书探赜》,《佛学研究》2017 年第 1 期,第 161—168 页。

〔3〕 寺院藏经楼所具之公共图书馆功能,可参考黄建年:《中国古代佛教寺院藏经楼研究》,《图书与情报》2011 年第 3 期,第 139—144 页。同作者相类似的观点,亦见黄建年:《中国古代佛教寺院藏经楼开放性研究》,《图书情报工作》2011 年第 9 期,第 138—142 页。

〔4〕 关于中古时期佛教的福利经营,可参考全汉昇:《中古佛教寺院的慈善事业》,收录于张曼涛主编:《现代佛教学术丛刊》第 9 册,台北:大乘文化基金会,1980 年,第 19—32 页。另近世代之研究,亦可参考梁其姿:《施善与教化:明清的慈善组织》,台北:联经出版事业公司,1997 年。

动性，亦包括社会层级上之流动性。首先，寺院——其实就总体而言整个佛教——都鼓励游学。[1] 各地寺院所办寺学向游方僧人和社会人士开放，欢迎各方才俊，而且不限期不限时。在寺院居止的人员有很大流动性，由此促进了学问的传播。许多博古通今的高僧都有过漫长的游学经历。除了众所周知的玄奘以外，还包括比如一行。后者也曾往荆州学习天台，又去江南一带，取精用弘，成就古今罕匹的大学问。[2]而更重要者，乃是比起更具有排他性的官学而言，寺学兼包并蓄的精神特质，使其不但容纳了更加多元的开放性要素——其所收纳之师生，就其社会背景而言亦同样具有多元特质，而且这种知识上的非排他性传播，也促进了社会阶层的流动：若干因身处底层而被排除在官学系统之外、本来无望获得教育之人，就在寺学系统之中获得无有等差的教育资源，并在社会阶层的梯级上获得了一定上升的空间。

第五，寺院学问讲究批判性。僧人在讲经说法时，鼓励听众辩难，鼓励向权威挑战，从而推进了学问的精进。佛教这种批判性之根源，源自从印度原始佛教即开始的、与生俱来的思辨性与批判性思维。佛教本身就是对于印度主体思潮——婆罗门-印度教思潮——的反动与批判，而其自身也带有强烈的否定、反权威、去中心化的思想。姑且不提带有强烈印度佛教色彩的藏传佛教，即以在中土汉传佛教中占据主流地位之般若中观系为例，亦具高度之批判性。中观系经典的成立，主要即以批判性分析其他传统为前提：这些部派传统往往认为万物与自性（svabhāva）共存，或者存在固有的自性，而中观系正是以批判性的思维方式来否定根本真实的存在，指出万物皆无有自性，一切不过是出于实

<hr>

[1] 黄夏年：《隋唐时代的僧人与游学行脚》，《五台山研究》2004 年第 3 期，第 7—10 页。

[2] 关于一行的游学，可参考赞宁著、范祥雍校《宋高僧传》卷五第 91 页以后。对于一行之总体研究，可参考 Jinhua Chen, "The Birth of a Polymath: The Genealogical Background of the Tang Monk-Scientist Yixing (673-727)". *Tang Studies*. 2000(18-19), pp. 1-39. 对于一行所受道教传统之影响及其数学知识，见 Jinhua Chen, "Yixing 一行(673-727) and Jiugong 九宫 ("Nine Palaces"): A Case of Chinese Redefinition of Indian Ideas". *China Report*, 2012, 48(1-2), pp. 115-124 与陈金华：《一行与九宫：一个印度思想中国化的例案》，《深圳大学学报(人文社会科学版)》2014 年第 5 期，第 120—124 页。

用主义的概念构造,是方便性的假名施设。这种理论上的特性,其外化形式就是对于既有权威的否定与对批判精神的推崇。据其传记记载,鸠摩罗什(344—413?)曾与其师辩论一月有余,最终说服其师。此种例证在佛教教育史中并非孤例,而是不断重复的现象。[1] 而这种理论的实践化,就是佛教传统中从印度开始直至中国西藏佛教传统中盛行的辩论-辩经系统。除了历史文献中的大量记载以外,现实中藏传佛教经院哲学教育中的重要形式,仍是僧人们通过辩经来学习如何定义名相概念,并在一定系统中将不同的佛教思想与宗派理论加以整合。这种对于既定权威的挑战与问难,往往不分门派、师承、资历,能者上,庸者下。如此正向良性的淘汰机制,在很大程度上保证了佛教寺学的质量,使得两千多年来佛教始终处在流动发展之中。

第六,寺院运营制度成熟完备,众部门各司其职,高度专业化,初步具备现代大学的特质。佛教本身即是一种高度制度化的宗教,从印度至中国,即使地域与时间有异,但其严密的寺院运营机制却始终如一。[2] 在藏传佛教中,对于其寺学制度之完善、训练之精严、师资挑选之严格、规模之巨大以及历史上所获成就之高,学者已然取得共识。[3] 而汉传佛教的寺学体系,也很早就具有高度成熟的系统化倾向。以晚唐五代的敦煌地区为例,那里就有相当发达的寺学体系存在。在这些散布于各寺的教育组织中,其师资主要以当地寺院中的僧官

---

〔1〕《高僧传》卷二载:"(鸠摩罗)什乃连类而陈之,往复苦至,经一月余日,(其师)方乃信服。师叹曰:'师不能达,反启其志。验于今矣。'于是礼什为师。言:'(鸠摩罗什)和上是我大乘师,我是和上小乘师矣。'"(《大正藏》第50册,第331页中)

〔2〕 汉传佛教普通僧制,可参考圣严:《佛教制度与生活》,台北:东初出版社,1988年。僧官制度可参考谢重光、白文固:《中国僧官制度史》,青海人民出版社,1990年;白文固、赵春娥:《中国古代僧尼名籍制度》,青海人民出版社,2002年。重要的专题研究,则应参考湛如《敦煌佛教律仪制度研究》(中华书局,2003年)及《净法与佛塔:印度早期佛教史研究》(中华书局,2006年)中讨论印度佛教僧制的相关章节。

〔3〕 关于藏传寺院的教育总体情况,可参考周润年:《藏传佛教寺院教育的功能及其改造》,《西藏研究》1999年第1期,第93—99页。关于几座特定的大寺的教学情况,则可参考丹曲:《拉卜楞寺在藏传佛教哲学方面的成就》,《西藏民族学院学报(哲学社会科学版)》1999年第2期,第18—23页;桑德:《扎什伦布寺学经制度的传承与现状》,《中国藏学》2007年第1期,第68—71页;李吉:《萨迦寺学经制度的现状调查与研究》,《西藏研究》2013年第5期,第24—30页。

（如院主、法律、僧正、僧录等）充任,时或杂有年高德劭的在家大儒。而所传授者,除了佛教译经、注疏外,尚包括儒家经典与世俗文献。其传授之生徒,除出家沙弥等以外,也包括在家居士之家庭成员,从而在很大程度上弥补了官学教育的不足,为提高当地文化（非仅佛教文化）做出了相当大的贡献。尤其值得注意者,乃是寺学与官学相较所具有的难能可贵的开放性与平等性,以及它所提供的传统中土儒家知识以外的异域视野。这些特质,使其与本土的官学、私学相比都有不小的区别。[1]

最后（第七）,在中古中国,寺院具有其他教育机构（无论私学或官学）都无与伦比的国际性。中国寺院不仅向本土人士开放,而且向全世界开放。例如在西明寺、大兴善寺的僧人中,就有新罗人、高丽人、中东人、南亚人等。佛教来自印度次大陆,历经中亚、南亚与东南亚诸国,辗转传入中土;又经中国远播朝鲜半岛、日本列岛等地。佛教本身就是知识传播与知识教育的重要载体,而佛教的各种寺院则是这一载体的配套硬件设施。随着佛教传入东亚,来自南亚与中亚的天文学[2]、历算学[3]、数学[4]、医学[5]、药学、化学[6]、动植物

---

〔1〕　关于唐代的寺学总论,可参考贾发义:《唐代寺学析论》,《教育学报》2015年第4期,第110—120页。关于敦煌地区的寺学,则可参考祁晓庆:《晚唐五代敦煌三界寺寺学教育与佛教传播》;张永萍:《吐蕃统治时期的敦煌寺学》,《西藏研究》2013年第2期,第58—65页;等。

〔2〕　较集中的研究为江晓原《欧洲天文学东渐发微》(上海书店出版社,2009年),特别是第二部分"梵天所造,流播中土:六朝隋唐来华的印度天文学",其中前十一章皆与印度及佛教的天文学研究有关。较新研究则可参考麦文彪:《汉译佛典中的印度天文学》,香港大学中文学院与美国斯坦福大学中华语言文化研究中心编:《东方文化》2015年第48卷,第1—20页。

〔3〕　段耀勇:《印度三角学对中算影响问题的探讨》,《自然辩证法通讯》2000年第6期,第64—70页。

〔4〕　钮卫星:《从〈大衍〉写〈九执〉》:公案中的南宫说看中唐时期印度天文学在华的地位及其影响》,《上海交通大学学报(哲学社会科学版)》2006年第3期,第46—51页。

〔5〕　房定亚、耿引循、耿引曾:《从〈外台秘要〉看印度医学对我国医学的影响》,《南亚研究》1984年第2期,第68—73页。另可参考陈明:《印度梵文医典〈医理精华〉研究》(中华书局,2002年)与《中古医疗与外来文化》(北京大学出版社,2013年)。

〔6〕　陈金华:《竺医与汉药偶遇而引起的一场化学爆炸:狮子国僧释迦密多罗667年参访五台山意义新见》,妙江、陈金华等编:《五台山信仰多文化、跨宗教的性格以及国际性影响力:第二次五台山研讨会论文集》,台北:新文丰,2017年,第13—28页;Jinhua Chen, "A Chemical 'Explosion' Triggered by an Encounter between Indian and Chinese Medical Sciences: Another Look at the Significances of the Sinhalese Monk Śākyamitra's（567?—668+）Visit at Mount Wutai in 667". *Studies in Chinese Religions* 3（2018）：261 - 276.

学、制糖术〔1〕、建筑学〔2〕、绘画与雕塑技艺〔3〕等诸多知识也一同传入。在此漫长而复杂的过程中，佛教寺院成为这些伴随佛教知识而传播的世俗知识的传递之所，僧人也在这种"俗学"的传播过程中扮演了多重文化角色。随着汉传佛教的传播，很多相关的科技知识也日益东渐，并通过特殊的寺院教育形式助益了人类文明传播与传承。例如唐代一些大寺，如西明寺〔4〕、青龙寺〔5〕、大兴善寺〔6〕等，便是这种中外文化交流的重要中心与知识的中继站。而一些重要的僧侣，如上述奇僧一行就同时兼具天文学家、历算学家与密教僧侣等多重身份，而他本人传奇的一生与绚烂的职业生涯，则是唐代寺院教育所兼具的国际性、开放性的绝佳写照。〔7〕

　　佛教的世俗化成就极大地挤压了儒学的生存空间，最优秀的人才由此源源不断地涌向寺院，或授学或受教。隋唐佛教对无论是宗教还是世俗知识的传播，都贡献良巨。佛教对知识媒介的变化，特别是印刷术、书本的装帧形式，也有巨大影响。经典的传播和做功德的意识，推

---

〔1〕　关于印度制糖术在中国的传播，可参季羡林：《一张有关印度制糖法传中国的敦煌残卷》，《历史研究》1982 年第 1 期，第 124—136 页；《唐太宗与摩揭陀——唐代印度制糖术传入中国问题（上）》，《文献》1988 年第 2 期，第 3—21 页；《唐太宗与摩揭陀——唐代印度制糖术传入中国问题（下）》，《文献》1988 年第 3 期，第 232—248 页；《蔗糖的制造在中国始于何时》，《社会科学战线》1982 年第 3 期，第 144—147 页；《古代印度沙糖的制造和使用》，《历史研究》1984 年第 1 期，第 25—42 页等。季氏相关研究后来结集为《文化交流的轨迹：中华蔗糖史》（经济日报出版社，1997 年），后又修订为《糖史》（《季羡林文集》第十卷，江西教育出版社，1998 年）。

〔2〕　常青、李志坚：《印度佛教塔堂窟概述——兼谈对中国石窟的影响》，《文博》1993 年第 1 期，第 19—31 页；兰惠英：《从现存古塔窥见印度佛教建筑艺术对福建的影响》，《福建文博》2017 年第 2 期，第 72—75 页。李崇峰：《中印佛教石窟比较研究：以塔庙窟为中心》，北京大学出版社，2003 年。

〔3〕　参张剑华：《汉传佛教绘画艺术》，今日中国出版社，1992 年；阮荣春：《中国佛教美术发展史》，东南大学出版社，2011 年。

〔4〕　Xiang Wang, *Ximing Monastery: History and Imagination in Medieval Chinese Buddhism*, Saarbrücken：Lambert Academic Publishing, 2015. 小野胜年：《長安の西明寺と入唐求法僧》，《佛教文化研究》1975 年第 17 期，第 1—9 页；湛如：《唐代长安西明寺与日本佛教》，《中国宗教》2016 年第 1 期，第 56—59 页。

〔5〕　中国社会科学院考古研究所：《青龙寺与西明寺》，文物出版社，2015 年。

〔6〕　以上诸寺的情况，另可参考龚国强：《隋唐长安城佛寺研究》，文物出版社，2006 年。

〔7〕　一行的情况，可参考前注。

动了从写本到刊本的变化，也推动了印刷术的应用和发展。[1]

不过，要注意的是，"安史之乱"（755—763）以后，佛教发生巨大变化，从比较开明、开放、热情地拥抱商业文明、都市文明、国际主义、平等主义与世俗主义，变得保守、封闭，逃离大都市，在比较偏远地区重新寻求与农耕文明的结合，出现了禅宗所特别提倡的那种"一日不作，一日不食"的农禅结合。佛教，特别是禅宗，不再像以前那样积极地介入都市市井生活，而更注重通过农耕来实现自身的自给自足。"安史之乱"之后的佛教和"安史之乱"前武周时代的佛教大相径庭，慢慢封闭，不再对世俗表现出那么强烈的干预意愿。此后，佛教又重新与中国固有的儒家传统、固有的农耕文明结合，进一步弱化了它的宗教色彩，也进一步弱化了它干预世俗的能力，变得越来越像儒家传统，而儒家在此时却实现了一个复兴，出现了所谓的"宋明理学"，这应该不是偶然。

宋明理学出现，其载体主要是书院。儒家之所以能如此勃兴，离不开宋明时期的书院。儒家书院，最著名的是朱熹（1130—1200）的江西白鹿洞书院。[2] 陆九渊（1139—1193）、陆九龄（1132—1180）兄弟也到处讲学。所以，书院的发展很清楚地表明，这是儒家传统对佛教的一种模仿式的反扑，把被隋唐佛教所极大张扬的私学传统从寺院拉回到了社会，重新夺回了对知识传播的控制。重掌私学的牛耳是儒家能够反败为胜的主因。但在理论取向上，宋明理学和禅宗——就是从"安史之乱"后蜕变而成的新佛教——基本上是合流的，[3] 都是对农耕文

---

[1] 对此可参考 T. H. Barrett, *The Rise and Spread of Printing: A New Account of Religious Factors*, London: School of Oriental and African Studies, University of London, 2001; T. H. Barrett, *The Woman Who Discovered Printing*, New Haven: Yale University Press, 2013. 中文近著可参辛德勇：《中国印刷史研究》，生活·读书·新知三联书店，2016年。

[2] 关于白鹿洞书院的历史，原始资料请参考白鹿洞书院古志整理委员会：《白鹿洞书院古志五种》，中华书局，1995年。此书院简史可参考李才栋：《白鹿洞书院史略》，教育科学出版社，1989年。关于朱熹与书院之关系，则可参李邦国：《朱熹与白鹿洞书院》，湖北教育出版社，1989年。

[3] 对于宋明理学与佛教之间的密切联系，学界研究很多，兹举数例，如陈远宁：《佛教与理学在本体论上的联系》，《湖湘论坛》1995年第5期，第31—34页；张立文：《佛教与宋明理学的和合人文精神》，《世界宗教研究》1996年第2期，第2—6页；专著可参陈运宁：《中国佛教与宋明理学：一次本土文化与外来文化的融合的成功例证》，湖南人民出版社，2002年。

明的拥抱和对土地的依归,是对中华旧文明的再认同。

今天我们思考佛教寺学与私学的关系,目的是思考佛教在新的世界大格局与特殊的社会大环境下,如何实现其复兴与发展的大问题。与之相关的几个问题是:第一,作为一种宗教,佛教如何理解和定位佛教教育与世俗教育的关系?第二,佛教历史上对私学传统(包括书院文化)的促进作用,对我们思考佛教在此大时代的公私教育中的功能方面,有何启迪?第三,在一个更广阔的层面上,如何理解佛教在知识储备与知识传播方面所发挥独特的作用?

宗教与教育关系在欧洲社会中从中世纪到现代社会的演变,对思考以上问题可能不无裨益。在中世纪的欧洲,天主教处于绝对主导地位,不仅是世俗权力的合法性来源,而且细密地渗透到了世俗生活的方方面面,成为一种真正的威权甚至极权宗教。"文艺复兴"以后,欧洲实现了"教、教分离"(即宗教与教育的分离)、"政、教分离"(即政治与宗教的分离),宗教开始从世俗政权与世俗生活中被剥离出去,似乎逐渐失去了其绝对的主导地位。但就在此历史节点,天主教和基督教实际上却悄无声息地、巧妙地实现了一个华丽转身,把对世俗政权的掌握转化为对世俗教育的掌控,并且通过对医疗资源的吸纳主导了社会的话语权,掌握了社会精英阶层。这实际上从更根本、更内在的层次上,重新确立了天主教或基督教在西方社会中的主导地位。[1] 在此我们可以发现,一种特定宗教的兴衰成败,其关键正在于其摄受社会精英的能力高低与强弱,而这又与该宗教的神圣性和世俗性的微妙平衡有关。宗教既要有其高妙超胜的一面,此乃其神圣性之根本来源,但同时又要有参与、干预并改造世俗的愿望与强大能力(即所谓的"淑世精神")。只有保持这种神圣与世俗间有机与创造性的张力,宗教才能一方面有效地摄受社会精英,为其所用,同时又能不失普罗大众的基层支持,从

---

〔1〕 Thomas E. Woods, Jr. *How the Catholic Church built Western civilization.* Washington, DC: Regnery Pub.; Lanham, MD, 2005.

而实现适应不同时代要求的必要转型。[1]

与此相反,佛教在武周帝国以后,特别是"安史之乱"以后,就逐渐失去了其淑世精神,特别是在私学上失去了以往开明、开放、积极介入的态度与能力,失去了阵地,也失去了有效地干预和影响世俗社会的重要途径。宋儒感叹隋唐"儒门淡薄,收拾不住,皆归释氏耳",[2]这指的是唐-周帝国时代(655—705),其时佛教因其大规模的国际化以及对商业文明的拥抱而门庭若市,虹吸了包括儒家在内的非佛教传统的人才与资源。然而,"安史之乱"以后,佛教渐失其干预世俗之意愿与能力,其对于外部世界勇敢探索的精神与世界主义(或曰"国际主义")也日渐萎靡,直接导致其渐渐失去了社会精英阶层的有力支持。知识阶层自此开始离弃、鄙视"安史之乱"后退出都市、躲避在山林之中以小农精神自娱、自养的佛教。尤其至晚清、民国之际,国门洞开,包括西方天主教、基督教为主的各种思潮一起涌入,部分社会精英纷纷皈依洋教以求济世(途径包括通过宗教同教育及医疗的结合来经世济民等),乃至最终走上了激进的"废庙兴学"(或曰"庙产兴学"[3])道路。也就是说,在很大程度上,佛教被当成是与现代文明格格不入的腐朽文化

---

　　[1]　讨论宗教神圣性与世俗性的研究不少,比如侯杰等:《世俗与神圣:中国民众的宗教意识》,天津人民出版社,2001年;卓新平:《神圣与世俗之间》,黑龙江人民出版社,2004年;等。神圣与世俗,在西方宗教体系之中往往呈现二元对立的局面。与之相对,一般学界认为在传统中国宗教中二者的界限更为模糊,但在此处我更强调的则是此二者之间所应具有的平衡性问题,即需要保持某种有机且具有弹性的张力。

　　[2]　丁传靖辑:《宋人轶事汇编》卷九(中华书局,1981年,第423页):"文定(张方平)言:'江西马大师、汾阳无业禅师、雪峰、岩头、丹霞、云门是也。儒门淡薄,收拾不住,皆归释氏耳。'荆公(王安石)欣然叹服。"

　　[3]　清末民国间的庙产兴学,其思想来源于清末变法革新派,其早期代表人物为康有为(1858—1927)与张之洞(1837—1909),矛头所指非仅佛教,亦包括各类民间祠祀。其口头主张欲以各种宗教产业来推动民间教育,但至二十世纪三十年代,各种利益纠葛皆附于中,非仅为思想与教育之争也。民国时期最为重要之推动者为中央大学教授邰爽秋(1897—1976),他于1929年在南京政府教育大会上提出"没收寺产以充教育基金"提案,并提议成立"庙产兴学运动促进会"等,其主张后结集出版为《庙产兴学问题》(上海:中华书报流通社,1929年)一书,将民国时期该运动推向了高潮。学界对于清末与民国时期庙产兴学研究颇多,早期较为重要之研究有牧田谛亮《中國近世仏教史研究》(京都:平乐寺,1957年,第253—284页),其所讨论对象为晚清至于民国,是早期研究中最为充分者;另可参考林传芳:《清末民初における中国の廃仏毀釈について》,《印度学仏教学研究》1972年第2期,第291—294页。当代重要之研究,包括民国档案史研究专家陈金龙:《从庙产兴学风 (转下页)

中的一个组成部分。而当此佛教面临被连根拔起的存亡绝续的紧要关头,却鲜有社会精英愿意挺身而出为其张目,也就不为无因了。究其根本原因,即是佛教一方面躲入山林而失去了其淑世之精神,一方面因其失去崇高的宗教追求而失去了其神圣性,从而直接丧失了整个中国社会精英阶层的支持。佛教乃至其他传统宗教在教育与医疗领域的失落,即为此种危机的外在表征。佛教的复兴,也需要从这些层面来着手;而从更深层面来思考,则仍需重构佛教在神圣性与世俗性上的平衡与再平衡。我们对于佛教与教育的思考,应该在这种宏观历史背景与整个东亚文化视野之中来进行观照,如此方能借鉴历史,并放眼未来。

寺学的研究涉及一些大问题。寺学首先是神圣之学,关乎神圣知识体系,但是随着佛教演变,寺学或多或少地也包含了世俗知识。换句话说,寺学虽然基本上是神圣之学,是圣学,是内学,但它并没有排除外学或俗学。另一方面,寺学主要是私学,一种民间的或者说非官方的学术传统、知识传播体系,但它也没有与官学完全绝缘,而是一定程度上与官学互动,相互传输资源。寺学与官学的关系如何,主要是看各寺院

(接上页)波看民国时期的政教关系——以 1927 至 1937 年为中心的考察》,《广东社会科学》2006 年第 1 期,第 114—121 页。该领域另外一位非常重要的学者为徐跃,他从地方性的角度(四川)考察了该运动所冲击的诸多方面。其研究包括徐跃:《清末庙产兴学政策的缘起和演变》,《社会科学研究》2007 年第 4 期,第 151—158 页;《清末四川庙产兴学进程中的砍伐庙树》,《四川大学学报(哲学社会科学版)》2007 年第 5 期,第 136—144 页;《清末四川庙产兴学及由此产生的僧俗纠纷》,《近代史研究》2008 年第 5 期,第 73—88 页。与此研究角度相近但地域不同的,另有欧阳楠与张伟然:《清末至民国时期江南地区庙产兴学的时空分析》,《历史地理》2010 年第 24 辑,第 148—159 页。二十世纪第一个十年末期另一位较为集中的研究者为许效正,可参看许效正:《清末民初庙产问题研究(1895—1916)》,宗教文化出版社,2016 年;《试论清末民初(1895—1916)的佛教寺产所有权问题》,《世界宗教研究》2012 年第 1 期,第 51—58 页。同一时期,葛兆光先生也从思想史角度分析了该事件对于佛教的冲击,见葛兆光《孔教、佛教抑或耶教?——1900 年前后中国的心理危机与宗教情趣》之"庙产兴学与破除迷信:左右夹击下的佛教"一节,收于王汎森编:《中国近代思想史的转型时代》,台北:联经出版事业公司,2007 年,第 232—239 页。另外较为重要的专书中的章节,则为黄运喜《中国佛教近代法难研究(1898—1937 年)》(台北:法界出版社,2006 年)第三章"清末庙产兴学运动",以及第四章"民国初年的局势与佛教发展"第一节"清末庙产运动的余波"。对于民国时期的庙产兴学概况,较容易翻检者还可参考纪华传:《南京国民政府时期的庙产兴学运动》,《中国佛学》2015 年第 2 期,第 1—26 页。

有关的西文研究,可参考 Vincent Goossaert(高万桑), "1898: The Beginning of the End for Chinese Religion?" *The Journal of Asian Studies* 65. 2 (May, 2006): 307–335,及其所引用的研究。

在当时的地位，以及寺院的性质。国家寺院（如隋唐时期的大兴善寺、西明寺等大寺）基本上是官办、由政府出资支持的，其所支持的寺学，除了神圣知识体系（圣学）外，也有相当一部分服务于官学。因此，寺学虽然大体上属于私学，但在不同的历史背景下有些寺院的寺学也不完全拒斥与官学的关系，甚至和官学保持某种或明或暗的合作。

其次，官学、私学之分涉及一种特殊权力（power）的分离、分立与平衡。论及权力，人们多注重政治和经济权力，而往往忽视第三种重要的权力——精神领域的宗教权力，及其附属的精神的、文化的、学术的权力。这里需要强调的是，人类社会基本上有三种不同范畴的权力：第一是政治力，事关人和人之间的关系；第二是经济力，事关人和物的关系；第三种是宗教-精神力，事关人和神的关系。

在权力的公私分离与分立上，人们更容易着意于政治力和经济力而忽略第三力的分离、分立，即精神力（包括知识、学术与宗教）的公私分离与分立。公有的精神性权力至少名义上要为公共利益和集体利益服务，而私有的精神性权力则相对个体化，关注于个体的利益与情怀。

所以本文所讨论的私学是相对于官学而言的。官学主要为政治服务，而私学虽有相当部分为官学所设，以追求官学的肯定为目的，但它也有关乎思想和学术的比较纯正的部分，相对地剥离了对政治与其他比较实际目的的考量。私学与官学的这种区分，实际上应该源于上述第三种权力的公私分离与分立。这是一种对人类社会非常重要的、有张力的分离与分立。也就是说，学术传统与知识传统，除了为公共利益服务的官学传统以外，还应保有一定的私学传统。私学和官学未必完全分割与对立，存在交错与重合，但私学应保持一定的自由空间，独立于公共的官学体系。从中国历史来看，官学与私学传统的分离其来有自，源远流长，而真正有意义的官私之学的分离则可能肇始于孔子。孔子最重要的意义在于打破"学在官府"的传统，开启了独立的私学传统。孔子率领众弟子周游天下，形成一个学团，有时人寡，有时人众。学团的独立是孔子苦苦维持的头等大事，而束脩收入微薄难以自养，不

依附官府就要自救。在孔子默许下,一些弟子如子贡等长袖善舞,经商有成,对老师的学团有所挹注,帮助他勉力维持其私学的独立自主。

孔子之外,其他五花八门的私学团体也游走天下,彼此竞争又互为呼应,对学术的进步、独立与思想的自由起到极大作用,和官学形成了一种有创造性的张力。而这种官私对立,或者说集体和个体之间的抗衡,就是在学术与思想层面的官私之分,与政治和经济层面上的官私之分相异。研究中国历史特别是思想史与学术史,需要特别注重私学传统的流变,其间佛教起到了很大作用。佛教最大的作用,具体来说,是对中国的私学传统注入新鲜血液,助其维持独立性。佛教以自身独特的异域风采,特有的思想自由,壮大的思想基础,为传统的私学别开生面。以寺学为主体的私学传统是独特的,它不是清一色的神圣知识,而是五花八门、兼容并包。

私学的两种基本载体或者表现方式,是聚众授徒与家学渊源。家学何以重要?因为中古时期贵族的权威与权力并不完全(至少并非主要地)来源于他们所拥有的政治和经济权力及其网络,同样重要(如果不是更重要)的来源乃是其家学,也即各贵族所掌控的、异彩纷呈的知识传播体系。一个家族可以不贵(政治上),也可以不富(经济上),但只要执学术与文化之牛耳,掌控知识传播的网络,哪怕不富不贵,也能延续其作为贵族的资本,维系其影响力于不坠。

由此观之,私学支撑起一个很独特的网络:它是学术的网络,思想的网络,独立于政治网络和经济网络之外,而足以成为权力权威的一个独特来源。从这种视野来研究寺学,寺学很大一部分可被视作世俗私学的延续。历史上不少名僧大德出身名门望族,他们在寺学上的权威往往是其家学传统的折光。例如玄奘的几位弟子如窥基,梁武帝时期的名僧如法云、慧约(也称"智者大师")等,无不承继其显赫家学,通过把握寺学而将其家学从世俗世界延伸至宗教世界。与私学类似,寺学也是一种特殊的权力与权威来源,值得历史研究者——尤其是宗教史研究者——特别关注。在研究寺学时,不能把注意力完全集中在寺院

内部精神性的、神圣性的面相,忽略其来自世俗、服务于世俗的成分。成就这些名僧大德寺学大师地位的,很大部分来自其俗家与世俗社会所拥有的、支撑起家学的学术网络。

上文已多次强调了寺学所内含的俗学成分。任何宗教在勃兴时,必对世俗之学特别宽容与优容,在这点上佛教绝非特例,伊斯兰教也是如此。很多现在我们所习以为常的、归名为希腊与罗马的学术传统,其实有相当部分是基督教徒从伊斯兰教教士那里接受的。一种宗教对教外学术越宽容,其影响力就可能越大,也越有可能产生大学问家。要理解其中奥秘,就要理解"宗教二谛论"。佛教二谛论认为真理有两个层次,一谓"第一义谛"或"圣谛",一谓"世俗谛"或"俗谛"。其实不仅佛教,任何宗教的真理都有两个层次,一是绝对真理,二是相对真理。在绝对真理的层面所有宗教都没有区别,都崇尚一些人类的普遍价值(如博爱、慈悲、正义等),也因此都可以被看作是伟大、美丽以及崇高的。那么,各种宗教是因何、如何分殊而彼此区隔的呢?这主要体现在世俗谛上。根据世俗谛,除了其神圣性以外,宗教还必须具有干涉世俗的意愿和能力,也即是说它不能只有神圣性而缺乏世俗性,否则就不食人间烟火,对世俗生活产生不了作用,迟早要走入历史的山洞。所以,宗教必须与世俗发生某种关系。神圣与世俗的互动,其模式不出以下三种:

第一,宗教极权主义或者宗教原教旨主义。这种宗教其神圣性淹没了世俗性,细密地介入世俗的方方面面,对世俗生活密不透风地压抑和压制,扼杀着世俗生活的活力。这是一种极端。

第二,另外一种极端,则是宗教的神圣性淹没于世俗性中。儒家和道家容易走此极端。儒家追求的极致是极高明而道中庸(广大高明而不离乎日用),而道家也追求神圣与世俗融合,神圣不离世俗,于世俗中体会神圣,如庄子就喜欢讲"道在屎溺"。这种糅合神圣和世俗、不离世俗而能神圣的境界,当然很高远、很高妙,可惜绝大部分人难以企及,其流弊所及,则往往是世俗淹没了神圣,神圣稀释在世俗中。世俗

太舒服,俗人很受用,不能也不想自拔。都说要出淤泥而不染,但事实上在污泥中终年打滚的比比皆是,不污不染的莲花能有几何?!

以上两种极端都有问题,更可取的态度应是世俗和神圣之间保持健康、有机的张力,保持若即若离、不即不离的关系,有点黏但又不那么黏,相对独立但又不失互动。神圣性能有效地干预世俗生活,但又给世俗生活留出一定空间,让后者有一定的活力;世俗生活接受神圣性的干预,但又不让自己淹没于后者之中。由此,神圣性与世俗性处于一种良性互动中。所以任何大宗教所要解决的根本性问题之一,就是如何界定神圣性和世俗性之间的关系。从这种视角来看,凡是佛教鼎盛时期,其寺学传统就必定不会排斥世学,而会充分含括之,成为世学的避难所;寺院不仅不排斥三教九流的奇人异士,还相反地会张开手臂拥抱这些被世俗世界所排挤、所淘汰的人,并因此成就佛教之博大精深,以及寺学之宏赡深湛。神圣之学不必也不能排斥世俗之学,它只有在充分涵泳世学后才能成就其伟大。只有跟世俗生活产生细密的、有创造性的关系以后,宗教的神圣性才能对世俗生活发生影响。

从寺学的特点,我们也可以看出神圣空间并非只能传播神圣知识而完全隔绝世俗知识。像西明寺、安国寺这种都市大寺,在某些时期都成了传播世俗知识的绝好场所。据圆仁《入唐求法巡礼行记》记载,当时的京寺定期举办为大众所喜闻乐见的娱乐活动,如说书、戏曲等。这些世俗娱乐在这种典型的神圣空间里上演,就很生动地说明了神圣的媒介不仅可以传播神圣知识,也同样能滋育、传扬种类多样的世俗知识。

相应地,世俗的媒介也有助于神圣知识的传播。如果善加利用,世俗媒介有助于神圣知识无远弗届。而如果愚蠢地排斥日新月异的世俗媒介,则神圣知识的传播将不断遭遇滞碍,最后甚至因此而销声匿迹。

佛教面临现代化与国际化的大问题,而从寺学的传播和演变历史,我们也可以看出佛教在汉文化圈日渐衰落的根本性原因。一种宗教的衰落有两个重要标志:一是欠缺现代性,二是缺乏国际性。现代性不

是宗教到了现代才面对的问题，它是任何宗教从一开始就要解决的问题。所谓现代性，从根本上讲，就是上文所论世俗性和神圣性的互动问题。也即是说，一种宗教如果要现代化，就必须解决神圣性和世俗性的问题，让人相信该宗教接地气，不排除世俗生活甚或有助于优化世俗生活。现代性很重要的一个核心，就是要证明该宗教对商业文明不仅不会阻碍，甚至还有所推进。世俗生活的一个核心是经济生活也即商业文明，而任何世界性大宗教都必须包容商业文明，甚至需要和商业文明相辅相成。一种宗教的现代化，主要特征之一即是对商业文明的共融、共包与共进。在其跨地域、跨文化的传播过程中，佛教之所以能够从南亚传到中亚再传到东亚，一步一步地跨出国际化步伐，就是因为佛教巧妙地和商业文明相结合。佛教的传播，映照着一个泛亚洲的商业文明圈形成的历史。丝绸之路上商人和佛教传教士携手而行，这种图景看似不可思议实际上非常自然：虽然一方是唯利是图的商人，一方是追求精神福报的宗教徒，但二者都有普世的追求——虽然一种是精神性的，另一种是物质性的。

具体来说，资本需要流动，货币的本质即是 flow to grow，一旦停滞即成死钱，失去其功能。这应该也是商业的根本之道，特别是在充分国际化的时代，商团不是做大做强，就是做小做死。而对于宗教来说，除非自宥于区域性宗教，否则所有宗教也都有普世的焦虑与压力。在全球化程度低下的时代，宗教也许可以苟安一隅，自得于区域性宗教的角色。但在全球化的时代，信仰市场也难免全球化，这就迫使所有宗教都参与全球化信仰市场的竞争，不仅要在其中占有一席之地，还需要不断扩张其市场的份额，即所谓"逆水行舟，不进则退"。在前现代时期，那些有机会成为世界性大宗教的宗教无不深具普世情怀，为传播其信仰四处开疆拓土。而佛教作为一种从南亚经由中亚传播至东亚的世界性大宗教，其传播需要各种条件，其传教士也不可能孑孑独行，而是必须在迁徙途中与商人结合，与商团联袂。如此看来，佛教从一开始就不排斥商业，它甚至和商业水乳交融，紧密结合。

在武周时代，佛教进取、博大，深具国际主义、世界主义乃至宇宙主义情怀，是拥抱都市文明与世俗主义的国际性大宗教。但是随着705年武则天被逼退位，佛教也就失去了作为一个世界性大帝国精神性支撑的地位与作用。玄宗亲政以后排斥佛教，在意识形态上从佛教的国际主义转向偏向农耕文明的中华中心主义，在对外关系上则更多地穷兵黩武，与武周时代比较和平的、用佛教作为一种绥靖的国际主义、和平主义、世界主义的情怀完全不同。在比较进取的武周时代，佛教和商业文明结合得非常紧密。但在"安史之乱"以后，佛教更多地和农耕文明、和黑土地，以及和中国传统的儒家结合，这是催生体制化的禅宗的一个重要契机。这也标志着佛教从世界性大宗教沦落为区域性宗教，由于失去了对商业文明的拥抱而失去了其现代性。

另一方面是国际性。现代性是要解决宗教的生存问题，只有解决好了神圣和世俗的关系宗教才有立足之地，才有生存的空间与价值，而宗教的国际化是要解决其发展问题。发展的问题就是国际化，实际上任何世界性大宗教都无法避免，也即说只要信仰的市场是一体化、国际化的，那么任何宗教要发展就必然要加入全球性的信仰市场，在与其他宗教抗衡中去争夺市场份额，争夺潜在信众。只有国际化以后，一种宗教才能以攻为守，维护自己存在的空间。也只有成为世界性大宗教，一种宗教才能在世界性的信仰市场中占有一席之地。而为了实现该目的，非常重要的途径就是和商业文明结合，因为二者有很多地方共通，都有普世冲动，都要 flow 以便 grow。

所以，我们强调，705 年也即武周帝国拉下历史序幕的一刻是非常关键的节点：它正式宣布佛教从一个世界性大宗教沦落为区域性小宗教，中国佛教发展从此进入了完全不一样的结构，而中华帝国也从一个世界性大帝国沦落为一个区域性小帝国，此后以中华文明为主体的中华帝国一步一步沦丧，直到南宋崖山一役老丞相抱着小皇帝蹈海而死，再也没有重新回到世界舞台的中央。"安史之乱"后，中华帝国之所以再也没能够成为世界性帝国，很大程度上是因为它失去了一个世界性

宗教的支撑。655 年至 705 年间是中华帝国能够保有世界性大帝国规模的唯一时段，因为它兼具了作为精神性帝国和政治性、军事性帝国所需具备的种种条件，是一个既有庞大的世界性商业网络，又拥有深具世界主义情怀的大宗教的大帝国。655 年武则天成为皇后揭开了武周帝国的序幕，705 年她仓皇退位，再到"安史之乱"爆发，正好 100 年。这百年历史见证了中华历史上两大帝国的崛起和崩溃：前 50 年是武周帝国，后 50 年是玄宗帝国。所以这百年非常有意思，除了政治史与外交史的意义，也是佛教经历了历史性转变的百年。

由此观之，追问佛教在未来有无可能现代化和国际化，很重要的迹象就是看它有无可能在教育与医疗上发挥类似于天主教与基督教在现代社会所发挥的作用，而最大变数则是佛教尚未成为一个世界性权力主体所仰赖的普世价值的源头。佛教有没有可能成为这样一种新的世界性普世价值来源，换言之，佛教能否重新崛起为世界性大宗教，取决于能否找到两个支撑：新兴全球权力主体、全球性的商业网络。我强调权力之鼎——帝国、商业和宗教——三位一体。世界上任何大帝国都不可能不依靠全球性商业网络或世界性大宗教而崛起，而在佛教历史上，唯一一次依赖佛教作为普世价值来源的大帝国就是 655—705 年的唐周帝国；在此前或此后，再也没有任何帝国依凭佛教而晋身为世界性大帝国了。

佛教虽然是一种宗教，但应该更强调它的文化功能。佛教已经非常本土化了，与中国传统文化结合得非常密切，并且也基本上内化成了中国文化的一个核心。就此而言，应该更加强调佛教的文化功能，在思考其现代化和国际化时更注重思考其在文化上、价值上推陈出新的能力，这个应该和教育连接在一起。

战后马来西亚的三系上座部佛教：及其与华人社群的互塑

刘宇光

（复旦大学）

前　　言

笔者年前提出"南方汉传佛教"之观念，探讨当代马来西亚汉传佛教与社会之间的关系，[1]本文将目光转向组成大马佛教的另一重要传统，即上座部(Theravāda)。时下中国学界在探讨马来西亚佛教时，虽然都会象征性地扼要提及其"多元"，但罕能以讨论汉传佛教等量齐观的比重，认真对待当地同样重要的上座部，更遑论探讨它们在马来西亚与汉传佛教之间的关系，乃至这些上座部是如何重塑以华人为主之佛教社群的宗教内涵，仿若这些不同的佛教传统只是各行其是，而彼此无关。[2]但事实上，如果不讨论上座部，我们甚至连马来西亚汉传佛

---

〔1〕 刘宇光：《近年马来西亚南方汉传佛教的公共介入(engagé)：以官、民两版国族主义的竞争为线索》，《台湾宗教研究》2014 年第 1 期，第 97—148 页。此论文在期刊发表后略修改，随即收于刘宇光撰《左翼佛教和公民社会：泰国和马来西亚的佛教公共介入之研究》(《法界丛书》33,桃园：法界出版社,2019 年)一书第八章,第 325—386 页。

〔2〕 中国学界这种习以为常的盲点成因不一,包括源于汉传佛教以"大乘"自居时视上座部无非"小乘"之教界偏见对部分鲁莽的佛教学者造成不良影响,探讨东南亚华人传统时惯于无视其文化和社会环境与其他族裔有着密切的互动关系,及中国学界尚未起步的东南亚研究。

教都无法妥善理解，中国学者白玉国[1]、郑筱筠[2]等有关马来西亚佛教的讨论即为典型例子。从数量上来说，大马上座部的规模的确小于汉传，但它在大马佛教的角色却非常重要。大马上座部起码由三个明显不同的子系统组成，即泰暹(Thai-Siamese)[3]、斯里兰卡(Sri Lanka)及缅甸(Burma)。由于地缘和历史的关系，三系上座部与马来西亚的关系各不相同，既有外地传入的，也有原生但边缘的。三者进入大马的历史渊源、塑造大马佛教时所起的作用，及在华人佛教社群中的影响力，具体状态各不相同。

本文的着眼点是三系上座部在战后是如何以不同方式重塑当代马来西亚华人的佛教传统。所以下文三节依次讨论泰-暹、斯里兰卡及缅甸三系上座部，是如何进入并扎根于二十世纪马来西亚，并在第四节进一步剖析这些不同的上座部，是如何由原本移民社群的族裔宗教，跨过族群边界，取得华人佛教社群的信仰与支持，使双方结合日趋紧密，逐渐成长出张曼涛在40年前曾预言，陈美华[4]和笔者近年所提出的概念："马来西亚佛教"(Malaysian Buddhism)。

在进入正文的讨论前，还需要就数个中文用词作出说明。由于独立前后，马来西亚当地华人的中文词汇，尤其是国名、地名等都有变化，而且多少反映一定的政治转变，虽然部分情景可以新、旧二词通用，但亦不乏特定阶段专用字眼，起码包括殖民时期与独立后的马来亚

---

[1] 白玉国:《马来西亚华人佛教信仰研究》，巴蜀书社，2008年。散见全书多处。

[2] 郑筱筠:《试论马来西亚佛教发展的现状及特点》，郑筱筠编:《东南亚宗教研究报告：全球化时代的东南亚宗教》，中国社会科学出版社，2015年，第116—124页。

[3] 本文在暹(Siam)与泰(Thai)之间稍作用字上的区分。暹(Siamese)多用于指族群、语言及文化身份，而泰(Thai)则多用于指国族的政治身份。所以北马在族群、语言及文化上与泰国有直接关系的社群，只称作暹(Siamese)裔社群，泰(Thai)则用于指泰国(Thailand)相关成分。但由于泰国僧团按泰式规格训练、资助及调度北马的暹军僧团，所以也会用泰-暹(Thai-Siamese)来表达。

[4] 陈美华:《马来西亚的汉语系佛教：历史的足迹、近现代的再传入与在地扎根》，李丰楙等:《马来西亚与印尼的宗教与认同：伊斯兰、佛教与华人信仰》第二章，台湾"中央"研究院人文社会科学研究中心亚太区域研究专题中心，2009年，第59页；陈美华:《导论：马来西亚与印尼的宗教、政治与族群》，李丰楙等:《马来西亚与印尼的宗教与认同：伊斯兰、佛教与华人信仰》，第xxxii页。

(Malaya)和马来西亚(Malaysia)、锡兰(Ceylon)和斯里兰卡(Sri Lanka)、星嘉坡和新加坡(Singapore,独立前后的异译),此外尚有作为族群身份的暹(Siam)和作为政治身份的泰(Thai)等,作为保留原母国身份的侨民与入籍认同新国家的移民之分判。下文按情况分别使用,不另作说明。

一、马来西亚的泰-暹上座部

历史上泰-暹系上座部在马来半岛诸如槟城等地,早在 1845 年即获英殖民政府拨地建有数寺,以服务移民社群。[1] 但在这一历史阶段中,马来半岛上的泰暹上座部都是侨民的族裔宗教,并未跨过族群边界,遑论对地区佛教的重大影响。本节在此将焦点转移到马来西亚独立后仍有泰暹裔社群聚居的西北部的吉打州(Kedah)和东北部的吉兰丹州(Kelantan)。

北马二州的暹系上座部虽然在族群与宗教上都是势单力薄,但某种意义上却是原生的。马来族学者穆罕默德·伊斯梅(Mohamed Y. Ismail)指出,即使独立后力举马来族才是马来西亚原住民的大马官方,虽未在法律层面作出公开的确认,但在土地权上,却明确给予暹裔族群与马来族无异的投资津贴计划(Amanah Saham Bumiputra),默认其原住民(bumipuetra)的历史渊源甚至比马来人更早。[2]

北马二州处于今天泰国南部与马来西亚北部两国边界接壤地区的马方境内。双方国境内,都有被当作本国少数民族的对方族群,其在族

〔1〕 陈秋平:《移民与佛教:英殖民地时代的槟城佛教》,《南方学院学术丛书》第 7 种,南方学院出版社,2004 年,第 120—126 页。

〔2〕 Mohamed Y. Ismail, "Buddhism in a Muslim State: Theravada Practices and Religious Life in Kelantan", *Jurnale-Bangi*, *Jilid 1*, *Bilangan1*, Julai-Disember 2006, pp. 3-4. 穆罕默德·伊斯梅(Mohamed Yusoff Ismail)最早的著作是他的博士论文,见 M. Y. Ismail, *Wat Pathumwihaan of Baan Maalaj: A Study of Siamese and Chinese Buddhists in a Malay State* (Ph. D. Dissertation, School of Arts, Australian National University, July 1987, p. 259),及后改写为以吉兰丹州佛寺社会组织探讨佛教与族群议题的著作,见 Mohamed Y. Ismail, *Buddhism and Ethnicity: Social Organization of a Buddhist Temple in Kelantan* (*Series of Social Issues in Southeast Asia*, Singapore: Institute of Southeast Asian Studies, 1993)。

裔、语言、风俗、文化及宗教与对方相同，甚至本就是同一个社区和家族，只是现代民族-国家以主权概念划定其政治版图时，人为地将它一分为二。这给地区社群日常生活造成诸多干扰与不便，甚至影响生计。北马暹裔佛教社群和泰南马来裔穆斯林社群双方同样作为本国的少数族群，皆不同程度面对类似处境，即作为少数民族，虽然一方面受到本国法令规管，但另一方面却不一定如主流族群的国民般，能够在现实上平等地享有各种权利保障和资源，甚至遭到敌意对待。

另一方面，他们也许会对对方国家主流族群的文化、语言及宗教身份有主观认同，但却不具有法律意义上的国民政治身份并受到保障。在这种情况下，双方的部分居民，皆会私下以各种手段联系（亲属、结婚及产子等家庭关系），成为实质上拥有双重身份的人。虽然国家政权及官方当局会认为，这些具双重身份的人可算是在破坏国家主权（sovereignty），但对百姓而言，双重身份使其可以灵活地往返游走于两国接壤地区，以解决其日常生活各种所需。[1]

唯有对现代民族-国家政治版图制度造成跨境民族之困扰，及当地居民为何（why）和如何（how）以双重身份作应对之处境有一定的认识，我们才能理解下文所论及的大马暹裔僧团和泰国国家僧团之间在宗教及教育上的特殊联系。

欧文·约翰逊（Irving C. Johnson）探讨马来西亚北部吉兰丹州（Kelantan）信仰泰国上座部的暹裔农村社区，在以伊斯兰教为官方宗教的州政府统治下，政治上如何既不招惹官方忌惮，但又能技巧地维系族群的宗教-文化身份，并在身份、地缘空间、日常生活上，不断灵活地游走在两国边界之间，实质上形成某种实用的准双重身份。尤为重要的，是其与泰国之联系，使他们摆脱了在马来西亚从社会阶级角色、宗

---

〔1〕 Alexander Horstmann, "Deconstructing Citizenship from the Border: Dual Ethnic Minorities and the Local Reworking of Citizenship at the Thailand-Malaysian Border", A. Horstmann and R. Wadley (ed.), *Centering the Margins: Agency and Narrative in Southeast Asian Borderlands* (*Asian Anthropologies* Vol. 4, New York: Berghahn Books 2006), pp. 156 - 158.

教文化身份,到地理上的边缘位置。约翰逊的讨论虽然涉及佛教,其侧重点是当地农民大众在日常社会生活中的信仰所反映的跨境状态,唯对信仰上座部的社群而言,维持一个体系完整的佛教传统所不可或缺的僧团及其僧伽教育,则着墨有限。[1]

北马二州暹系寺院与泰国僧团之间的跨境联系并不始于今天。黑田景子(Keiko Kuroda)的研究指出,泰国官方对北马暹裔的支援,自大马独立前夕,已有其渊源。二十世纪五十年代英殖民政府后期,过渡进入马来西亚联邦政府,及最终政治独立,前后十余年,两个政权皆奉行反共原则,对马共游击队进行坚壁清野的军事围剿。为确保断绝马共补给线,设立军事无人地带,并成立"新村",[2]将马共补给线上潜在据点的农村及乡镇人口全部清空,作强制撤离。[3] 当中被波及的虽然主要是华人,但亦有相当数量的暹裔社群受到影响。军队在剿共过程中,曾误毁有数百年历史的寺院。泰国政府的抗议几乎引发泰、马二国的外交争执,泰方提出赔偿要求,为马来亚接受方息事。及后大马当局剿共完毕,暹裔社群从变相的集中营"新村"返回世居数百年,但几已成废墟的祖村时,泰亦资助修复,其中即包括寺院及僧团等的宗教重建。[4]

---

〔1〕 Irving Chan Johnson, *The Buddha on Mecca's Verandah-Encounters, Mobilities, and Histories Along the Malaysian-Thai Border* (Critical Dialogues in Southeast Asian Studies, University of Washington Press, 2013),此书是作者据其 2004 年在哈佛大学(Harvard University)的博士论文改写出版。

〔2〕 有关战后英治马来亚剿共政策下产生的"新村",学界时下研究的综述与反思,见陈丁辉:《马来西亚华人新村研究:本土知识的生产与田野反思》,陈昊、陈宗渊主编:《台湾东南亚研究新论:图像与路向》第十章,台北:洪叶文化,2013 年,第 179—198 页。对当时"新村"过来人的访问,见黄巧力导演的记录片《我来自新村:马来西亚百万华人的集体回忆》(雪兰莪:椰楼映画,2009 年)。这个专辑采访了大马各地十余个新村的相关人士,从华人平民的角度,述说当年"新村"的生活。

〔3〕 有关英国从战后到独立期间的马来西亚政策,尤其成立"新村"以配合剿共的基础,即"紧急状态令"的决定,不在此冗述,见张祖兴:《英国对马来亚政策的演变 1942—1957》,中国社会科学出版社,2012 年,第 108—147 页。

〔4〕 Keiko Kuroda (黑田景子), "The Siamese in Kedah under Nation-state Making" (Working Paper 2004), pp. 3 - 6; Keiko Kuroda (黑田景子), "Malaysian Nation-making and Thai-speaking Buddhists in Kedah", *Cultural Science Reports of Kagoshima University*(鹿儿岛大学法文学部纪要人文学科论集)62, July 2005, pp. 74 - 78.

在前述二十世纪五十年代的这一背景下,泰国僧团从没有减弱过对北马暹裔僧团的关注。亚历山大·霍斯特曼(Alexander Horstmann)在有关泰-马边界,如暹裔一类跨境族群,是如何应对族群生存上两难处境的讨论中指出,吉兰丹州的主调是伊斯兰乌托邦思想,这使得当地佛教原社群制度在这庞大压力下,持续碎片化和边缘化。尽管如是,仍然未能削弱佛教作为暹族文化核心身份认同的程度。但另一方面孤掌确实难鸣,吉兰丹州暹裔族群的长辈抱怨,因暹文化价值观的日渐流失,反映在社会上,是青年吸毒、消费主义等问题日益严重,既无法维持僧团,且因族群传统之走弱,年轻人出家意愿偏低,语言传统亦罕能超过小学水平,所以吉兰丹州暹族寺院欠缺僧侣实非罕见,从而使暹裔身份面临危机。[1]

黑田景子以其在北马另一个原生暹裔聚落地区吉打州为据,对他们在民族-国家阴影下的处境作田野观察之两份报告中提到,由于暹语是少数族群语言,并不属于大马国家教育系统的范围,因此资源短缺,欠缺语言教学,年轻暹民语言水平日劣。[2] 所以若欠缺外来力量的介入与支援(例如下文会论及的泰国僧团等),北马二州的暹裔要单凭本身现状来维持其基本传统,恐怕都举步维艰。所以,吉兰丹暹裔社群并不回避他们希望取得泰国的更大支持,但碍于国际外交的规定,泰国官方人员如领事、外交人员、议员政客,除了偶尔礼节性地参与节庆活动外,能够做的都很有限。[3]

然而,在国家之间以政权为主的官方外交以外,还存在非官方的公共外交,其中包括以宗教及教育领域为主题的活动。伊斯梅解释了泰

---

〔1〕 A. Horstmann, "Deconstructing Citizenship from the Border: Dual Ethnic Minorities and the Local Reworking of Citizenship at the Thailand-Malaysian Border", *Centering the Margins*, pp. 165 – 168.

〔2〕 K. Kuroda, "The Siamese in Kedah under Nation-state Making", pp. 3 – 4; K. Kuroda, "Malaysian Nation-making and Thai-speaking Buddhists in Kedah", pp. 72 – 74.

〔3〕 A. Horstmann, "Deconstructing Citizenship from the Border: Dual Ethnic Minorities and the Local Reworking of Citizenship at the Thailand-Malaysian Border", *Centering the Margins*, pp. 165 – 167.

国国家僧团多年来是如何在吉兰丹州伊斯兰国度内,使北马暹系上座部得以近乎绝处逢生。泰国僧团有派赴马来西亚,被当地华人音译作昭坤(Chao Kun)的高级僧爵领导与管辖在马的所有泰-暹佛教事务。具体包括每年都会派员到吉兰丹州的两座寺院,为当地暹系僧侣进行教理考试(nak tham),并从泰国进口配套教材。泰国僧团借着主办当地僧团的教育及考试,来维持大马暹系上座部与泰国僧团之间的关系。泰南僧团主管在吉兰丹暹系寺院的重大庆典中经常担任荣誉赞助(phuu upatham)、宗教仪轨顾问,及巴利唱诵指导,僧团成员亦会集体跨境与会。寺庙现场的大众文娱活动是来自泰国的传统,所使用的是代表泰国官方的曼谷泰语,而非吉兰丹的暹语方言。[1] 所以在大马暹裔佛教的重建过程中,僧侣作为宗教精英,同时也担当泰语和泰-暹文化的守护者,并从泰国进口大量宗教用品,乃至援引曼谷式的寺院建筑方式。[2]

故此北马暹裔与泰国国家僧团之间,建立有马来西亚政府所知悉而又没有异议、特殊而密切的宗教关系,大马的暹系上座部几乎成了泰国国家僧团的境外教省。跨境进入北马的泰国僧侣,在维持诸如泰语、风俗、宗教等当地暹裔族群的文化身份认同上,担当非常重要的角色。若泰国僧团没有对马境暹僧提供跨境支援,暹裔社群的文化传统和身份认同皆难以为继。[3]

但另一方面,由于吉兰丹暹寺是在泰国国家僧团管辖权之外,所以他们可以有更大空间,按照马来西亚处境,作更有弹性与宽容灵活的安排,调整外围的宗教元素,以赚取马来及华人的信任和支持。例如在不违反伊

〔1〕 M. Ismail, "Buddhism in a Muslim State: Theravada Practices and Religious Life in Kelantan", pp. 12–14.

〔2〕 A. Horstmann, "Deconstructing Citizenship from the Border: Dual Ethnic Minorities and the Local Reworking of Citizenship at the Thailand-Malaysian Border", *Centering the Margins: Agency*, p. 168.

〔3〕 A. Horstmann, "Deconstructing Citizenship from the Border: Dual Ethnic Minorities and the Local Reworking of Citizenship at the Thailand-Malaysian Border", *Centering the Margins*, p. 164.

斯兰教优先的马来西亚基本宗教秩序下，邀请伊斯兰苏丹（sultan）在节庆仪式中担任佛教的政治保护者（phutthasasanupathampok）。当然，暹裔上座部也有责任遵守不向马来族弘扬佛教之规定，以免引发宗教纷争并干犯马来西亚宗教法令。不过佛教场所或由僧人执行，但与佛教没有直接关系的传统医药、占卜巫术及节庆文娱等，则不在此限。[1]

上述的泰国僧团介入北马暹裔的行动其实都只是前奏，真正的归旨在于泰国上座部的僧伽教育，尤其是现代高等教育。泰国僧团将此北马吉兰丹等地暹裔青年项目整合在以曼谷和泰南宋卡省（Songkla）为基地的佛教基金和网络内，使马籍暹裔学生有机会到宋卡省升读大学，并在重建其佛教价值和泰-暹文化认同后，回输马方家乡。所以凡在泰国僧团此项目下跨境推荐赴泰升学的年轻一代北马暹僧，多有熟悉科技与马暹环境的现代饱学僧侣。他们离开寺院主动走入社区，以传统暹鼓等音乐文化及电脑，展开以暹裔年轻人的价值教育为目标的项目，重建佛教信仰，并较先前的僧侣更熟悉文本、戒律、禅修、苦行等。[2]

同时，北马西部吉打州（Kedah）的主要寺院也与泰国的摩诃朱拉隆功僧伽大学（MCU）建立正式合作关系。由僧伽大学所培养的马籍暹裔青年学僧，在毕业后派赴马来西亚各地，逐渐接替本土僧侣出掌沿途出缺（指马来西亚各地泰系寺院的僧团执事空缺）的寺院。在泰国僧团所推动的大马暹系上座部复兴中，泰国外交系统驻大马的使馆在后勤工作上皆有作出协助，[3]例如位处吉隆坡的雪兰莪佛教协会（Selangor Buddhist Association）就是由曾在泰国受训的北马吉打州暹

〔1〕 M. Ismail, "Buddhism in a Muslim State: Theravada Practices and Religious Life in Kelantan", pp. 6 - 9.

〔2〕 A. Horstmann, "Deconstructing Citizenship from the Border: Dual Ethnic Minorities and the Local Reworking of Citizenship at the Thailand-Malaysian Border", *Centering the Margins*, pp. 165 - 167.

〔3〕 A. Horstmann, "Deconstructing Citizenship from the Border: Dual Ethnic Minorities and the Local Reworking of Citizenship at the Thailand-Malaysian Border", *Centering the Margins*, p. 166.

裔僧侣负责,大马其他暹系上座部僧团,亦与泰国僧团配合。[1]

在此值得注意的有数点。首先,由于马籍暹裔社群人口数量有限,不足以对马来族或大马政权构成威胁,所以大马官方当然知道泰国僧团在北马二州暹裔社群的佛教复兴背后,担当着重要角色,但并没有禁止。[2]

其次,是泰国上座部介入塑造大马暹裔佛教的方式与缅甸、兰卡乃至汉传等其他佛教传统在大马的推进方式完全不同。其他传统都是以个别或少量僧侣(例如达摩难陀、竺摩等僧侣)受佛教社群之邀而赴马弘法,不涉及高度组织化、大规模的资源及人力调动。但泰国僧团的介入,既是高度组织化,亦涉及官方,无论这是指泰国僧团高层政策的直接统筹,还是曼谷其他官方部门,例如教育部和外交部的后勤支援。由于以组织来进行推进,因此涉及推动大马暹裔佛教的泰国僧人,都是以组织的身份展开活动,并不凸显个体角色或个人色彩,所以整个过程都是泰国僧团的组织及既定政策。虽然大马的汉传和兰卡上座部都有标志性人物,但泰国僧团对大马暹系的大力支援,却没有凸显具知名度的关键个体。

第三,在泰国接受教育的马籍暹僧于其学业告一段落后,其实是变相受命于泰国僧团。其中现代的高等僧伽教育,是泰国僧团在推动佛教与社会接轨的重要着力点,尤其是成熟的现代僧伽高等教育,也需要培养出胜任在大都会应对现代政、经及各种专业精英群体的僧侣。所以除了如已述部分暹僧回大马接掌暹寺外,部分则会被调往新加坡这类具有宗教关键地缘角色的大都会。

---

〔1〕 Raymond L. M. Lee and Susan E. Ackerman, "The Cauldron of Change: Politics and Religious Organization in Contemporary Malaysia", in R. L. M. Lee and S. E. Ackerman, *Heaven in Transition: Non-Muslim Religious Innovation and Ethnic Identity in Malaysia* Ch. 2 (Honolulu: University of Hawai'i Press 1988), pp. 48 – 49.

〔2〕 A. Horstmann, "Deconstructing Citizenship from the Border: Dual Ethnic Minorities and the Local Reworking of Citizenship at the Thailand-Malaysian Border", *Centering the Margins*, p. 168.

因而有需要在此对现代泰国上座部的现代僧伽教育,尤其是高等教育环节的特点稍作说明,我们才能够更清楚地理解其性质,乃至当泰国僧团以僧伽教育来支援大马的暹系上座部的重建时,有何意义。泰国僧团的僧伽教育自十九世纪中以来,经历了三轮重大改革,包括暹罗王拉玛四世蒙固(Mongkut, 1804—1864)在出家期间创立重视对经教戒律作理性诠释之法宗派(Thammayuttikāt)、二十世纪初金刚智(Vajirañāṇa-varorasa, 1860—1921)[1]及二十世纪五十年代大宗派毗蒙昙长老(Phra Phimonlatham, 1903—1989)[2]等数代僧团领袖所筹划的僧伽教育现代改革,其动力并不完全只是来自僧团内部,也来自官方及宏观的泰国内、外时局。先后包括二十世纪初在西方殖民主义的压力下,组建民族-国家;其次是战后冷战对峙的国际格局下,展开经济建设所造成的种种社会问题等复杂处境。这诚如缅甸学僧法主(Khammai Dhammasani)所强调的,若不兼顾宏观的政-教关系,泰国的这数轮僧伽教育改革皆是难以理解的。[3] 所以从知识结构和价值的组成来说,当代泰国的僧伽高等教育其实是泰国佛教与现代文明互动后的产物。因此泰国僧团现代教育的主要内容,是由传统的经教义理、现代人文社会科学,及国家意识形态结合而成。[4] 由于高等教育的这些新安排,及学僧毕业后在农村社区和行政都会的工作经验,是以僧团对现代社会公共价值观及其制度运作,皆有相当的学理知识与实务

〔1〕 刘宇光:《为什么宗教-民族主义及原教旨主义没有在现代泰国僧团滋长？以两个案例为线索》,《人间佛教研究》第 3 期,香港中文大学人间佛教研究中心,2012 年,尤其第 135—147 页。

〔2〕 刘宇光:《二十世纪六十年代泰国的〈僧团法〉、僧伽大学及农民子弟僧:以政-教关系和教育社会学为线索》,《台湾东南亚学刊》10 卷 1 期,台湾暨南国际大学东南亚研究中心,2014 年,第 133—176 页。

〔3〕 Khammai Dhammasami, *Idealism and Pragmatism: A Study of Monastic Education in Burma and Thailand from the 17th Century to the Present* (Ph. D. Dissertation, Oxford University 2006), pp. 265 - 266.

〔4〕 刘宇光著《国际学界僧伽教育研究之回顾》,上篇《议题与方法》刊《台湾宗教研究》第 16 卷第 2 期(台湾政治大学宗教研究所,2017 年 12 月),第 1—38 页;下篇《传统与论著》于 2018 年 6 月刊《台湾宗教研究》第 17 卷第 1 期,第 51—132 页。该文上、下篇刊出后年余经再修订,已收于刘宇光著《僧黉与僧兵:佛教、社会及政治的互塑》(《宗教丛书》,台北:学生书局,2020 年)第二至四章,第 41—174 页。

经验。另一方面，泰国僧团在制度上属泰国教育部管辖，受泰国官方节制，因而在宗教及文化层面，僧团也是泰国官方宗教及文化相关政策的主要执行者和代言者。

因此这些来自北马二州的马籍暹僧，无论是在曼谷摩诃朱拉隆功僧伽大学或宋卡省的泰国僧侣课程计划受教育，都是根据泰国模式来复苏和重塑暹系上座部，从而这些马籍暹僧某种意义上具有双重身份，他们透过作为泰国文化据点之寺院（wat），使泰国佛教连同泰国形象一并在社群大众里生根。[1]

二、马来西亚的斯里兰卡（锡兰）上座部

过去两个世纪，斯里兰卡人前后好几波，分批移居今天的马来半岛。兰卡和印度及缅甸一样，都是先被纳入东印度公司的势力范围，稍后再被纳进帝国版图，成为大英帝国殖民地。此后民间的往来迁徙甚为方便，尤其是沿着马六甲海峡的新加坡、槟城及马六甲等港口，都是商业种植农作物及农产品，如橡胶、茶叶、锡及咖啡等的集散地及出口港。当时为提高商业农作物到港口的运输效率，英殖民政府自十九世纪初始，从锡兰征集大量熟练的铁路技工，移居同样是殖民地的马来半岛，修建贯通港口、矿区及种植区之间的铁路网络。[2]

英殖民政府所以要征集锡兰技工有三个原因，分别是通英语、熟悉英式工作制度，及防止华人人口过多，以维持族群平衡，便于统治。而对愿意应聘的锡兰人而言，除了谋生的经济理由外，也包括为了摆脱锡兰非常保守的社会种姓制度及族群冲突，所以应聘者甚至会改掉作为种姓标记的原姓名。移居马来半岛的兰卡人历经数代的缓慢演变，到

---

〔1〕 A Horstmann, "Deconstructing Citizenship from the Border: Dual Ethnic Minorities and the Local Reworking of Citizenship at the Thailand-Malaysian Border", *Centering the Margins*, pp. 168 – 170.

〔2〕 Jeffrey Samuels, "Forget not Your Old Country: Absence, Identity and Marginalization in the Practice and Development of Sri Lankan Buddhism in Malaysia", *South Asian Diaspora* Vol. 3, No. 1, March 2011, pp. 118 – 120.

二十世纪中叶之后,原在锡兰极为根深蒂固的种姓制度才得以逐渐淡化。此前在马来亚的低种姓锡兰人,甚至宁愿住在暹裔和华裔等异族社区,也不愿留在兰卡社区内生活。种姓制度甚至亦侵蚀僧团,不同的锡兰寺院与僧团背后,常常源于不同种姓之间的顽固隔阂。[1]

兰卡上座部僧侣随赴马来亚半岛的最初原委,是为英治期间迁居马来半岛的兰卡铁路技工社群提供宗教服务。所以早期的主要据点,都是靠近兰卡的铁路技工社区,包括今天吉隆坡称作印度城的十五碑、槟城及新加坡[2]等。所以锡兰宗教人员的迁往马来半岛,并非只有僧伽罗人的上座部僧侣,也有泰米尔的印度教教士,甚至有来自兰卡的基督徒,因为在十八、十九世纪,南亚基督宗教的中心就是兰卡北部的贾夫纳(Jaffna)。[3] 这些不同宗教的神职人员随众迁移他乡,其首要目的是从宗教与心灵上照顾同乡,以安抚流落异乡打拼的移民群体。

在此背景下,僧侣的主要工作是以寺院空间和宗教场合,为生活中充满恐惧、艰苦与不确定的移民社群,提供生命意义、族群历史文化、身份认同,及集体记忆等传承的载体,甚至是安顿客死异乡者的身后事如丧葬等。对信仰佛教的锡兰民工而言,马来亚当时的汉传及暹系上座部寺院,乃至改宗基督宗教的两族人教堂等,皆无法产生族群及文化身份的认同。所以十九世纪末先后在农场及铁道技工聚居的吉隆坡锡兰人社区建立数座锡兰寺院,其主要目的就是透过信仰、宗教节庆,如卫塞节、仪式、风俗习惯、音乐戏剧、运动、讲道及语言教学,及寺院附属坟场,在宗教、文化及精神上,服务锡兰社区的需要。重新将家乡与风俗文化在此复制出来,一定程度上产生从花果飘零到灵根自植,从仍然希

---

〔1〕 J. Samuels, "Forget not Your Old Country: Absence, Identity and Marginalization in the Practice and Development of Sri Lankan Buddhism in Malaysia", pp. 123–124.

〔2〕 对马来半岛英治时期,锡兰佛教及僧团在港口新加坡的历史研究,亦间接有助于理解其他城港的情况,见 A. M. Blackburn, "Ceylonese Buddhism in Colonial Singapore: New Ritual Spaces and Specialists, 1895–1935", ARI Working Papers Series No. 184 (National University of Singapore, 2012).

〔3〕 J. Samuels, "Forget not Your Old Country: Absence, Identity and Marginalization in the Practice and Development of Sri Lankan Buddhism in Malaysia", pp. 119–121.

求落叶归根转为接受落地生根,愿以他乡作故乡之积极态度。[1] 他们只要能够根据其传统宗教文化安顿漂泊的生命与心灵,则他们反而会逐渐接受现实上的新家,所以斯里兰卡上座部在马来亚是当地历史最悠久的佛教组织之一,像槟城玛兴达拉麻佛寺(Mahindrama Temple)的兰卡僧侣曾在北马一带教化。但在绝大部分时期,其实都只是移民的族裔宗教,其传统迄二十世纪五十年代止,皆没有跨越族裔身份的边界半步。

虽然槟城在二十世纪四十年代受良好教育的新一代双语或英语青年华人开始注意到上座部,但下及六十年代通英语的兰卡僧侣才使上座部跨过族群的界限,传予华人,并逐渐成为塑造现代马来西亚佛教的重要传统,其关键人物是斯里兰卡上座部僧侣达摩难陀长老(Ven. Sri Dhammananda, 1919—2006)。所以兰卡上座部在马来西亚走过数十年,到战后阶段才有机缘跨越单一族群,为其他族群所接纳。[2]

据大马华人学者廖文庆(Benny W. K. Liow)[3]、兰卡裔学人迪席尔瓦(H. M. A. de Silva)[4]及马籍汉传学僧释继旻[5]的资料整理,达摩难陀生平事略如下。达摩难陀1919年出生于南部马打拉(Matana)的佛教家庭,家中有长辈是僧侣。少年出家后,16—19岁(1935—1938)就学于科伦坡维也华丹佛学院(Vidywardana Pirivena, Colombo);19—25岁(1938—1945)就学于明庄严佛学院(Vidyalankara Pirivena);26—29岁(1945—1949)赴瓦拉纳西印度大

〔1〕 J. Samuels, "Forget not Your Old Country: Absence, Identity and Marginalization in the Practice and Development of Sri Lankan Buddhism in Malaysia", pp. 120 – 122.
〔2〕 J. Samuels, "Forget not Your Old Country: Absence, Identity and Marginalization in the Practice and Development of Sri Lankan Buddhism in Malaysia", p. 124.
〔3〕 Benny Liow, *K Sri Dhammananda: a Pictorial Retrospect* (Buddhist Gem Fellowship 1997).
〔4〕 H. M. A. De Silva, *100 Years of The Buddhist Maha Vihara 1895 – 1995* (Kuala Lumpur: Sasana Abhiwurdi Wardhana Society, 1998).
〔5〕 释继旻:《达摩难陀法师对马来西亚佛教的影响》,《第二届马来西亚佛教国际研讨会论文集:多元的传承:马来西亚佛教的实践》,马来西亚佛教研究学会出版,2011年,第40—51、58—68页。

学(Benares Hindu University)深造,在吠檀多一元论背景的印度教著名哲学家拉达克里希南(Sarvepalli Radhakrishnan, 1888—1975)[1]的指导下,攻读哲学硕士学位。

完成学业后,达摩难陀返回锡兰建设乡村,出版佛教月刊。五十年代初,受母校明庄严佛学院主管委派,接掌以兰卡人为主所组成、位处吉隆坡、被当地华人称作十五碑"锡兰佛寺"的佛教组织,随即赴任。达摩难陀后在 1962 年成立佛教弘法会(Buddhist Missionary Society),向英语或双语的青年大专生(华人为主,但也有其他族裔)弘传佛教,及从事社区的宗教-伦理服务。七十年代马来西亚佛教青年总会(YBAM)成立,达摩难陀鼓励当时多个佛教青年组织加入马佛青总会,他本身同时应邀出任马佛青总会的宗教导师,指导当时的佛教青年。

就笔者搜集对达摩难陀的专题讨论所及,论者基本上都是马来西亚及新加坡佛教僧、俗人士,如拿督洪祖丰(Ang Choo Hong)、黄世界(Ng Sai Kai)、廖文庆、释继愍(戴丽花)[2]、陈利威(Tan Lee Ooi)[3]、谢明达(Jack Meng-Tat Chia)、释继旻[4]等华人,非华裔论者则有兰卡人迪席尔瓦[5],其中部分有人文学科的学术背景。讨论的重点多在达摩难陀长老的个人生平、成长学习、宗教行事、弘法贡献、对好些伦理问题的基本态度、宗教作品撰著、宗教沟通等连串事宜的资

〔1〕 拉达克里希南(Sarvepalli Radhakrishnan, 1888—1975)是印度著名的吠檀多(Vedanta)哲学学者,其代表作之一乃二卷本的《印度哲学》(Indian Philosophy, 1923)。虽然其印度的哲学晚辈如慕瀚谛(J. N. Mohany)和马谛拿(B. K. Matilal)对其立论提出强烈质询,但迄今仍为印度哲学的经典著作。此外,拉氏亦曾在 1952—1967 年间分别担任印度副总统(Vice President)及第二任总统(President)。

〔2〕 释继愍(戴丽花):《竺摩与达摩难陀对马来西亚佛教的影响》,台湾玄奘大学宗教学系 2009 年硕士论文。

〔3〕 Tan Lee Ooi(陈利威), The Making of Modern Buddhism Chinese Buddhist Revitalization in Malaysia Ph. D. Dissertation, Department of Southeast Asian Studies, National University of Singapore, 2013.

〔4〕 释继旻:《达摩难陀法师对马来西亚佛教的影响》,《第二届马来西亚佛教国际研讨会论文集》,是文为达摩难陀生平整理出时间表。

〔5〕 H. M. A. de Silva, 100 Years of The Buddhist Maha Vihara 1895 - 1995.

料整理上。从研究的角度来说,在这些讨论的基础上,尚有一些疑问仍有进一步推进的空间,不一定都充分触及资料字里行间包含的问题。所以本文在此不再重复前述多位论者对达摩难陀生平事略已有的整理,而直接提出尚待深入的几点问题,以探讨在当代马来西亚佛教的早期酝酿阶段,兰卡僧侣的角色。

在前述的达摩难陀生平中,首先应要注意的是其出生地或原乡,即兰卡西南部海岸。在整个亚洲佛教文明中,斯里兰卡不单是极少数仍然维持印度社会种姓歧视制度的佛教传统,甚至其僧团也是按照不同种姓作为划分的根据,即僧人根据各自的种姓所属,在不同僧团出家,不能混合。[1] 而兰卡上座部在大马社会得以由移民社群的族裔宗教,演变为跨族群宗教,其代表人物是十五碑锡兰佛寺达摩难陀法师,还有和洗都锡兰佛寺(Sentul Temple)的沙拉南(Saranankara)法师,他们的原籍都是兰卡西南部海岸。[2]

专攻现代兰卡僧团及其教育的美国人类学者杰弗里·塞缪尔斯(Jeffrey Samuels)年前撰文探讨在马来西亚的斯里兰卡上座部僧团离散群体时指出,兰卡西南海岸从事捕鱼(karāva)、棕榈树采集工(durāva)及肉桂树皮工(salāgma)等低种姓者,在宗教上都受到1799年和1864年从缅甸引入的阿曼罗波罗派(Amarapura Nikāya)和兰曼匿派(Rāmañña Nikāya)这类被主流高种姓(goyigama)把持的僧团所排斥,不能在上述派系出家而常怀不满与失望。[3]

所以无论僧、俗,移民他乡的在原乡多属社会的弱势者,宁愿离乡以另闯天地。此类弱势社群在原乡面对由主流社群主导的民族主义意识形势时,其边缘身份使其对此怀有某种程度的怀疑、冷待及保留。所

---

〔1〕 Ananda Abeysekara, *Colors of the Robe: Religion, Identity and Difference* (University of South Carolina Press,2002), pp. 174 – 179, 182 – 183, 198 – 200.

〔2〕 J. Samuels, "Forget not Your Old Country: Absence, Identity and Marginalization in the Practice and Development of Sri Lankan Buddhism in Malaysia", p. 124.

〔3〕 J. Samuels, "Forget not Your Old Country: Absence, Identity and Marginalization in the Practice and Development of Sri Lankan Buddhism in Malaysia", p. 129.

以塞缪尔斯认为,达摩难陀定居马来亚后,把其家乡僧团在种姓上受到的歧视,转化为对其他族群在家众(尤其华人)的开放。[1]

其次,值得注意的是达摩难陀的求学经历,尤其是他曾就学的佛学院校。在此就他当年求学院校之一的明庄严佛学院作扼要的说明,以丰富对其教育背景的理解。十九世纪中后期,兰卡佛教经历英国殖民统治的破坏,在反殖民的佛教-民族主义背景下,为了抵制殖民者透过对双方文化作出二元论式的简陋陈述,来竖立西方的文化优越感,兰卡上座部无论在佛教教理、僧团组织,还是僧伽教育的重建上,都结合好些现代西方的理性原则,重新诠释佛教教理,把佛教表述为所谓"理性的宗教"。[2]

这种态度亦反映在僧伽教育的设计上,明庄严佛学院成立于1875年,是今天斯里兰卡凯拉尼亚大学(University of Kelaniya)的前身。它与1873年成立的明增佛学院(Vidyodaya Pirivena),不单是十九世纪斯里兰卡佛教,甚至也是整个上座部区域复兴佛教的重镇。[3] 明增学院即是今天斯里耶雅华达普拉大学(University of Sri Jayawardhapura)的前身。[4] 所以诚如同样是专研现代兰卡僧伽教育的另一人类学者安妮·布莱克本(Anne Blackburn)所指出的,明增和明庄严两座佛学院(pirivena)是结合了传统文字经教与现代的元素,来规划斯里兰卡的现代僧侣教育,以回应殖民统治,并抗衡殖民者所引入的某些现代元素为宗教、社会及文化所带来的影响,所以二院并非完全传统的,而是有

---

〔1〕 J. Samuels, "Forget not Your Old Country: Absence, Identity and Marginalization in the Practice and Development of Sri Lankan Buddhism in Malaysia", pp. 124－125.

〔2〕 Anne M. Blackburn, *Locations of Buddhism: Colonialism and Modernity in Sri Lanka* (The University of Chicago Press, 2010), p. 199.

〔3〕 这两座佛学院的反殖民意识甚至带有某种国际主义倾向,怀有为其他国家的佛教,特别是东南亚和东亚的上座部同道培养僧材,复兴佛教以对抗殖民统治之抱负。民国太虚法师门下法舫法师(1904—1951)留学印度,并在1946—1947年顺访斯里兰卡期间,就是在明庄严学院,随院长智华长老(Kiriwattutuwe Pragnasara)习上座部经教。

〔4〕 有关这二院在斯里兰卡独立前后,从佛学院改制为大学的转型与升格,乃至及后的发展,尤其耶雅华达普拉大学(University of Sri Jayawardhapura),见 M. M. Karunanayake, "University of Sri Jayewardenepura: Towards Meeting National Aspirations", *Vidyodaya Golden Jubilee Issue*, pp. 1－32.

现代元素的僧伽教育系统。[1]

二院之间学风互有差异,在殖民时期,二者对传统梵、巴、僧伽罗三语的拼读、经典版本、教理释义等,传承及侧重各异。明增佛学院对学风、文化、社会及公共议题的取态慎重,更重视传统知识深度理解的继承,对实验性或开创性的新观点惯持审慎态度,无论在殖民时期或独立后皆与官方保持良好关系。而达摩难陀曾就学的明庄严佛学院,虽然也有参与三藏的编译和出版之大型计划,但对语言、文化、艺术及学术等领域,则持趋近现代的态度,也常以激进立场投身政治和社会议题,而引发争论,并导致社会大众的微言。明庄严佛学院素与官方关系疏离,宁愿自行筹措资源,以维持某种独立,后来为应对官方压力,才与在野政党建立紧密关系。二院校友遍布各地寺院僧团内,二者的规模和在僧团与社会的影响力相若,皆颇自觉于维持一已学院学风传承和彼此的差异。[2]

虽然二院在观念上皆继承自十九世纪兰卡学僧达摩波罗(Anagarika Dharmapala,1864—1933),但在公共议题上,二院上承其思想的不同侧面。与明增佛学院重视农村民生和多元宽容等务实的价值观相比,达摩难陀毕业的明庄严佛学院,反而更偏重反殖民的佛教-民族主义、僧伽罗佛教的文化复兴,及佛教特殊社会地位之重振等。[3] 有研究指出,明庄严佛学院的这些倾向,与达摩波罗思想中明显的宗教-族群排他意识不无关系。[4] 而且明庄严佛学院全盛期的院长罗睺罗·化普乐(Walpola Rahula)鼓励学院的僧侣师生介入政治

---

[1] A. Blackburn, *Locations of Buddhism: Colonialism and Modernity in Sri Lanka*, pp. 38 - 40, 46 - 50, 57 - 68.

[2] Ananda W. P. Guruge, "The Socio-Cultural Background to the Evolution of Vidyodaya and Vidyalankara Universities", *Vidyodaya Journal of Arts and Science: Silver Jubilee*, pp. 354 - 355.

[3] H. L. Seneviratne, *The Work of Kings: The New Buddhism in Sri Lanka* (The University of Chicago Press, 1999), pp. 130 - 188.

[4] Neil DeVotta, "Sinhalese Buddhist Nationalist Ideology: Implication for Politics and Conflict Resolution in Sri Lanka" (*Policy Studies* 40, East-West Center Washington, 2007), pp. 14 - 16.

事务之著名言论,[1]无疑为独立后佛教僧侣以运动介入政治,从学理上开了绿灯。

虽然达摩难陀个人的知识成长,乃至其所身处的时代背景,与前述事态关系非常密切,但让人觉得意外的是,他虽然把上座部义理和实践带进马来西亚,但也许他原先在兰卡是来自被压抑的群体,加上印度的学习经验,使他能够有另一种角度,从而与兰卡僧团的现代纷扰保持距离,没有把该等混乱带进同为战后新兴国家因而也同样面对后殖民处境(post-colonial situation)困扰的马来西亚。

第三点值得注意的是,达摩难陀在独立后的马来西亚推动宗教联系组织(MIRO),将宗教对话与合作常态化和制度化。一方面,他以寺院为平台,使年轻一代的知识华裔和兰卡裔以佛教形成共通的平台,及后在此基础上,再与基督宗教、印度教、锡克教及其他佛教传统形成少数族裔的联盟,在新生的马来西亚国家中,与主流族群马来族和主流宗教伊斯兰教分庭抗礼。[2]

但另一方面,在马来亚决定政治独立的关键时刻,达摩难陀曾主持公开的宗教仪式,表达对新国家诞生的期待与支持。所以他显然支持新国家的成立,但同时意识到独立后马来族和伊斯兰教将成为国家主流力量,因此宗教和族裔上的少数者有需要建立某种联盟,发出足够的声音,联手维持共同权益,以免被欺压及边缘化。从这一点言之,我们可以间接推测,达摩难陀不单没有对他的故国斯里兰卡有过于民族主义式的执持,甚至对于兰卡在独立后,僧团内部分声音为了坚持佛教的特殊地位,不惜造成族群冲突之行径,应该是有强烈保留的。而当面对马来西亚这个新国家的诞生时,达摩难陀的这种不执持故国、愿展望未来的开放态度,其实亦可见之于其他佛教传统中,有开放的胸襟与前瞻

---

〔1〕 Walpola Rahula, "Bhikkhus and Politics: Declaration of the Vidyālankāra Pirivena", in *The Heritage of the Bhikkhu: A Short History of the Bhikkhu in Education, Cultural, Social and Political Life*, (New York: Grove Press, 1974), Appendix II, pp. 131 - 133.

〔2〕 J. Samuels, "Forget not Your Old Country: Absence, Identity and Marginalization in the Practice and Development of Sri Lankan Buddhism in Malaysia", p. 127.

视野的部分僧人,例如与达摩难陀几乎同年抵达马来西亚,稍后在独立之际公开支持立国,并参与建立马来西亚佛教总会的汉传僧侣竺摩法师(1913—2002)。[1]

最后,达摩难陀如何(how)和为何(why)调整兰卡寺院从只服务族裔社群的原有立场,跨过族群界限作跨族传播?当代马来西亚佛教社群几乎无异议地公认,以达摩难陀为代表的大马-兰卡僧侣从二十世纪六十年代之后,对英语或双语华人知识青年持续传播上座部佛教义理的理性诠释,这为当代马来西亚佛教的发展带来根本而永久性的扭转。虽然纯粹从教理上来讲,佛教是跨族裔的普世宗教,但从历史与现实上来说,佛教仍然难免变成族群身份认同的依据,而且不单以是否是佛教徒作为分界,甚至同属佛教文明的一员,不同的传统作为不同族群的身份认同之依据,其间的距离与隔阂的严重程度,其实也常被低估。

虽然今天大马的兰卡上座部和泰-缅上座部类似,皆接受并供奉汉传大乘佛教的菩萨像,[2]但达摩难陀在六十年代倡议兼纳华人在家众时,反弹首先就来自兰卡裔僧、俗社群,他们恐怕这会将华人庙宇风俗及汉传信仰带进兰卡寺院。虽然同样是兰卡寺院,但其法人身份及相关法律规定,在兰卡和马来西亚却是不同的。在兰卡,寺院是在僧人名下,但在马来西亚,则归马来西亚籍在家众组成的护法委员会所持有。当他们面对六十年代达摩难陀的改革倡议时,这反而形成更顽固的族裔中心取态,使改革面临掣肘,尤其在早期阶段当达摩难陀等革新者尚未取得马来西亚公民身份时,掣肘更是明显。[3] 后来倡议革新

---

〔1〕 陈美华:《个人、历史与宗教:竺摩法师与马来西亚人间佛教》(未刊稿 2016 年),第 17 页。

〔2〕 Raymond L. M. Lee and Susan E. Ackerman, "In Search of Nirvana: Reformation and Charisma in Buddhist Revitalization", in R. L. M. Lee and S. E. Ackerman, *Sacred Tension: Modernity and Religious Transformation in Malaysia* (Columbia, SC: University of South Carolina Press, 1997), pp. 62, 70.

〔3〕 J. Samuels, "Forget not Your Old Country: Absence, Identity and Marginalization in the Practice and Development of Sri Lankan Buddhism in Malaysia", pp. 124 – 125.

的僧侣透过另组主要是华人的附属居士组织,绕开以兰卡人组成的原寺委会,来举办各种宗教、慈善、文教及社区活动,把原有以兰卡裔为主的寺委会架空。此举一方面使华人信众在经济上支持寺院及其相关事业的发展,同时进一步参与社区建设。[1]

问题是:为何达摩难陀要坚持冒其族群之大不韪,在新国家诞生的前后,倡议宗教的跨族变革,积极推动大马的兰卡上座部由移民的族裔宗教,自我更革为跨族裔的普世宗教? 时下从教界到学界的通行解释是:除了主流的马来族,兰卡僧侣与青年知识华人皆通英语。但是,马来西亚上层华人通英语,这并非战后的新现象,早在十九世纪英治确立时,即形成此一群体。反过来说,兰卡上座部活跃于马来半岛百年,亦绝非战后新现象,以英治的兰卡来说,达摩难陀之前派赴马来的兰卡僧侣通英语,这亦应非不可能。所以,虽然华、兰卡二族精英皆有通英语者,但兰卡上座部跨过族裔界线的事并没有发生得更早,这时机纯属历史偶然,还是有其他因素直接促成此事?

其中一个有证据支持的解释是,战后英殖民政府重掌马来亚,由于东南亚地区政局已经卷入冷战的处境,英政权为了对抗共产党的渗透,而以持续长达 12 年的戒严和成立大量华人新村来进行剿共。英殖民当局邀请达摩难陀以英语弘扬佛教,是在文化价值观层面安抚华人,[2]尤其受英语教育的年轻一代华人精英,以预防共产主义吸引华人精英阶层的子弟,毕竟当年马共很多重要成员皆为华人。此一将宗教作为政治工具之解释,由于确能列举具体证据,固然无从否认当初英国殖民政府的企图,但此一解释的可适用范围实不能被过度夸大与简化,最明显的是无法有效以"官方授意"来解释,何以即使完成剿共,并独立建国后,达摩难陀数十年来仍然对华人传教未息。

对此的可能说明,部分需要串连上文提及达摩难陀所倡议的多元

---

〔1〕 J. Samuels, "Forget not Your Old Country: Absence, Identity and Marginalization in the Practice and Development of Sri Lankan Buddhism in Malaysia", pp. 126 – 127.

〔2〕 陈秋平:《移民与佛教:英殖民时代的槟城佛教》,第 104—105 页。

宗教的交流与合作平台。马来西亚独立后,官方和主流族群以宗教及种族为标准,设定谁是原住民(bumiputena),从而在教育、经济政策及社会福利与权益上,建立日趋严密苛刻的制度化族群歧视,同时为确保马来族的人口优势,开始停止其他族群的移民,使少数族裔身陷不利处境。尤其需要注意的是,华人是少数族裔中的最众者,占当时总人口25%—30%之间,且在城市和港口的工商产业拥有广泛的经济影响力;再来是印度泰米尔人,而兰卡人口甚至远远不及泰米尔人,遑论其他。

独立后,兰卡社群由增长放缓变成逐渐萎缩,兰卡裔在马来半岛亦已定居两代,不可能再回兰卡。所以达摩难陀的宗教服务对象,除了对于在兰卡社群内沿用僧伽罗语外,亦需要以英语越过原有族裔背景,迎向其他族裔的佛教社群,其中最主要的就是华人,尤其是受英语或双语教育的年轻一代华人大专生。从人口上来说,几乎最弱势的兰卡裔社群,因为宗教而拉近与华裔的关系,并肩面对歧视的制度,尤其华裔的经济实力及人口比例,对兰卡裔社群是有力的支持,可以使他们摆脱异常孤立的处境。[1] 时至今日,大马的兰卡寺院与僧团,已由族裔宗教完全转型为甚受华人佛教徒重视的跨族群传统。[2]

在此不妨以达摩难陀等兰卡或缅甸裔僧侣有着重大贡献,一手推动其成立的马来西亚佛教青年总会为例,说明佛教在独立后的政治、宗教及族群环境下,如何成为族裔融合的平台。马佛青成立的早期阶段,达摩难陀等兰卡或南亚裔上座部僧侣所担当的角色之吃重程度,实不下于汉传僧侣,甚而犹有过之(特别在经教知识上)。而且当时马佛青成员在宗教传统、族裔和语言上,都是多元组合,汉传及上座部、中英双语,及华人和其他(如兰卡、缅、泰-暹、印等)族裔,皆长期并存于马佛

〔1〕 J. Samuels, "Forget not Your Old Country: Absence, Identity and Marginalization in the Practice and Development of Sri Lankan Buddhism in Malaysia", pp. 126–127.

〔2〕 Raymond L. M. Lee and Susan E. Ackerman, "The Cauldron of Change: Politics and Religious Organization in Contemporary Malaysia", in R. L. M. Lee and S. E. Ackerman, *Heaven in Transition: Non-Muslim Religious Innovation and Ethnic Identity in Malaysia* Ch. 2 (Honolulu: University of Hawai'i Press, 1988), pp. 48–49.

青，即使时至今日，双语、多族裔、多传统仍然是组织的基本原则。虽然今天其华裔成员所占比例恐怕要高于创会之初，但其自我定位仍然很清楚是佛教组织，而不是华人组织，所以必定对其他佛教传统及族裔持开放态度。

故此，小结言之，若与泰国上座部在大马以高度组织化的模式发挥影响力相比，兰卡僧侣是到达摩难陀的阶段，才近乎单枪匹马地展开活动。他在大马多年，与兰卡的僧团或国家之间，已经没有多大的官方工作联系。即使后来形成组织，那基本上也都是他经营多年后所一手建立，而不像泰国般，是以严密的现成组织和资源，近乎强势地进入大马。

对于马来西亚佛教的暹系和兰卡系上座部僧人的贡献之讨论，存在有趣的反差。前文的剖析说明两系上座部对马来西亚佛教在战后的发展与成长，其贡献可谓各擅胜场。不过，学界的讨论更多是放在泰-暹系上座部，但马来西亚佛教社群，尤其华人，却更多是聚焦在兰卡上座部的关键僧人身上。与此一热忱相比，大马佛教社群对暹系上座部的讨论明显偏少。这很可能只是兰卡以英语为媒介，在跨族群的影响上，较易受到英语或双语良好的现代华人佛教社群所触及，暹系部分仍然以泰-暹语言为主要媒介，除非华人佛教社群循泰-暹语媒体的讨论入手，否则其受宗教社群注目的程度，则会低于兰卡。

然而学界对大马的兰卡上座部之讨论却颇有限，到近年才有专研现代兰卡上座部佛教的人类学者如杰弗里·塞缪尔斯，以对兰卡本土僧团现代发展的理解为知识背景，就马来西亚的兰卡僧团离散（diaspora）群体首度作专文探讨。但另一方面，出于人类学对族群跨境流动和异族杂居现象的关注，时下国际学界对北马泰-暹族群聚落上座部僧团与泰国之间的宗教-教育互动关系，却有相当研究。诸如前文提到的穆罕默德·伊斯梅、欧文·约翰逊、黑田景子及亚历山大·霍斯特曼，及其他如黄蕴（Huang Yun）、萨蒂庞·邦马（Suttiporn Bunmak）、祖里阿·拉沙夏（Zuriati B. M. Rashid），及罗杰·克萧（Roger Kershaw）等，都曾撰文探讨北马的泰-暹上座部问题。

三、马来西亚的缅甸上座部

　　相对于兰卡和泰暹,缅甸上座部在现代马来西亚佛教形成过程中所扮演的角色较少被讨论。缅甸佛教在英国建立殖民统治前,即已随缅甸的海上商贩和渔民,在马来半岛建立据点,今天仍存的槟城缅甸寺院即一明证,与前述兰卡佛教类似,其活动范围长期只限于缅甸人。英治时期的马来亚,随着从缅甸引入工人,亦引入更多缅甸僧侣,大马独立后,缅甸上座部一度转淡。杜温(Daw Win)的文章从历史的角度,以十八世纪初的槟城(Peneng)[1]和十八世纪中的新加坡[2]所建,迄今仍见于原址的两座缅甸上座部建筑为例,说明在英治时期,缅甸僧侣是如何随缅甸的渔民和华商,而先后落脚于马来半岛前述两地。

　　下及二十世纪七十年代,槟城缅甸寺的主持莎也达比丘(Sayadaw U Pannya Vamsa)仍然受缅甸僧团委任,而且他在整个七十年代都与马来西亚最主要的全国性佛教组织之一的马佛青维持密切工作关系,他亦担任该会的宗教导师,并负责佛教考试。[3]

　　内观禅(Vipassana)运动发源于七十年代缅甸,在八十年代由玛哈西(Mahasi)等多个不同教团传入马来西亚,并随着操华语的华裔马来西亚人在这些僧团出家之便而得以在千禧年后,在大马落地生根。[4]不过内观禅运动其实是缅甸佛教在现代处境冲击下的特殊产物,与更

---

　　[1]　据西方的记录,英殖民者在 1786 年掌控槟榔屿(槟城,Peneng),并在 1800 年将之命名为威尔斯王子岛以宣示其对该地的控制权之前,缅甸人已经落脚该地。英殖民者以时维多利亚女皇名义,由东印度公司拨地予暹、缅二族,建立今天尚存的二族上座部寺院。建寺于 1803 年、色彩雅致的缅甸寺(Dhammikarama Burmese Temple)当年就是在英殖民者的资助下建成。这说明,当时缅甸僧侣已经随人口不多的缅甸渔民聚落,而落脚马来亚半岛一段时间,见 Daw Win, "Burmese Theravada Buddhism in Malaysia and Singapore",《第二届马来西亚佛教国际研讨会论文集：多元的传承：马来西亚佛教的实践》,第 97—100 页.

　　[2]　Daw Win, "Burmese Theravada Buddhism in Malaysia and Singapore",《第二届马来西亚佛教国际研讨会论文集》,第 96—98 页。

　　[3]　Daw Win, "Burmese Theravada Buddhism in Malaysia and Singapore",《第二届马来西亚佛教国际研讨会论文集》,第 101 页,是文在此还提及其他多位曾在大马活动的缅甸僧侣。

　　[4]　Daw Win, "Burmese Theravada Buddhism in Malaysia and Singapore",《第二届马来西亚佛教国际研讨会论文集》,第 101—102 页。

早阶段的缅甸上座部其实并不完全相同。[1]

四、三系上座部和华人佛教社群

前数节简单勾勒了大马三系上座部本身的来龙去脉，虽然稍有触及与华人佛教社群的关系，但尚未说明他们在独立之后，如何影响以华人为多数，但又不是只有华人的马来西亚佛教社群，并因而成为塑造当代马来西亚佛教之因素。重点是放在不同传统如何跨越原先的族群界线，进入不同背景的华裔社群，其次不同背景的华裔佛教群体是如何接收不同的上座部，并投身其中，共同塑造当代大马的佛教。所以这当中的关系并非单边主导的，而是双向互动的。上座部改写了华人既有佛教信仰的内容，但华人也以不同方式投身并重塑了不同的上座部。

（一）华人群体的本土化

然而，要讨论大马的不同上座部和华人佛教社群之间的互动，首先需要简单勾勒华人从中国南方闽、粤、琼等地移居马来半岛后，在族群结构上的本土化改变。近代华人大量分批移民马来半岛而有详情可考的，始自十八世纪后期。十九世纪中大英帝国开始经营马来半岛之前，华人的聚落基本上是依籍贯与方言分布，在经济、产业、文化、信仰、教育、身份认同及社会组织上，虽然会因应新环境而有一定变化，但大体仍然维持着原乡的要素。

但当大英帝国的殖民统治于十九世纪中期全面铺开后，英殖民政府结合产业分工和族群分治的政策，形成族群分布的新格局。籍贯与方言的族群传统区分，虽然没有被以经济、专业及教育为主要线索的新格局所完全取代，但在与英国统治及利益关系密切的领域，起码会被新的标准所凌驾。扼言之，在英治格局下，首先是以产业和土地政策，对马来、印度及华人进行一定程度的经济分工：马来人主要维持传统农

---

[1] Erik Braun, *The Birth of Insight: Meditation, Modern Buddhism and Burmese Monk Ledi Sayadaw* (The University of Chicago Press, 2013), pp. 77 – 169.

业,印度人从事商业性质的农业耕作,而华人则在新型的商业都会与港口从事经济工作。[1] 这当然不是说华人都成了都会商人,而是指华裔经济精英在英治马来半岛战略要地的都会与港口皆有其主导的角色。

在这一新布局下,华裔社群在既有的划分之上,形成新的组合。根据在产业链当中所处位置、现代教育,及文化、语言倾向等要素,约略可分为港口、城镇及农村三类华人。港口华人是英治出口经济体系和都市制度下的经济和专业精英,接受良好现代西式教育,主要工作语言是英语或中、英双语,倾向西化,其传统华人的籍贯区分逐渐减弱,方言仅保留在家庭生活中。其次是城镇华人,在主要都会或港口周边或以外地区的城镇,从事产业链中游的工商业,教育以中文为主,语言维持方言和华语,某种程度上维持着较完整的华人风俗和生活方式。第三类是农村华人,分布在最偏远的农村或山地,不同程度与农村马来族或如泰-暹族社群混居,以农业为主,在语言、生活习惯、风俗,乃至衣着上,虽然保留零星华人元素,但已多与马来、泰-暹族群混合,无论西式或中文的正规教育皆基本欠缺。在英治下华人的此一分布,于十九世纪后期逐渐成形,延续成长下及二十世纪五十年代独立前夕。

(二)泰-暹上座部与城乡华人在家众

带着刚才这一背景,回到独立后诸系上座部与华人佛教社群之间的不同关系上。下文依前文泰-暹、兰卡及缅甸之次序讨论其与华人佛教社群的互动。依次首先是泰-暹系上座部。暹系上座部对大马佛教所起的模塑作用,与汉传和兰卡上座部并不相同,因后兰卡是透过著名僧人逐渐建立其影响力,虽然不能以个人色彩视之,不过特定个体的作用则是明显的。但泰-暹系上座部的影响力却不是透过关键的个体而

---

[1] Susan E. Ackerman, "Rebuilding Sacred Worlds: Lay-Oriented Buddhist and Catholic Reformism in Malaysia", *Journal of Social Issues in Southeast Asia* Vol. 8, No. 1, Religious Revivalism in Southeast Asia (Singapore: Institute of Southeast Asian Studies, February 1993), pp. 131 - 133.

展开，而是透过高度组织化的运作来进行，期间没有哪些突出的个体担当关键角色。

北马暹裔上座部的信众当中，华人的角色颇为重要。在北马，暹、华、马三族人口在地理上的分布重叠，是三族混居的地区。当地的华人多马来化，甚至是讲马来语，亦不乏变为操暹语方言等土生的当地农村华人（Cina kampung）。这类华人虽仍维持某些华人风俗，但并不一定对较主流的城镇华人文化身份有强烈认同，不过他们会因为宗教信仰而主动认同暹裔文化。[1]

黑田景子的研究指出，北马吉打州暹裔与华裔之间，在上座部佛教信仰上的僧、俗互动，甚至可以上溯到二十世纪五十年代。战后美、苏两大阵营的冷战（Cold War）把整个东南亚卷进来，成为持续数十年不折不扣的热战，马来亚半岛即为前线之一。剿共过程中，军队曾误毁暹裔村社一些有数百年历史的上座部寺院。此类事件使同属少数民族，亦同为社会草根阶层，且地理上互相杂居的农村暹、华社群形成互助，稍后于暹裔上座部寺院的宗教施-供关系上形成稳定的持续成长。[2]

在这个背景下遂形成地方上座部的暹、华施-供关系：当地华人会对寺院与僧团提供有形和无形的物质资助，例如以低于市场的成本价，将建筑材料售予寺院；又如当地华商信众以其在联邦政府中的政、商人脉或政治影响力，为寺院应对州等地方当局对寺院的压抑。暹系上座部寺院则会以邀请华人施主参与寺院护法委员会，并将汉传大乘佛教的观音崇拜、寺院建筑特色、节庆舞狮，或大伯公崇拜等华人信仰和民俗元素，整合在暹式上座部寺院空间内，以回馈华人信众，甚至会以选

---

〔1〕 M. Ismail, "Buddhism in a Muslim State: Theravada Practices and Religious Life in Kelantan", pp. 9–12.

〔2〕 K. Kuroda, "The Siamese in Kedah under Nation-state Making", pp. 3–6; K Kuroda, "Malaysian Nation-making and Thai-speaking Buddhists in Kedah", pp. 72–78.

举时的选票和为华人建筑业商提供暹裔人力资源作世间意义的回报。[1]

另一方面,如前文所述,泰国僧团之介入北马暹系上座部的僧团教育与发展,使暹系上座部成为泰国僧团在新、马区域伸展宗教力量的代理人。由曼谷穿过吉兰丹村社、吉隆坡,下及新加坡的佛教运动,使位处北马的暹寺可以和泰国僧团,乃至信仰赞助修建寺庙以累积功德(tambun)的新、马、泰三国城市富实在家众建立稳定而密切的联系。这些在社会上拥有广泛联系和资源的新、马、泰都会信众,多是城市华人,他们会穿过马来亚半岛,到北马偏僻乡野暹寺来安放先人遗骸。所以以新加坡、柔佛州新山等华人商业都会区为枢纽的泰-暹系上座部在家信众和护法的资源,凭借其与北马二州暹寺之间宗教联系所形成的网络,用于栽培吉兰丹等州的暹裔僧团,而这些北马暹寺的方丈及其他僧团精英,长期居于新加坡等都会,以接应北马二州年轻僧侣在泰国完成学习后,前赴城市接受进一步的历练,借助这一网络与运作模式,用于培养大马暹裔僧团的大量青年僧侣。[2] 所以泰-暹系上座部在物质资源上,在早期是透过城镇和农村华人在家众,近年更兼而受到都会华人在家众的大力支持,得以在传播的规模和组织的规格上,取得长足发展。

(三)兰卡上座部和英/双语华人

如前已述,兰卡上座部在大马能够跨过原有的族裔界线,进入华人等其他佛教社群,实乃达摩难陀的贡献,只是前文尚未剖析兰卡上座部是如何改变华人佛教社群的宗教内涵的。不过,在进入该议题前,需要先澄清一个概念。苏珊·阿克曼(Susan E. Ackerman)长期从事马来西亚宗教的社会学研究,撰有系列论文处理诸多议题。阿克曼等学者

---

[1] M. Ismail, "Buddhism in a Muslim State: Theravada Practices and Religious Life in Kelantan", pp. 9 – 12.

[2] A Horstmann, "Deconstructing Citizenship from the Border: Dual Ethnic Minorities and the Local Reworking of Citizenship at the Thailand-Malaysian Border", *Centering the Margins*, pp. 166 – 168.

多有采用"理性化"（rationalization）一词，[1] 指涉诸如前述马来西亚在独立后，随着达摩难陀等兼受良好僧（传统）、俗（现代）教育的学僧在现代的脉络下，将过去通常只授予僧团学僧一类宗教专业知识群体的传统佛教经院学问（Buddhist Scholasticism），即阿毗达磨（Abhidharma），授予信仰社群当中受教育的在家众，以满足其宗教信行在知识及智思上的需要，并使其兼而成为宗教经院知识的承载体。而且，这亦并非马来西亚佛教的特有现象，缅甸上座部早在二十世纪初期，即已经出现阿毗达磨论书的经院式义理研习，应从僧团的传统的知识垄断状态，向在家众开放的改革要求。[2]

这一转变前、后之间的关键，其实无关于"理性化"与否，因为现代西方意义的理性，往往预设了由宗教转变为世俗的意思。但即使这些论者亦承认，他们口中的"理性"其实仍然与宗教信仰、宇宙论叙事、禅修体验，甚至是某种意义上的超自然信仰、祈求灵验及巫术并行不悖，[3] 因此即使透过重新强调经院学问的学习，来推动马来西亚的佛教复兴与改革，与灵验（Charisma）元素也并非不相容。[4]

对受过良好教育的现代佛教在家众而言，戒行与慈悲的伦理持守、身心实践的体验、对最终觉悟和解脱的信愿，乃至宗教当中偶尔附带的灵验等，皆需要有教理上的深入阐释，所以教理的智性思考与宗教信行之间，并不必然相斥；教徒对释义的智性需求，仍然是宗教的，而非世俗的。[5] 故此在现代脉络下，当把宗教教理或经院学知识授予在家众之际，其主要的转变不在内容，而是把在家众也纳入这类知识的持有者

〔1〕 S. Ackerman, "Rebuilding Sacred Worlds: Lay-Oriented Buddhist and Catholic Reformism in Malaysia", pp. 133 – 134, 138, 144.

〔2〕 E. Braun, *The Birth of Insight: Meditation, Modern Buddhism and Burmese Monk Ledi Sayadaw*, pp. 45 – 120.

〔3〕 Raymond L. M. Lee, "The Globalization of Religious Markets: International Innovations, Malaysian Consumption", *Social Issues in Southeast Asia* Vol. 8, No. 1, Hans-Dieter Evers (ed.), *Special Focus: Religious Revivalism in Southeast Asia* (Institute of Southeast Studies, Feb, 1993), pp. 44 – 45.

〔4〕 R. Lee and S. Ackerman, "In Search of Nirvana", in *Sacred Tension*, pp. 60 – 61.

〔5〕 R. Lee and S. Ackerman, "In Search of Nirvana", in *Sacred Tension*, pp. 80 – 82.

范围。所以与其说是宗教的"理性化",倒不如说是在家众宗教信仰的"知识化",或传统宗教经典义理知识的学习向在家众开放。

在二十世纪五十年代之前,马来亚的华人佛教不单与各种华人民间信仰混杂一体,从而使佛教徒的宗教身份及其社群皆界线含糊不清,且无论僧、俗,皆不重视经教。对于这种现象,虽然早在二十世纪二十年代的槟城,上座部背景的僧人就开始呼吁佛教应该透过对教义的理性诠释和教习,除去神秘色彩,与华人民间宗教的"迷信"成分分割,同时应该透过教义的学习,刻意划出佛教徒身份的明确标准,但一直到六十年代达摩难陀定居吉隆坡后,才有机会慢慢落实这种需求。[1]

如前已述,由于兰卡技工的教育程度还是比构成华人主要人口的草根劳工阶层为高,所以像达摩难陀等兰卡僧侣的佛教经教义理的知识水平及英语能力,皆优于当时的大部分汉传僧侣,并能够在佛教的经教与解行上,与当时受英语教育、专业及中产的年轻一代华人佛教徒相契合。因为后者的知识和职业等世间背景,使他们在宗教的解行及知识品质上,产生了比上一代人更高的需求。[2] 他们对经教义理的需要之增加,也代表着对宗教践行的智性成分之期待明显成长。

达摩难陀等学僧所推动的一般在家信众以学习传统论书义理之智性途径来支撑信愿和学佛,兰卡上座部的确是重要的推进因素。李雷蒙等认为,这是兰卡上座部带给新、马佛教的重大影响。[3] 他们在年轻一代在家众的教理需求上,接手了当时大马佛教的汉传僧侣所无力胜任的工作。虽然阿毗达磨论书的经院学本来应该是僧侣分内的知识,但与上座部僧侣不同,当时的汉传僧侣多不通此,所以为避免造成汉传僧侣尴尬,华人在家众被提醒,不要向僧侣请教有关阿毗达磨的

---

〔1〕 R. Lee and S. Ackerman, "In Search of Nirvana", in *Sacred Tension*, pp. 62 – 63, 68.

〔2〕 R. Lee and S. Ackerman, "In Search of Nirvana", in *Sacred Tension*, p. 80.

〔3〕 R. Lee and S. Ackerman, "In Search of Nirvana", in *Sacred Tension*, pp. 80 – 82.

问题。[1]

只是在广义的华文学界，尤其中国学术界的佛教学者，因为欠缺现代语言能力、自视大乘和汉传佛教源头之偏见，及对宗教研究（Religious Studies）作为人文学科（Humanities）一环的学术专业态度的不足，让他们普遍没有心力严肃正视马来西亚的教界与学人因前述原因而更重视以英语传入的兰卡上座部传统，是以并非这些中国学者所武断认为的，马来西亚佛教普遍"不通义理"。

需要注意的是，兰卡上座部在大马佛教的知识践行上，在当年确是原动者，迄今仍然是最重要的推动者，但却并非唯一的传统。佛教的其他传统在兰卡上座部所开出的这一道路上，也陆续加入，包括缅甸上座部、藏传及汉传等，在不同阶段，皆有不同程度的参与，以进一步推进在家佛教社群的宗教知识实践。首先是缅系上座部的内观禅（vipassana，毗钵舍那或慧观）和林间苦行（duthanga）在二十世纪七八十年代传入新、马，甚受有良好教育的阶层欢迎，视此为将阿毗达磨的经院知识付诸实行，因为在构成佛教完整禅修的止-观（或定-慧）之间，慧或观才是佛教禅修的关键成分，而慧是必须以阿毗达磨式的经院义理为基础与条件，这代表着佛教的智思践行。[2]

其次是以大乘论书为据的汉传义学，如汉传唯识、因明等，1945 年由慈航法师（1893—1954）开始，[3]之后有竺摩法师在 1953 年[4]讲授于槟城菩提学院。达摩难陀则是 1952 年抵马后数年，才开始有上座部义的传弘，比慈航晚上近 10 年。不过二者的效果并非等量齐观。上座部义学探讨的生根，最早可上及二十世纪七十年代，及后相继迄今，

---

〔1〕 S. Ackerman, "Rebuilding Sacred Worlds: Lay-Oriented Buddhist and Catholic Reformism in Malaysia", pp. 143 – 147.

〔2〕 R. Lee and S. Ackerman, "In Search of Nirvana", in *Sacred Tension*, pp. 76 – 77.

〔3〕 阚正宗：《慈航法师在南洋的人间佛教事业：以槟城、新加坡菩提学校为中心》，香港中文大学人间佛教研究中心等：《"人间佛教在东亚与东南亚的开展"国际学术研讨会论文集》，2015 年 11 月 14—15 日，第 99—110 页。

〔4〕 陈美华：《个人、历史与宗教：竺摩法师与马来西亚人间佛教》（未刊稿 2016 年），第 13 页。

大马华裔僧、俗学者渐渐见闻于国际佛教研究者,主要是从事梵、巴语言的经、教研究。[1] 汉传义学则下及 2000 年之后,才有释长清[2]、陈金辉[3]等从事三论、天台的汉传中观学乃至汉传唯识学[4]的研究,与梵、巴研究对比,起步时间相差 30 年以上。

到目前为止,虽然大马的汉传僧侣稍多于上座部,但从事梵、巴传统经教研究的佛教学者的数量,仍然明显多于研究汉传者。汉传佛教在义理的层面,无论是佛教的僧、俗知识社群或学界,被接纳的程度及其影响力,仍然不如上座部。当然,在宗教全球化背景下,来自南亚海外藏传佛教传入马来西亚,其中以学问见称的格鲁派,[5]在传统经院学的讲授上,亦加强了马来西亚佛教知识社群对经教或义理知识的重视。[6]

李、阿克曼二氏探讨马来西亚的佛教复兴时还提到另一点,在大马独立后,由于官方公然歧视华人,华人社会强烈不安,使当中经济条件许可的华人考虑移民西方,或起码让子女在西方接受教育,所以二十世纪七八十年代成长的一代大马华人,每多受双语或英语教育,并有海外留学、工作及生活之经验。期间他们遇上西方社会和知识界在吸收佛教时更强调上座部和藏传的经教知识、禅修的专技操作等宗教-知识精英的践行,不只是一味偏向诉诸信仰或体验,当他们带着这种国际视野

---

[1] 如刚刚从香港大学荣休的法光法师(Ven. K. L. Dhammajoti)、法曜法师(Ven. Dhammadipa)、宗玉媺、越建东等。

[2] 释长清著,黄国清译:《吉藏二谛论》(《德妙文库》12),南投:正观出版社,2007 年。此书原乃作者 1998 年在英国布里斯托大学(University of Bristol)的博士论文,以英文出版 Shih Chang-Qing, *The Two Truths in Chinese Buddhism* (*Buddhist Traditions* Vol. 55, Delhi: Motilal Banarsidass Press, 2004)。

[3] 陈金辉:《〈中论〉无我思想之研究》,台湾中国文化大学 1997 年硕士论文;陈金辉:《吉藏与智顗法华思想之比较研究》,台湾中国文化大学 2010 年博士论文。

[4] 释觉明(Chin Choong-shuenn):《〈摄大乘论〉唯识无境之考察》,台湾慈济大学 2014 年硕士论文。

[5] 有关藏传佛教格鲁派经院学从传统的严密制度到学风的观念说明,请见下述二书,不在此冗述:George. B. J. Dreyfus, *The Sound of Two Hands Clapping: the Education of a Tibetan Buddhist Monk* (University of California Press, 2003); Jose I. Cabezon, *Buddhism and Language A Study of Indo-Tibetan Scholasticism* (SUNY Press, 1994)。

[6] R. Lee and S. Ackerman, "In Search of Nirvana", in *Sacred Tension*, pp. 61, 80.

回到大马时，往往滋长出改进大马佛教之设想，并邀请国际著名僧人到马来西亚，以英、中文作双语讲授。[1]

　　大马佛教自二十世纪六十年代开始，由兰卡上座部透过重新提倡经教义理的理解所意图推动的改革，其引发的，已经不限于经教义理上的趋向，而是伸展出几种不同效应。根据李、阿克曼二氏声称，在面对马来西亚的佛教前景时，上座部背景的较多属改革派，对佛教教义与践行的多样性多取正面态度，反之汉传等大乘或密教者则对大马佛教的多元并行有所保留。此外，虽然今天大马佛教在家众主要都是华裔，但英语或中、英双语华人稍多倾向上座部的改革态度，单纯华文的多倾向汉传大乘，并对改革之议多有回避。[2] 虽然笔者个人对李、阿克曼二氏前述立论略有疑虑，因为当二氏以保守和改革来与上座部和汉传或大乘相对比时，指的是这些传统对佛教解行的不同态度，但笔者的田野经验是，当面对的是佛教社群在现代社会中应该如何自处和回应公共议题时，此一按不同传统所作的改革与保守之分，似乎并没有直接的对应关系，笔者甚至听过上座部社群在面对公共议题时更为保守之说。

　　此外，大马佛教革新派对经教知识的重视，部分原因在于这是构成其有别于其他宗教（尤其中国民间宗教）之佛教徒身份的明确标准和边界的最重要因素，而以佛教的经教知识来建构佛教徒社群身份认同的心理标准，与青年佛教徒重视佛教社群及其团体组织在整个现代公民社会中的公共角色，两者其实皆共同涉及运用理性呈现出某种客观样态。[3] 所以其理性兼顾传统与现代、个人内心和社群公共，乃至学理与实践。

　　兰卡上座部透过义理知识对向大马华人佛教徒内涵的重塑，会使他们的部分身份认同或归属感，可以借道大马的诸系上座部佛教发展

---

[1] R. Lee and S. Ackerman, "In Search of Nirvana", in *Sacred Tension*, pp. 60 – 61. 不过对于这一点，有资深的大马佛教者告诉笔者，他不知道李氏等具体指的是谁，对其论点有所保留。

[2] R. Lee and S. Ackerman, "In Search of Nirvana", in *Sacred Tension*, p. 79.

[3] R. Lee and S. Ackerman, "In Search of Nirvana", in *Sacred Tension*, p. 80.

出国际性的伸延与扩大，指向上座部主流系统所身处的南亚及东南亚地区，而不必困在对内只系于岭南籍贯或方言的认同，但对外又指向虚幻的中国想象。[1]

尾声：结论

塞缪尔斯探讨马来西亚的兰卡上座部离散（diaspora）僧团时，曾问：离散是否就必然形单影只、顾影自怜，以怀旧告终，没有积极意义可言？[2]

若以此问题考之于大马的诸系上座部佛教，答案恐怕应该是积极的。首先，由于大马诸系上座部的历史渊源、国际联系及组织隶属各异，不像泰国、缅甸及兰卡本土般，被国家政权统筹及统一指挥，成为标准化的官方佛教系统，所以大马反而呈现出高度的多元与异质状态。[3]

再者，十八世纪以降，东南亚遇上西方国家的殖民扩张，以上座部为主轴文明的多个佛教社会（Buddhist Societies）如兰卡、缅甸等，皆遭挫败而一度沦为西方殖民地，及后当地佛教与僧团皆成为反殖民力量之一，参与炽盛的民族主义。但由于马来西亚社会并非以上座为主轴，其上座部都是外来的，甚至就是搭殖民统治的便车而传进来的，因而虽然经历殖民主义，但他们并没有像缅甸和兰卡上座部僧团般，针对着殖民主义而形成佛教的宗教-民族主义（religious nationalism），及针对政-教分离的世俗化原则，而滋长出强烈排他及反世俗倾向的宗教-原教旨主义。

但另一方面，马来西亚独立前后的二十世纪五十年代，无论是兰卡、泰-暹，甚或汉传的外来佛教，三者在原生国，其实都是面对现代文明的冲击下，经历一定改革的现代佛教。北马暹系和兰卡系上座部的源头，

〔1〕 J. Samuels, "Forget not Your Old Country: Absence, Identity and Marginalization in the Practice and Development of Sri Lankan Buddhism in Malaysia", pp. 126 – 127.

〔2〕 J. Samuels, "Forget not Your Old Country: Absence, Identity and Marginalization in the Practice and Development of Sri Lankan Buddhism in Malaysia", p. 117.

〔3〕 R. Lee and S. Ackerman, "In Search of Nirvana", in *Sacred Tension*, p. 62.

在十九世纪末到二十世纪的不同阶段，皆曾历经现代的洗礼和僧伽教育的改革，而汉传的竺摩等法师也都是民国时期太虚法师的门下。所以虽然各自的改革方式与深度各异，但都并不完全是所谓"传统"佛教。

尤其当考虑到，马来西亚独立后未几已完全终止中国移民，何况二十世纪五十年代开始汉传佛教在中国自顾不暇，[1]遑论支援海外汉传佛教。期间虽然仍与定居台湾的赴台汉传僧侣有一定的宗教联系，但作用毕竟有限。而当地既有的汉传佛教日益难以符合年轻一代华人佛教社群在信愿与解行上对经教义理的知识需要时，上座部无论在经教研习、义理探讨、禅修戒行及系统弘法上，皆带来对典型的汉传佛教而言所罕见的从上座部佛教吸取养分的机缘。

这当中出现了一种罕见于以汉传佛教为主导的其他华人佛教社群之独特现象，即马来西亚无论是英语、华语及闽、粤、客等其他华南方言的华人出家众当中，有相当数量其实是在泰-暹、兰卡或缅甸的上座部出家，尤以前二者为普遍。早在三四十年代，跨传统的美裔上座部僧人苏曼伽罗（Sumangalo，1903—1963）即曾以英语从教理学习、禅修等方面大力推动马来亚华裔佛教徒吸纳上座部，及后到四五十年代，大力推动可以紧密整合华裔和南亚裔社群的佛教组织，这成为后来马佛青（YBAM）一类现代佛教组织的前身。[2]

虽然大马佛教的这种整合目前仍然在进行中，但自从苏曼伽罗始倡，达摩难陀以其一生的心血数十年来的推动，这明显已成为当地佛教的独特现象。时下大马佛教已有不少随暹、缅二系出家，并在教导禅修与传教方面各具贡献的华人上座部僧侣。缅甸马哈希内观禅（Mahasi）固然在二十世纪八十年代即透过暹系上座部道场[3]传入大马，在缅甸上座部出家的有舍弃我禅师（Sujivo，1950— ）、阿格祇多尊者

---

〔1〕　参见学愚：《中国佛教的社会主义改造》，香港中文大学出版社，2015年。
〔2〕　R. Lee and S. Ackerman, "In Search of Nirvana", in *Sacred Tension*, pp. 63–67.
〔3〕　槟城青草巷泰国庙/马来西亚佛教坐禅中心（Jalan Masjid Negeri, Malaysian Buddhist Meditation Centre）。

(Bhante Aggacitta)〔1〕等。在泰-暹系上座部出家的有海比丘〔2〕、永觉比丘(Ajahn Cagino)〔3〕、法僧比丘(Dhammavaro Bhikkhu)〔4〕及平育司罗(Piyasilo)〔5〕等。而随兰卡系出家或学习的大马华人,不少日后是专事佛教学术工作,如香港大学荣休教授法光法师(Ven. K. L. Dhammajoti)。这似乎也间接呼应于前述在更早的阶段,暹系上座部在农村华人(乃至稍后与都会华人)发展,而兰卡上座部在受过大学教育的英语华人之间传播。

最后,其实无论对汉传佛教的主流传统,或是泰-暹、兰卡或缅甸三系上座部而言,马来西亚在地缘上都是处于与之相对的边缘位置上,因而这四系佛教在某种意义上其实都是塞缪尔斯所谓的离散(diaspora)群体。然而,正是这种边缘和离散的处境,反而有更大的开放性,让以大乘自许的汉传和以直承佛陀"原旨"自许的上座部,在以"小乘"和"大乘非佛说"互斥的情景之外,另行开展对话与融合的空间。假以时日,在这熔炉中,马来西亚也许可以逐渐发展出吸纳诸系上座部所提供的养分,既成长出笔者另文所说的"南方汉传佛教",而同时又成为南亚及东南亚诸系上座部理解汉传佛教的渠道。

---

〔1〕 阿格祇多尊者(Bhante Aggacitta),在太平的护法苑(Sasanarakha Buddhist Sanctuaty)专事上座部僧伽教育。
〔2〕 海比丘,曾在八十年代数度公开批判汉传大乘佛教,在教界引起极度不满,后由达摩难陀劝谕而转低调,只重相应部。
〔3〕 永觉比丘(Ajahn Cagino),出家前为名摄影师,喜头陀行,先依文建长老出家,后舍戒赴泰国依阿姜曼(Ajahn Mun, 1870—1949)系统出家五年后,转依阿姜查(Ajahn Chah, 1918—1992)系统。忧心于泰国森林减少,在行脚时拍摄珍贵照片,并在泰北创立一座孤儿院,亦常回马指导禅修。
〔4〕 法僧比丘(Dhammavaro Bhikkhu)著有《解脱正道:三十七菩提分法》(台北:佛陀教育基金会,2007 年)。
〔5〕 在家时名为陈明信(Piya Beng Sin Tan, 1949—)的著名佛教作者,R. Lee and S. Ackerman, "In Search of Nirvana", in *Sacred Tension*, pp. 63‑67.

那体慧支谦译经研究述评

李周渊

（中山大学）

一、引　　言

支谦是三国时的佛经翻译家，他所翻译的经典内容广博，涉及净土、密教、般若乃至佛陀传记等。支谦的译经上承支娄迦谶、康孟详，下启康僧会、鸠摩罗什，在译经史上有重要的地位。西方学者那体慧（Jan Nattier）是研究支谦译经的主要学者，不仅作品数量多，学术水平也高，是一座无法回避的高峰。因此，在研究支谦译经的时候，只有充分理解那体慧的学术成果，才能在她的基础上为学界做出更多贡献。

二、现有的评价

新加坡佛学院的纪赟为华语学界介绍了多篇那体慧的文章，不仅有翻译，也有评价与反思。[1] 纪赟翻译了那体慧的几篇文章，并结集成书，题为《汉文佛教文献研究》（那体慧 2018）。纪赟在此书前撰写了一篇序言，介绍那体慧的学习经历、研究成果以及研究特色。他指出，那体慧的一大成果是"对支谦译经师地位的质疑"：

那氏提出：像支谦这样一位以改编前人的翻译为主，虽然有

---

[1] 比如纪赟（2012，2013，2015）。

时也参考原始经典,但其汉语能力却远远高于印度原语的能力,从而导致"原创性"不足的译师到底算不算译师? 他的某些译作到底算不算译作? 那氏对支谦的译经师地位及其译作的这一质疑,是深入研究佛教典籍的汉译史的一个不可回避的问题。[1]

此外,他认为那体慧的研究特色有三点,分别是:"(1) 跨语种研究;(2) 注重理论的总结与运用;(3) 风格细腻、视野宏阔。"[2]

可以看到,纪赟对那体慧的研究情况有了较为直观的介绍。需要指出的是,可能是囿于序言的体例,纪赟并没有对那体慧的研究情况做具体的分析,而且或许是为了突出重点,对那体慧的研究成果也有一定的取舍。

举例来说,纪赟指出那体慧的一大成果是"对支谦译经师地位的质疑",[3]但事实上,远在东晋,支愍度的《合〈首楞严经〉记》就已经指出,支谦有可能会改动、修饰后汉支娄迦谶的作品。[4] 现代学者中,对支谦修订前人译作的现象,也多有论述。许里和(1998:68—69)就指出支谦会对当时存在的译经做修订,比如节选支娄迦谶的《首楞严三昧经》,重译支娄迦谶的《道行般若经》,增订维祇难的《法句经》,修改康孟详的《修行本起经》;丘山新(1980:735)提出了《阿弥陀三耶三佛萨楼佛檀过度人道经》是"支谶原译,支谦改译"的说法;[5]Matsuda(1988:484—485)指出支谦的《太子瑞应本起经》很可能是将前代译经拼凑起来的成果;Harrison(1998:557)以及 Harrison、Matsuda 和 Hartmann(2002:180)提出《无量清净平等觉经》乃支谦的作品,且是修订支娄迦谶之《阿弥陀三耶三佛萨楼佛檀过度人道经》而

---

〔1〕 见纪赟(2018:7)。

〔2〕 参见纪赟(2018:8—9)。

〔3〕 类似的讨论还可以参看纪赟(2016:73—75),这篇文章在讨论疑伪经问题时,引用那体慧(2003)、那体慧(2010)两篇文章,来讨论如何界定"支谦的翻译"这个问题。

〔4〕 《出三藏记集》卷七《合〈首楞严经〉记》:"然此首楞严自有小不同,辞有丰约,文有晋胡。较而寻之,要不足以为异人别出也。恐是越嫌谶所译者辞质多胡音,异者删而定之,其所同者述而不改。二家各有记录耳。"(CBETA, T55, no. 2145, p. 49, b2 - 6)

〔5〕 需要说明的是,六年之后,丘山新(1986)就不再提"支谶原译,支谦改译"的说法了,他主张此经乃支谦所译。

成的作品。[1] 以上学者均不同程度指出了支谦的修订情况。也就是说,与前人的研究相比,那体慧主要的成果恐怕不是"对支谦译经师地位的质疑"。以下先简要介绍那体慧的主要研究内容,最后对那体慧的成果做出评价。

三、那体慧的主要研究成果

(一) 主要论著

那体慧的论著中,与支谦译经关系比较密切的,有十二种,如下所示:[2]

＊2001 Water, Water, Everywhere (1): An Anomaly in the Translations of Zhi Qian 支谦. Paper presented at the American Oriental Society Annual Meeting, Toronto, Ontario, Canada.[3]

2003 The Ten Epithets of the Buddha in the Translations of Zhi qian 支谦. *Annual Report of The International Research Institute for Advanced Buddhology at Soka Universtiy*, 6, 207 - 250.

2004 The Twelve Divisions of Scriptures(十二部经) in the Earliest Chinese Buddhist Translations. *Annual Report of The International Research Institute for Advanced Buddhology at Soka Universtiy*, 7, 167 - 196.

---

〔1〕 据那体慧(2003:242n121)可知,Harrison 于 1999 年另有"On the Authorship of the Oldest Chinese Translation of the *Larger Sukhāvatī-vyūha-sūtra*"一文,详细说明了自己的论证过程。Harrison 这篇文章发表于瑞士洛桑所举办的"International Association of Buddhist Studies"会议,没有正式出版,我还没有机会看到这篇文章。不过那体慧在同一条脚注中提到,她自己通过词汇与风格的分析,证实了 Harrison 的结论。

〔2〕 截至 2018 年 12 月 3 日,根据 Google Scholar、Cinii 以及那体慧在 Academia. com 上的个人主页,共检得那体慧论著五十五种(含专书、单篇文章)。其中与支谦有关的共十二种,但是有部分是会议论文,并不代表那体慧的最终成果,因此加＊号注明。

〔3〕 那体慧(2007:392)在参考文献中著录了这篇文章,但作者是 Bokenkamp、Stephen R. 与那体慧合著。那体慧(2009:121)在参考文献中的著录略有区别,将这篇文章改成那体慧是单独作者,而 Bokenkamp 名下另有一篇题为"Water, Water, Everywhere (2): H_2O in Chinese Religions"的文章。本文以那体慧(2009:121)为准。

2005 The Proto-History of the Buddhavatamsaka: The *Pusa benye jing* 菩萨本业经 and the *Dousha jing* 兜沙经. *Annual Report of The International Research Institute for Advanced Buddhology at Soka Universtiy*, 8, 323‑360.

∗ 2006a The Abstinence Day Sutra(斋经). Working Draft.

2007a A Reassessment of the dates and translator attributions of the *Laonuren jing* 老女人经(T559) and the *Laomu jing* 老母经(T561). *Annual Report of The International Research Institute for Advanced Buddhology at Soka Universtiy*, 10, 529‑532.

2007b The names of amitābha/amitāyus in early Chinese Buddhist translations (2). *Annual Report of The International Research Institute for Advanced Buddhology at Soka Universtiy*, 10, 359‑394.

2008a *A guide to the earliest Chinese Buddhist translations: texts from the Eastern Han* 东汉 *and Three Kingdoms* 三国 *periods*. Tokyo: International Research Institute for Advanced Buddhology, Soka University.

∗ 2008b Rhymed Verse, Unrhymed Verse, or No Verse at All? Treatments of Indian Poetic Passages in Chinese Buddhist Translations. Paper presented at the American Oriental Society (Western Branch), Portland State University, U. S.

2009 Heaven names in the translations of Zhi Qian. *Annual Report of The International Research Institute for Advanced Buddhology at Soka Universtiy*, 12, 101‑122.

2010 Who produced the *Da mingdu jing* 大明度经 (T225)? A reassessment of the evidence. *Journal of the International Association of Buddhist Studies*, 31(1‑2), 295‑337.

∗ 2016 The *Weimojie jing* 维摩诘经(T474) and the Corpus of Zhi Qian. Paper presented at the 3rd International Conference on the

Vimalakīrti-nirdeśa and East Asian Culture，Foguang University，Yilan，
Taiwan.

从以上论著可以看出，那体慧的成果主要集中在 2000 年至 2010
年之间。以下分"单篇文章"与"专书中的章节"来简要介绍那体慧支
谦译经研究的内容。

（二）单篇文章

单篇文章中，又可以分为两种情况：一种是单一经典的研究，另一
种是以一个切入点来贯穿支谦全部译经的研究。

首先是单一经典的研究。

那体慧（2005）根据支谦译 T281《菩萨本业经》作为参照系，认为
支谶曾经译出过一部完整的《兜沙经》，而这部完整的经后代被拆分
开，变成了现在的 T280《兜沙经》、T282《诸菩萨求佛本业经》、T283《菩
萨十住行道品》三部经典。此外，支谦的《菩萨本业经》在翻译的时候参
考了这部完整的《兜沙经》，但是并没有沿用《兜沙经》中的术语。那体慧
认为，这部完整的《兜沙经》以及支谦所译的《菩萨本业经》是汉地最早的
华严典籍，可以把他们称作"小华严经"（smallar Buddhāvataṃsaka），而借
由将"小华严经"与后期的华严典籍相对比，能够探讨华严思想的演变
过程。[1]

那体慧（2006）[2]介绍了 T87《斋经》的特点以及研究价值，比如
偏好意译，会缩减音译词字数；会用一些本土的宗教术语来翻译，比如
"魂神"。此外，这部经中的一些法数，在内容与顺序上也与巴利本存
在区别。那体慧认为，支谦有意识地对印度原本做了调整以适合中土
的读者。

那体慧（2007a）将 T559《老女人经》与 T561《老母经》进行对比，

---

〔1〕 那体慧（2007）是对那体慧（2005）的延续，将"小华严经"与后期的华严典籍做了
对比。

〔2〕 此文曾在那体慧于 Academia. com 的个人主页上短暂出现过，目前（2018 年 12 月
3 日）已经无法找到。

发现二者大量的文句、术语都一模一样，只有小部分的行文存在区别。那体慧认为，《大正藏》将 T559《老女人经》列为支谦译经而将 T561《老母经》列为失译是错误的。她指出，T559《老女人经》行文较为古老，翻译年代应在支谦以前，而 T561《老母经》则是支谦对前者修订后的产物。

那体慧（2010）重点分析《大明度经》，她沿袭 Lancaster 的观点，将《大明度经》分成 T225A（第一章）以及 T225B（第二至第三十章），然后做了三重对比。首先是将 T225A 与 T225B 分别与支娄迦谶的 T224《道行般若经》对比，其次是将 T225A 的词汇、风格与 T225B 的对比，最后是将 T225A 与 T225B 的词汇、风格各自与支谦的核心译经对比。那体慧的结论是，T225A 正文的作者不是支谦也不是康僧会，具体是谁无从得知；T225A 注释的作者隶属于康僧会领导的吴国团队；T225B 的作者是支谦。

那体慧（2016）主要讨论的是 T474《维摩诘经》的译者问题。完整的文章中，第一部分分析此经是否支谦译作，第二部分分析此经的特点与竺法护译经是否有共通之处。这篇文章只做了第一部分。首先从经录的记载判断，在支谦以前，并没有一个所谓的严佛调本《维摩诘经》。其次以术语为切入点，可以比对此经与《法镜经》以及支谦其他译经的关系。那体慧的结论是，T474《维摩诘经》正是支谦所译，尽管此经有一些后代修订的痕迹。

其次是以一个切入点来贯穿支谦全部译经的研究。

那体慧（2001）这篇文章我没有看到全文，但是网上提供了摘要，[1] 且那体慧（2007b：369）、（2009：109）对此文有过引用，可知此文大概的内容：首先指出了支谦译经中一个反常的现象，即在汉藏梵平行文本没有出现"水"的地方，翻出了"水"；其次从语音演变解释了这些现象的原因，比如混淆元音的长短、辅音的清浊等；接着作者认为

---

〔1〕 https://pdfs. semanticscholar. org/afae/aad0371f71963bd05bcd0015e3759fe5c1e2. pdf.

支谦的这种反常现象是有规律的,是单向的,比如会把梵语 *jāla*(网)误读成 *jala*(水),但是却没有相反的例子。那体慧(2009:109—110)指出,中国文化中常有一些跟"水"有关的意象,比如"太一生水""清水道",因此她认为支谦的误译或许不只是语言的问题,而是来自自身文化背景的有意识的误读。

那体慧(2003)逐一分析了支谦译经中对佛陀的所有不同称号。那体慧指出,支谦翻译的真正情况是,一边参考前代译者的翻译,一边参考印度语言的原本。因此支谦不仅大量承袭了前代译经的成果,而且也有相当数量的自我创造。这些自我创造的术语又可以分为几类:(1)直接仿照原文的形式翻译,比如"善逝"(*sugata*);(2)根据中土人士的理解而归化翻译,比如"真人"(*arhat*);(3)根据中介语言翻译,比如"天中天"(*bhagavat*);(4)根据印度传统中对同一个词的不同理解而翻译,比如"无所着"(*arhat*)。

那体慧(2004)分析的是初期汉译佛经中对传统"十二部经"的记载,主要选用的支谦译经是《般泥洹经》与《私呵昧经》,且穿插使用竺法护译经。文章认为,我们难以用初期汉译佛典的翻译来确定十二部经的原始顺序,因为各部经典之间记载并不一致。但是这或许意味着,即便在印度,十二部经也没有一个固定的顺序。

那体慧(2007b)考察了"阿弥陀""无量""无量寿""无量清净""净"等词在支谦译经中的翻译情况。这是同题文章的第二部分,主要是以初期汉译佛经中的记载为材料,来探讨"阿弥陀佛"的原语问题。

那体慧(2008b)分析的是初期汉译佛典的偈颂。印度语系文本,很多是以偈颂的形式表达,但是汉译者在面对这些偈颂的时候,要如何让读者知道印度原本是韵文的形式呢?那体慧通过初期汉译佛典,考察了偈颂翻译的几种形式:(1)翻成没有韵律的偈颂;(2)翻成有韵律的偈颂;(3)翻成长行。在以支谦为例做考察的时候,作者认为,支谦会将印度语系文本中的偈颂如实翻成偈颂,而不是长行。此外,作者在齐藤隆信的基础上指出,支谦独创的那些六言偈颂很有可能是押韵的。

那体慧(2009)列举出支谦译经中对诸天名号的翻译,将其中支谦独创的术语与对应的梵语相比较,分析二者的落差,最后总结出几点结论:(1)支谦的术语反映了他所接触的原语很可能是某种印度俗语;(2)支谦的翻译反映了中土人士对一些佛教术语的理解;(3)支谦的翻译反映了一些与传统不一致的解释,这些解释很可能是来自某种失落的印度传统;(4)支谦与众不同的翻译方式提醒我们,要足够谨慎,不要轻易把某些特殊的现象当成是误译。

(三)专书中的章节

以上是对那体慧单篇文章的介绍,事实上,那体慧关于支谦译经最完整、最全面的描述,收于 2008 年所出版的 *A guide to the earliest Chinese Buddhist translations: texts from the Eastern Han* 东汉 *and Three Kingdoms* 三国 *periods* 一书中。此书是后汉三国译经研究的重要著作,[1]大量介绍了学界的现有成果,可以说是一份详细的阅读指南以及入门工具书。

全书正文共 168 页,关于支谦的部分就有 33 页(116—148),其中最精华的内容主要体现在三个部分,分别是:"翻译的风格"(Translation style, 118—121);"可靠的文本"(Authentic texts, 121—145);"风格的变化"(Stylistic variations, 146—148)。以下主要介绍这三个部分中那体慧自己的考察与发现。

1. 翻译的风格

那体慧对支谦译经风格的描述,可以归结为五点。

第一是性质,大量修订前人的译作。那体慧认为支谦有大量的作品不是直接翻译自原典,而是对其他人所翻译经典的修订。她甚至认为,支谦在创作某些作品的时候,可能都没有看过真正的印度语系文

---

〔1〕 此书仅 Google scholar 所收录的被引次数,就高达一百次: https://scholar.google.com. tw/scholar? hl = zh-TW&as _ sdt = 0% 2C5&q = A + Guide + to + the + Earliest + Chinese + Buddhist+Translations&btnG = (2018 年 12 月 9 日)。当然,网站上所收录的引用次数并不全面,这一百次大多以英文的期刊论文为主。

本。(118)

第二是表达,会使用多样化的译词。那体慧认为支谦的译词多样化,比如对应梵语的 *arhat* 就有至少八种不同的翻译方式。原因有二:一是因为支谦的很多作品是对前人的修订,或许保留了前人的翻译;二是个人偏好使然,比如即便对于同一个文本,有时候也会有一词多译的现象。这说明多样化的译词不只是来自修订,或许也来自支谦自身的偏好。(118—119)

第三是句式,会使用四字格。那体慧认为支谦在句式的使用方面存在两种情况:第一种情况高度类似于支娄迦谶,很可能是翻译生涯早期;第二种情况和支谶有明显的不同,偏好四字格,很可能是支谦比较成熟的风格。(119)

第四是偈颂,大部分是五言偈,且首创了六言偈。那体慧指出,支谦译经中大部分是五言偈,也有广泛的六言偈,而在拥有可靠断代的佛典中,正是在支谦译经中第一次出现六言偈。[1] 此外,还有部分佛典出现了七言偈,比如《太子瑞应本起经》和《维摩诘经》。(119—120)

第五是词汇,音译词多沿袭前人,而意译词多有误译。那体慧指出,支谦译经中,特别是那些"类支谶"(lokakṣema-like)的译经中,有相当数量的音译词,而这些音译词很可能是沿袭自前代的译经。至于意译词,那体慧认为支谦在"后支谶时期"(post-lokakṣema period)的译经中面对名号以及佛教术语时,更偏好用意译而不是音译。这些意译词有的是沿袭的,比如来自《法镜经》《中本起经》,也有一部分是支谦自创的,而这些自创的词语,有相当一部分很可能是误译。那体慧由此对支谦的语言能力产生质疑。(120)

2. 可靠的文本

本节可以分为两个部分:第一个部分是以外部证据和内部证据来推断支谦的可靠文本;第二部分是逐一讨论每部译经的研究现状以及

---

〔1〕 对那体慧这个观点的回应,参见苏锦坤(2015:73—77)。

可能的问题点。

(1)第一部分:可靠文本的判定

第一部分中首先指出,前代学者的共识是,在《大正藏》的四十四部经典中,可靠的支谦译经是二十三部。此外,根据前人的研究成果,认为僧祐中还著录了两部经典,但是在藏经中却没有判定为支谦译作,分别是《般泥洹经》《法句经》。那体慧指出,以僧祐的目录为基础来讨论支谦的译经数量,只是一个开始。因此,她接下来是以外部证据和内部证据来继续讨论译经的数量。(121—122)

关于外部证据,那体慧重点讨论了三种材料。

第一种是《出三藏记集》、《高僧传》中的《支谦传》,据此可知僧祐所认定的最可靠的支谦译经是:《般泥洹经》《太子瑞应本起经》《法句经》《维摩诘经》。第二种是《出三藏记集》中的三篇经序,据此可知支谦译经中应有《法句经》《首楞严经》《维摩诘经》。第三种是《出三藏记集》中对六部经典的注释,此六部经典乃僧祐在道安之后新收,分别是《赖吒和罗经》《龙施女经》《首楞严经》《法镜经》《鹿子经》《十二门大方等经》。那体慧认为我们对这六部经典的可靠性应该小心。(122—124)

此中应该注意的是,那体慧指出,在某些典籍中,支谦与支谶的名字有相混的情况。[1] 事实上,那体慧即认为现存《大正藏》中将《阿弥陀三耶三佛萨楼佛檀过度人道经》的译者归为支谦而不是支谶,很可能就是因为史料记载中弄混了二者的名字。(124)

关于内部证据,那体慧主要谈的还是支谦的翻译风格。

她首先指出支谦和安世高、支娄迦谶不一样,支谦的翻译风格不统一,既有类似于支娄迦谶的风格,也有类似于安玄的风格。此外,目前

---

〔1〕 那体慧引用的材料是《高僧传》与《出三藏记集》。《高僧传》正作"支谶":"初汉桓灵之世有支谶,译出众经。"(CBETA, T50, no. 2059, p. 325, a19 - 20)但是《出三藏记集》误作"支谦":"初桓灵世间,支谦译出法典。"(CBETA, T55, no. 2145, p. 97, b23 - 24)需要说明的是,这条引文中,《出三藏记集》之宋元明本正作"支谶"。

没有证据表明支谦有一个译经团队,也没有证据表明支谦有翻译助手。目前所见,记载支谦翻译过程的唯一的材料是《法句经序》,但《法句经序》中也只是说支谦增补、修订前人的工作,并没有提到他的助手。那体慧认为支谦风格的变化或许可以从他个人的翻译时间和翻译地点来解释。(125—126)

通过外部证据、内部证据的判定,那体慧(2008:177—178)列出了她所认可的支谦核心译经,共二十四部:T6《般泥洹经》、T54《释摩男本四子经》、T68《赖咤和罗经》、T76《梵摩渝经》、T87《斋经》、T169《月明菩萨经》、T185《太子瑞应本起经》、T198《义足经》、T210《法句经》、T225B《大明度经》、T281《菩萨本业经》、T361《无量清净平等觉经》、T474《维摩诘经》、T493《阿难四事经》、T532《私呵昧经》、T533《差摩竭经》、T556《七女经》、T557《龙施女经》、T561《老母经》、T581《八师经》、T632《慧印三昧经》、T735A《四愿经》、T790《孛经抄》、T1011《无量门微密持经》)。

(2)第二部分:可靠文本逐一解析

此部分是全文的核心,共 20 页(126—145),按照"阿含""本生""教理偈颂""佛传""大乘经"的顺序逐一讨论每部经典。

此一部分,其实是按照一定的模式来作分析。首先是介绍前人的研究,也介绍自己在单篇文章中的研究成果。其次是介绍可供对比的材料,比如同本异译、对应的梵巴藏本以及后人的引用情况。最后是描述该经的主要风格,比如词汇方面是否用了本土的宗教术语,句式方面是否整齐、是否用了四字格,偈颂方面字数是四言、五言还是六言,术语方面是偏好音译还是意译。

试以《菩萨本业经》的例子做说明。那体慧首先介绍了众多研究华严的论著中,提到支谦译本的几篇文章,然后那体慧(2005)指出根据《菩萨本业经》可以复原支娄迦谶《兜沙经》的完整面貌。其次,那体慧认为支谦译本和支谶译本可能有不同的原典来源,且支谦译本在一些伪经以及道教的《灵宝经》中有引用的例子,可见其影响。最后,她

指出此经偏好意译而不是音译,而且会有意识地缩略固有名词的字数,以达成句式上的整齐。(138)

本节对每部译经都做了简明扼要的描述,指出了支谦译经的特点、研究现状以及可能的问题点。

3. 风格的变化

通过前两节的描述,读者可以看得出来,支谦译经的风格并不统一,很难对支谦的译经一概而论。

本节将前文的长篇描述做了一个高屋建瓴的总结,不仅分析了现象,也解释了原因,甚至提出了一种很有说服力的假设。

首先,关于现象。

那体慧指出,支谦的一个显著特征是术语的使用上以及风格的表现上很多样化。那体慧认为支谦的风格有两种情况:第一种情况是类似于支谶,多音译词,多长而曲折的句子,且缺乏文采或缺乏文言特征;第二种类似于安玄,多意译词,且许多表述借自安玄、严佛调所译《法镜经》。此外,句式使用上也不一致,有的使用整齐的四字格,有的却毫无规律。偈颂也不统一,既有五言偈、六言偈,甚至还有七言偈,而且这些偈颂也是有的押韵,有的不押韵。(146)

其次,关于原因。

那体慧认为有两个原因造成了支谦风格的不统一:第一,支谦惯于沿袭前人的表述,而且他的一些作品有时候是对前人的修订,因此支谦的译经中保留了前代译者的不同风格。第二,支谦曾经由北往南移动过,他在北方隶属于支娄迦谶所建立的团队,在南方才华受到赏识,成为太子的老师,有了新环境之后很可能会改变翻译风格。

那体慧认为,如果是第一个原因的话,则支谦译经的风格简直无章可循,因为我们并不清楚他到底沿袭了哪些人的作品。但是,如果聚焦在某些特定元素中,则可以发现一些支谦译经的规律。这个特定的元素就是支谦独创的六言偈颂。那体慧指出,六言偈只出现在"类支谶"

经典以及中间状态[1]的经典,而"类安玄"的经典中,几乎都没有出现六言偈。因此,是否有六言偈颂,可以成为划分支谦译经风格的重要标志。(146—147)

最后,关于猜想。

那体慧提出了一种可能性,她认为支谦译经可以分为两个时期。

第一个时期在北方,风格类似支娄迦谶,比较质朴。这一时期用了比较多的音译词,且使用了六言偈,而这种六言偈很可能就是在洛阳开始流行的形式,因此支谦修订的译作以及独立翻译的译作,都包含了六言偈。这个时期的经典主要有:T54《释摩男本四子经》、T68《赖咤和罗经》、T361《无量清净平等觉经》、T169《月明菩萨经》、T198《义足经》、T533《差摩竭经》、T556《七女经》、T557《龙施女经》、T632《慧印三昧经》、T790《孛经抄》。

第一个时期之后,第二个时期以前,支谦开始采用意译词,但是还没有开始采用安玄、严佛调所独创的词汇。这个过渡阶段的经典是:T6《般泥洹经》、T185《太子瑞应本起经》。

第二个时期在南方,风格类似安玄、严佛调,比较文雅。这一时期偏向用意译词,而且几乎没有六言偈。此外,大量使用四字格,而且多次使用了本土的宗教术语。这个时期的译作受到了《法镜经》的强烈影响。这个时期的经典主要有:T76《梵摩渝经》、T87《斋经》、T225B《大明度经》、T281《菩萨本业经》、T474《维摩诘经》、T493《阿难四事经》、T532《私呵昧经》、T581《八师经》、T1011《无量门微密持经》。[2]

总之,那体慧认为,支谦从洛阳到吴国的地点变化,也造成了翻译风格的变化。(147—148)

---

〔1〕 所谓"中间状态",指的是既有音译也有意译,但是没有包含任何安玄、严佛调所独创的术语的情况,参见那体慧(2008a:147)。

〔2〕 那体慧所判定的二十四部核心译经中,还剩下三部没归类。其中T210《法句经》根据《法句经序》是在南方翻译的(参见 CBETA, T04, no. 210, p. 566, c5—6),T735A《四愿经》用了一些明显的本土宗教术语(参见那体慧 2008a:131),这两部经按照那体慧的标准,都可以列入第二时期;T561《老母经》尚不知可以归入哪个时期。

(四) 总结

上面介绍了那体慧关于支谦译经的主要研究,以下从研究方法、研究成果两方面对那体慧的成果做总结。

首先是研究方法。

一方面,那体慧运用了彻底的文本比较方法。

(1) 前后比较:往前与安世高、支娄迦谶、安玄、严佛调、康孟详的译经相比,往后与竺法护、聂道真的译经相比;

(2) 汉梵比较:与其他语言传本作比较;

(3) 外部比较:与同本异译的经典作比较,与有类似段落的经文作比较;

(4) 内部比较:同一文本不同部分之间的相互比较。

另一方面,那体慧在文本比较时选择了明确的切入点——术语。

那体慧所认定的可靠的支谦译经共二十四部,体量相当庞大,如果对每一个层面都做穷尽的比较,显然不合实际。那体慧主要探讨的是支谦译经中的词汇,词汇中,又将主要精力聚焦于术语。当然,以词汇来分析支谦译经,并非那体慧首创,比如香川孝雄(1984)分析《阿弥陀三耶三佛萨楼佛檀过度人道经》,胜崎裕彦(1985)分析《大明度经》等,均是以词汇来判定译者、翻译风格。那体慧的区别在于更加全面、彻底、扎实,而且关注的问题不仅是汉译经典的译者、风格,也关注佛教思想的演变。[1] 因此,那体慧(2003:239)指出,从术语不仅可以看出译者的原典语言,译者本身的宗教观念,甚至有时候会让我们知道某些现在已经失落的印度传统。

事实上,那体慧(2003:208)已经指出以术语研究支谦译经的意义,她认为支谦的译经实质上是早期中国佛教的重要节点,往前来看,

---

[1] 需要注意的是,还有一个技术层面的原因,让那体慧可以在前人的词汇研究上做出突破,那就是汉译佛经的电子化。那体慧(2006b:184)提到,已经有那么多人研究过"阿弥陀"的原语,但还是可以继续研究,其中一个原因就是电子佛典让我们可以快速地检索到大量的信息,获取到很多前人遗漏的材料。她也特别提到了 CBETA 对整个领域的改变。

很多前代译经的术语在支谦的译经中汇流,往后来看,支谦的翻译又对几个世纪的中国佛教产生了影响。因此,对支谦译经中术语的研究,其实不仅仅是在研究支谦的译经,而是在研究中国佛教历史中一开始的几个世纪,那些最优秀的思想家如何理解佛经经义的问题。[1]

那体慧通过对术语的讨论,串联起了支谦的全部经典,也串联起了与支谦有关的前代经典、后代经典。因此,她从术语出发,化繁为简,既可以分析支谦错综复杂的文献关系,又可以分析支谦译经对印度佛教的接受以及对汉传佛教的影响。

其次是研究成果。

前代学者普遍认为,支谦是中国人,他的译经风格文雅、简略,好用意译词而不是用音译词。[2] 那体慧指出,其实支谦的译经风格并不统一,既有辞旨文雅、偏好意译词的译经,也有行文质朴、偏好音译词的译经。[3] 那体慧不仅指出了这个复杂的现象,也尝试着分析原因,比如上文提到的支谦会修订前人译作,支谦自己偏好多样化风格等。最重要的是,那体慧提出了一个行之有效的分期理论。

那体慧以支谦南渡为分界点,做了分期:前期译经在北方,作品比较质朴,多用音译词,文句长而曲折,这时候的风格类似支娄迦谶;后期译经在南方,作品比较文雅,多用音译词,文句整齐精致,这时候的风格类似于安玄、严佛调。那体慧创造性地把支谦译经风格的变化和时间、空间的变化联系起来,将错综复杂的文献做了清清楚楚的区分。

---

[1] 那体慧(2003:208):To examine the terminology used by Zhi Qian is thus not merely to analyze the work of a single translator, but to confront questions of meaning that engaged some of the finest thinkers in China over the course of the first several centuries of Chinese Buddhist history.

[2] 古代记载,比如《出三藏记集》中《支谦传》的描述:"曲得圣义辞旨文雅。"(CBETA, T55, no. 2145, p. 97, c11-12)《出三藏记集》中支愍度的《合〈首楞严经〉记》:"越才学深彻,内外备通,以季世尚文时好简略,故其出经颇从文丽,然其属辞析理,文而不越。"(CBETA, T55, no. 2145, p. 49, a25-27)现代评价,比如任继愈(1981:171—172)就认为支谦讲究"文丽简略",而且"用意译取代音译,在支谦那里做得是比较彻底的"。香川孝雄(1984:11—13)认为支谦为了中国人的理解,行文简略,少用音译,而用意译。

[3] 参见那体慧(2008a:118—119)、那体慧(2010:303)。

那体慧的分期理论为我们安顿那些错综复杂的支谦译经,起了重大的作用,否则的话,我们就无法解释支谦的风格为什么会差异那么大。那体慧的这个分期理论是我们进行下一步研究的基础,我们可以补充它,修正它,质疑它,甚至是推翻它,但最起码我们有了开始讨论的基础。[1]

四、对那体慧研究的评价

以上简要介绍了那体慧关于支谦译经的成果。事实上,即便她本人,也认为现在对支谦翻译工作的了解,其实还处在一个比较原始的阶段。[2] 因此,我们对支谦译经的研究有必要继续深化。而在深化之前,则必须先对那体慧的研究做一番检讨,看看哪些可以用来做下一步推论,哪些要谨慎对待,哪些要推倒重做。

(一)那体慧所认定的修订之作

那体慧多次提到了支谦会修订[3]前人的译作,比如那体慧(2003:210)在全文一开始,就提出了支谦译经中有一部分是修订之作,且认为支谦经常沿用或者修饰前人的作品,从而导致了译词风格不一致。那体慧(2008a:118)在总结支谦的翻译风格时,就将支谦的译经直接定性,认为他有大量的作品是修订。

那体慧的这些判定,恐怕有问题。

1. 九部修订经典

那体慧(2008a:177—178)是全书的附录,列出支谦的二十四部核心文本中,有九部属于对前人译作的修订,分别是:T6《般泥洹经》、T185《太子瑞应本起经》、T210《法句经》、T225《大明度经》(第二章至

---

〔1〕 事实上,那体慧(2008a:148)即声明,她所构建出来的这个框架,只是为了给将来的研究指明一种方向,并不是定论。

〔2〕 参见那体慧(2008a:148)。

〔3〕 关于"修订",那体慧(2008a)原文用的是"revise"。描述类似情况的时候,丘山新(1980:735)用的是"改译",辛嶋静志(2016:94)用的是"翻版"。还有其他的表述,比如苏锦坤(2011:95)用的是"改写"。这几个术语大体是指修改、增补前人作品而成为新作品的行为。

第三十章)、T281《菩萨本业经》、T361《无量清净平等觉经》、T561《老母经》、T632《慧印三昧经》、T790《字经抄》。

首先是《太子瑞应本起经》与《菩萨本业经》。

这两部经的判定比照的是后汉康孟详与支娄迦谶的同本异译,但是那体慧(2008a：104—108,135)指出,《太子瑞应本起经》与后汉康孟详《中本起经》《修行本起经》的关系很复杂,很难简单地说谁修订了谁;那体慧(2008a：138)指出,《菩萨本业经》与后汉《兜沙经》的联系其实并不大。

因此,即便在那体慧(2008a)的正文,也没有明确的证据判定《太子瑞应本起经》与《菩萨本业经》是修订之作。[1]

其次是《字经抄》与《慧印三昧经》。

那体慧(2008a：133)指出,《出三藏记集》在"抄经"的分类下提到了《字经抄》,可见僧祐认为这部经是对前人作品的节略;另一方面,那体慧认为,支娄迦谶译经目录下有一部经名为《字本经》,尽管此经现在见不到,但是可以猜测支谦的《字经抄》就是对《字本经》的修订。

那体慧(2008a：83,141)提到,支谦的《慧印三昧经》与支娄迦谶的《般舟三昧经》有一些相似之处,比如这两部经都是在长行选用音译词,在偈颂却用意译词;又比如这两部经都用了很多只在《道行般若经》出现过的词汇。根据这些情况,她认为这两部经很可能是在同一背景下产生出来的。因此,尽管支娄迦谶译经目录下没有类似的经典,但是她猜测支谦的《慧印三昧经》很可能是对支娄迦谶团队中某部译经的修订。

事实上,我们可以看到,《出三藏记集》说的是,《字经抄》"约写胡本",而后人不加考量,随意地节略前人的译经。因此《出三藏记集》并

---

〔1〕 那体慧(2003：237n115)认为,《太子瑞应本起经》是支谦修订后汉康孟祥《中本起经》《修行本起经》而成的作品,《菩萨本业经》是支谦参考了支娄迦谶的《兜沙经》而成的作品。很显然,那体慧(2008a)修正了这些看法。

没有将《孛经抄》列入"抄经"的分类中。[1] 其实，《孛经抄》《慧印三昧经》在前代译经中并没有可资比对的同本异译。也就是说，那体慧判定这两部经是修订之作，完全基于猜测。

最后是《般泥洹经》与《无量清净平等觉经》。

那体慧（2008a：127—128）认为，支谦的 T6《般泥洹经》与译者不确定的 T5《般泥洹经》关系密切，二者可能都是对某部失传经典的修订。很明显，那体慧的这个判定也是没有实际证据的猜测。事实上，Park（2010：365）即认为，T5《般泥洹经》很可能才是支谦的作品，而 T6《般泥洹经》则是后人所作。

另外，那体慧（2008a：139）根据 Harrison（1999）认为《无量清净平等觉经》是支谦的译作，而《阿弥陀三耶三佛萨楼佛檀过度人道经》则是后汉支娄迦谶的译作。事实上，历代经录中，支谦的译经目录下只有《阿弥陀三耶三佛萨楼佛檀过度人道经》，并没有《无量清净平等觉经》。释章慧（2006：116—117）、藤田宏达（2007：39—46）逐条论证，认为 Harrison 的观点缺乏足够的证据，他们主张《阿弥陀三耶三佛萨楼佛檀过度人道经》的译者是支谦。

因此，既然译者的归属存在争议，那么是否修订也就无从谈起了。

那体慧所判定的修订之作中，还剩下《法句经》《大明度经》以及《老女人经》。[2] 换言之，二十四部可靠译经中，只有这三部译经是修订之作。如此，那体慧认为支谦大量修订前人译作的观点，不能成立。

那体慧的研究"思维缜密、风格细腻"，[3] 为什么她会主张这样冒

---

〔1〕 《出三藏记集》卷五《新集抄经录》："……及支谦出经，亦有《孛抄》，此并约写胡本，非割断成经也，而后人弗思，肆意剖撮。或棋散众品，或爪剖正文。既使圣言离本，复令学者逐末。"（CBETA，T55，no. 2145，p. 37，c2－6）

〔2〕 《法句经》的判定，那体慧（2008a：134）根据的是外部证据《法句经序》。参见《法句经》卷一所收《法句经序》："昔传此时，有所不解，会将炎来，更从谘问。受此偈辈，复得十三品，并校往古，有所增定，第其品目合为一部三十九篇，大凡偈七百五十二章，庶有补益，共广问焉。"（CBETA，T04，no. 210，p. 566，c22－26）事实上，现今仅存支谦译《法句经》，所以我们无从得知支谦具体的修订情况为何。至于《大明度经》的判定，那体慧（2008a：137）根据的是内部证据，那体慧（2010）有详细的讨论。

〔3〕 见纪赟（2018：9）对那体慧的评价的序言。

险的观点呢? 我认为她很可能在研究中预设了结论,而不是从材料本身来推导出结论。以下试举例说明。

2.《老女人经》与《老母经》

《出三藏记集》记载《老女人经》为支谦所译,而《老母经》则归为失译。那体慧(2007a)却认为,《老母经》才是支谦所译,且是修订前人之《老女人经》而成。[1] 这篇文章首先从三个角度来比较两部译经的区别。

第一是词汇。《老女人经》用了几个比较古老的词,比如"生死""泥犁",而《老母经》用了比较新的词"行""地狱"。此外,《老女人经》用了"发意学道""不肯听(我去)""因是故""鬼神龙天人""老女人"等表述,但这些表述在支谦译经中均无用例,而《老母经》用的是"发菩萨意""不听(我作沙门)""以是故""天龙鬼神""老母",这些表述都可以在支谦译经中找到用例。

第二是文本篇幅。相比《老女人经》,《老母经》有的地方比较精简,比如《老女人经》将"生""老""病""死"重复描述,而《老母经》仅用"生、老、病、死从何所来,去至何所"一句话概括,因此那体慧认为很有可能是《老母经》的译者缩略了定型句。另外,相比《老女人经》,《老母经》有的地方比较丰富,比如《老女人经》是"万物亦尔",而《老母经》是"诸所有万物一切亦如是,我人寿命亦如是"。那体慧认为《老母经》中多出来的部分是译者为了强调而加上的注释。

第三是注释书的引用。撰写于三国时期的《阴持入经注》引用了《老母经》,那体慧认为,由于《阴持入经注》大量引用了安世高和支谦的作品,因此《老母经》也应与支谦有关。[2]

综上,那体慧得出《老母经》才是支谦作品的结论。以下提出不同

[1] 这篇文章不长,隶属于《创价大学国际佛教学高等研究所年报》一个名为"Brief Communication"的栏目下面。那体慧多次引用这篇文章的结论,比如那体慧(2007: 363)、那体慧(2008a: 144)。目前所见,她的观点没有改变过。
[2] 以上参见那体慧(2007: 531—532),不一一出注。

的观点。

首先,关于词汇。《老女人经》之"色、痛痒、思想、生死、识"〔1〕中出现了"生死",《老母经》之"色、痛痒、思想、行、识"〔2〕出现了"行",二者不一致,但其实在《老母经》的另一个地方,宋元明宫本均作"色、痛痒、思想、生死、识",〔3〕与《老女人经》一致。因此,在两部经不一致的地方,要考虑是否有可能是版本差异,而不是轻易认定哪部经比较古老。另外,如果真的是《老女人经》更为古老而《老母经》是修订品,其实有一些例子难以解释,比如为什么要把常见的"佛"修订为"天中天":

《老女人经》:"蒙**佛**恩,得法眼。"〔4〕

《老母经》:"蒙**天中天**恩,得法眼。"〔5〕

其次,关于文本篇幅。那体慧的论证中,因为《老母经》比较精简,就认为《老母经》节略了《老女人经》的定型句;因为《老母经》比较丰富,就认为这是译者为了注解而添加了文字。从逻辑论证来看,评判的标准并不统一。事实上,《老母经》比较精简的地方,也未必都能用"节略定型句"来解释,比如:

《老女人经》:"譬如鼓,不用一事成。**有皮,有鞔,**有人持枹打鼓,鼓便有声。"〔6〕

《老母经》:"诸法譬如鼓,不用一事成。有人持枹捶鼓,鼓便有声。"〔7〕

《老女人经》:"是画不从壁板素出,**亦不从人手出**,随意所作,各各悉成。"〔8〕

〔1〕 CBETA, T14, no. 559, p. 912, a2.
〔2〕 CBETA, T14, no. 561, p. 912, c27 – 28.
〔3〕 CBETA, T14, no. 561, p. 913, a2.
〔4〕 CBETA, T14, no. 559, p. 912, a29.
〔5〕 CBETA, T14, no. 561, p. 913, a24 – 25.
〔6〕 CBETA, T14, no. 559, p. 912, a16 – 18.
〔7〕 CBETA, T14, no. 561, p. 913, a12 – 13.
〔8〕 CBETA, T14, no. 559, p. 912, a25 – 26.

《老母经》:"是画亦不从板素彩出,随其意,所为悉成。"〔1〕

最后,关于注释书的引用。这是一条旁证,而且也不是很充分的旁证。《阴持入经注》引用了"《沸迦沙经》"与"《中心经》",〔2〕这两部经在《出三藏记集》中都归为失译,〔3〕而《老母经》在《出三藏记集》中也是失译。〔4〕 因此虽然《阴持入经注》引用了《老母经》,但并不能证明《老母经》与支谦有关。

以上即是那体慧推理不可靠的地方。事实上,将《老女人经》与《老母经》逐字比对,可以看到二者几乎一致,只有个别文句的差异。我们很难想象,支谦将《老女人经》修改几个地方,另起一个经题变成了《老母经》。比较有可能的是,其实《老女人经》和《老母经》本来就是同一部经典。比如隋法经的《众经目录》就认为二者一致:

《老女人经》一卷,亦名《老母经》,吴世支谦译。〔5〕

此外,我们从不同版本的文句可以看出,两部经不一致的地方,在某些版本中其实并没有差别,比如上文所举"色、痛痒、思想、生死、识"的例子。值得注意的是,常盘大定(1938:63—69)已经根据中村不折藏《老女人经》写卷零本指出,《老女人经》与《老母经》是同一个译本的不同版本,并不是同本异译。

也就是说,在那体慧(2007a)这篇短短的文章中,并没有贯彻她详尽的文本比对。事实上,由上文的检讨也可以看出,她所认定的修订之

---

〔1〕 CBETA, T14, no. 561, p. 913, a21 - 22.

〔2〕 参见 CBETA, T33, no. 1694, p. 15, a21 - 23 以及 CBETA, T33, no. 1694, p. 13, c4 - 5.

〔3〕 首先,关于"《沸迦沙经》",那体慧(2008a:165)认定此经是《出三藏记集·新集安公失译经录》中的《弗迦沙王经》(参见 CBETA, T55, no. 2145, p. 17, c27),亦即《大正藏》之 T511《萍沙王五愿经》;此外,关于"《中心经》",那体慧(2008a:165—166)认为《出三藏记集》不载《中心经》,但是《开元释教录》出现了《中心正行经》,于是她发现《出三藏记集·新集续撰失译杂经录》中有题目类似的《阿含正行经》(参见 CBETA, T55, no. 2145, p. 29, b23),因此认为所谓的《中心经》即是《阿含正行经》,即《大正藏》T151 的《阿含正行经》。那体慧的推理有点曲折,其实《出三藏记集》中不载《中心经》,但是载有《忠心经》,此经即今《大正藏》T743《忠心经》。《阴持入经注》引用的当是《忠心经》。

〔4〕 参见 CBETA, T55, no. 2145, p. 27, a11.

〔5〕 CBETA, T55, no. 2146, p. 117, c27.

作,其实大多没有实际证据。这让人怀疑,她是预设或者默认了支谦修订前人译作的结论,再来找符合这种结论的材料。[1]

总之,那体慧将许多支谦译经判定为修订之作,我们要对这种判定保持警惕,从文本出发,重新审视支谦译经与前代译经的关系。

(二) 那体慧提出的假设与研究方法

1. 南北分期的假设

那体慧用两个分期来解读支谦的译经,但需要注意的是,这种推论更多的是一种猜想,满足想要解读经典的猜想。我们在做下一步推论的时候,不能以此为基础,否则的话,只会不断以主观判断解读经典。

举例来说,那体慧将支谦译经做出分期,但其实并没有直接的证据。从现有材料,只能够知道支谦风格不统一,时而质朴时而文雅,但是并没有证据证明支谦一开始在北方翻译的时候质朴,而后来到了南方变得比较文雅。事实上,有一些材料可能会对那体慧的这个分期理论构成冲击。《法句经序》提道:

> 始者维祇难,出自天竺,以黄武三年来适武昌。仆从受此五百偈本,请其同道竺将焰为译。将焰虽善天竺语,未备晓汉。其所传言,或得梵语,或以义出音,迎质真朴。初谦其为辞不雅,[2]维祇难曰:"佛言:'依其义不用饰,取其法不以严。'其传经者令易晓,勿失厥义,是则为善。"坐中咸曰:"老氏称:'美言不信,信言不美。'仲尼亦云:'书不尽言,言不尽意。'明圣人意深邃无极,今传

---

[1] 类似的情况,比如福井文雅(2000:561—565)认为,那体慧1992年在讨论《心经》是否是"伪经"的文章中,先预设好了结论,因此很多地方是根据猜想而做推理,其实缺乏必要的证据。另外,万金川(2015:214—215)认为那体慧在论证《维摩诘经》是否为支谦所译时,回避对自己不利的材料,只选择那些对自己有利的。我认为,任何研究都无法尽善尽美,只要是提出假设,自然会有不同的观点出现。本文只是针对那体慧认为支谦译经大量修订前人的观点提出反驳。

[2] "迎质真朴,初谦其为辞不雅",《出三藏记集》卷七所收《法句经序》作"近于质直,仆初嫌其辞不雅"(CBETA, T55, no. 2145, p. 50, a12-13)。宫内厅书陵部所藏福州藏作"迎质直,仆初嫌其为词不雅";《碛砂藏》与《中华大藏经》所收之《赵城金藏》作"近质直,仆初嫌其为词不雅"。诸本中《出三藏记集》所收本文意较为通顺。以上参见"宫内厅书陵部"所藏本,"兽"字函叶一;《(宋版)碛砂大藏经》,新文丰出版公司,1987年,第28册,第426页上;《中华大藏经(汉文部分)》,中华书局,1984年,第52册,第266页下、267页上。

梵义,实宜经达。"是以自偈受译人口,因修本旨,不加文饰。译所不解,则阙不传,故有脱失,多不出者。[1]

《法句经序》的作者支谦("仆")本来觉得竺将炎(焰)的翻译不文雅,但是维祇难建议,只要如实传达经典的意义,能让人看得懂就好了,因此支谦采纳了这种建议,"因循本旨,不加文饰"。这段记载意味着,在支谦翻译《法句经》以前,他所偏好的翻译风格应该是比较文雅的,而很有可能的是,在与维祇难等人一起翻译《法句经》的过程中,他转变了想法,开始选择比较质朴的翻译方式。如此一来,就与那体慧所提出的先质朴后文雅的变化顺序相矛盾了。当然,此中还需要继续斟酌的是,《法句经序》中所谓的"不雅""不加文饰"具体指的是什么,但不管是什么,起码那体慧在考察翻译风格的变化时,并没有以《法句经序》作为一项证据。

此外,《出三藏记集·新集经论录》"支谦译经"部分记载:

右三十六部,四十八卷。魏文帝时,支谦以吴主孙权黄武初至孙亮建兴中所译出。[2]

这个记载中支谦的翻译时间比较明确,是在黄武(222—229)初至建兴(252—253)中,但翻译的地点却有点模糊。记载中提到了魏文帝,也提到了吴主孙权、孙亮,但是从文句解读上,无法判断支谦的工作地点。我们暂时搁置这个不确定因素,将另一条记载联系起来解读,上引《法句经序》提到,支谦等人翻译《法句经》的时间是黄武三年,地点是武昌。这就意味着,最迟到黄武三年(224),支谦已经抵达南方。也就是说,在支谦的翻译时间中,只有222—224这三年时间有可能是在北方。

事实上,《出三藏记集·支谦传》中已经提道:

---

[1]《法句经》卷一,CBETA, T04, no. 210, p. 566, c4 - 16。《出三藏记集》本《法句经序》略有差异,不影响文意处,不一一出注。

[2] CBETA, T55, no. 2145, p. 7, a23 - 24.

献帝之末,汉室大乱,(支谦)与乡人数十共奔于吴。[1]

"献帝之末,汉室大乱",指的是建安二十五年(220),汉献帝禅让皇位。[2] 也就是说,在公元 220 年左右,支谦已经到了南方。

总之,从现有的记载来看,支谦的翻译工作都是在南方进行的,那体慧所述南北分期的理论,恐怕不能成立。

2. 文本比较与术语研究

上文提到了那体慧主要的研究方法,第一是文本比较,第二是以术语为切入点。以下试作分析。

(1) 文本比较

文本比较的方法无可争议,是文献研究的基础。那体慧纯熟地运用这种方法,解决了很多问题。如果硬要挑出一点毛病的话,只能是反思看她究竟有没有将这种方法运用彻底。试举两例做说明。

那体慧(2010)讨论《大明度经》的译者问题,首见检讨了 Lancaster(1969)以及胜崎裕彦(1986)。[3] 那体慧(2010:296,303)指出,胜崎裕彦(1986)没有参考 Lancaster(1969),且胜崎裕彦(1986)沿袭了日本学者普遍的认知,误把偏好意译词当成支谦唯一的翻译风格。那体慧指出胜崎裕彦的错误,是为了说明支谦的翻译风格并不统一,不能一概而论。但事实上,在一年后的另一篇文章中,胜崎裕彦(1987)不仅引用了 Lancaster(1969),而且纠正了前代学者的认知,指出支谦译经中有大量的音译词。那体慧引用胜崎裕彦(1986)的文章,但是却没有引胜崎裕彦(1987)已经修正过的观点,[4]可谓疏漏。

---

〔1〕 CBETA, T55, no. 2145, p. 97, b28 – 29.

〔2〕 参见邓攀(2008:23)。

〔3〕 那体慧(2010)引用这篇文章的时候都写作 1985,但其实是 1986。胜崎裕彦的这篇文章我没找到全文,但是根据 CiNii 的著录以及胜崎裕彦(1987:192)自己的引用情况,著录的是:胜崎裕彦 **1986**《支谦的**义**訳语的研究(一):〈大明度经〉的訳语分析》,《大正大学综合仏教研究所年报》第 **8** 期,第 67—93 页。那体慧著录的信息在年代和期刊上都有差异:胜崎裕彦 **1985**《支谦の訳语の研究(一):〈大明度经〉の訳语分析》,《大正大学综合仏教**学**研究所年报》第 **7** 期,第 67—93 页。那体慧可能有误。

〔4〕 那体慧关于支谦译经的论文,似乎都没引用过胜崎裕彦(1987),只有那体慧(2008a:185)在参考文献中著录了这笔资料。

再举一个比较明确的例子,说明那体慧进行文本比较的时候可能有不彻底的地方。

那体慧(2007a)指出,《老女人经》有比《老母经》更古老的词汇,因此应该是后者修订了前者。她举了两个例子:

《老女人经》:"色、痛痒、思想、生死、识从何所来,去至何所?"[1]

《老母经》:"色、痛痒、思想、行、识从何所来,去至何所?"[2]

《老女人经》:"泥犁"。[3]

《老母经》:"地狱"。[4]

那体慧(2007a:531)认为,比较有可能的是"生死"修改成了"行","泥犁"修改成了"地狱",所以用了"生死""泥犁"的《老女人经》比较古老。

那体慧的这个推论,成为她证据中的重要一环,借以证明《老母经》才是支谦的作品。我们可以看到,那体慧就是用文本比对的方式,来确定经典的归属,但是她并没有将文本比对的方式贯彻到底。比如《老女人经》用了比较古老的"色、痛痒、思想、生死、识",但其实支谦其他译经中有一模一样的用法,比如《大明度经》卷四:

佛言:"诸法甚深,色、痛痒、思想、生死、识甚深。"[5]

相反,《老母经》所用比较新的"色、痛痒、思想、行、识"的用法在支谦译经中反而无用例。此外,不论是《老女人经》的"泥犁"还是《老母经》的"地狱",在支谦译经中均有多个用例。因此,那体慧所举的两个例子,说是支谦修改,有点勉强。

那体慧的一大风格是,对碰到的问题都会有详尽细密的考证。如果我们能坚持这一点,彻底执行文本比对,想必就不会遗漏论证过程中

---

[1] CBETA, T14, no. 559, p. 912, a2 - 3.
[2] CBETA, T14, no. 561, p. 912, c27 - 28.
[3] CBETA, T14, no. 559, p. 912, a27.
[4] CBETA, T14, no. 561, p. 913, a22.
[5] CBETA, T08, no. 225, p. 496, a1 - 2.

的反例、特例。

（2）术语研究

那体慧主要的研究对象是支谦译经中的术语。她虽然也会涉及偈颂的字数、长行的句式，但是主要的重心还是在佛教术语的考订、比较。这种以简御繁的方式有效地联系起不同时期的译经，也有助于理解佛教义理的演变，但需要注意的是，术语只是译经中的一部分，并不能涵盖译经的方方面面。

以词汇而论，除了术语这样的专有名词，还有一般名词；除了实词，还有虚词。支谦会沿袭前人的术语，但是否会沿袭一般名词？是否会沿袭虚词？支谦的译经风格，不应局限于这些醒目但是为数不多的术语，而应拓宽到散落在每个句子里面的一般名词、虚词。

此外，举凡句法、语法等等，也包含了相当丰富的信息，不仅有助于揭示支谦的译经风格，而且有助于揭示支谦对佛经的理解。既然以术语为切入点可以得到丰富的研究成果，那么以其他语言成分作切入点，势必能有很多新的认识。

最后，尤其需要注意的是，支谦译经有许多表达承袭自前人，即便我们在可靠的后汉译经中没有检索到相关用例，也并不意味着某个词就是支谦首创，很可能支谦是沿袭自某个我们现在看不到的译本。那体慧认定了一批可靠的后汉三国译经，她在研究中主要的语料库也正是这批译经。藏经中失译经本的数量非常庞大，如果我们只是把那些可靠的译经当作语料，势必会遗失很多有价值的信息。当然，从可靠的译经来推导结论，从已知求未知，是一个合理的论证过程，只是我们需要警惕，这些结论的基础是那些经过人为筛选的语料，因此可能与实际情况有偏差。

五、总　　结

以上首先叙述了现代学者对那体慧支谦研究的评价；其次介绍了那体慧十一篇文章以及一部专著的主要内容，并对那体慧的研究成果

与研究方法做了总结;最后对那体慧的研究做了评价。由本文以上的梳理可知,那体慧的主要研究成果不是"对支谦译经的质疑",而是指出了支谦译经风格多变的现象,且以分期理论解释了这种现象的原因。

那体慧充分吸收了欧美、日本丰富的研究成果,一开始就站在较高的研究起点。在研究中,她以术语作为切入点,对涉及的每个细节都做了详尽的讨论。她纯熟地运用文本比对的方法,将不同时期、不同译者的大量译经层次分明地串联在了一起。因此,立足于这样细致又有序的文献分析,她提出现有条件下比较合理的假设,诸如支谦译经风格分南北的假设,支谦大量修订前人译作的假设。

另一方面,如果想要对那体慧的研究成果有所突破,那就要意识到以下几点:

首先,那体慧关于支谦修订的判断可以修正。从整体来看的话,我们要警惕"支谦修订前人译作"的这种预设,应从文本出发,根据已知的材料做分析。同时,以《大明度经》为基本材料,总结规律,探索支谦修订的原则与方法,看看支谦什么情况下会修订,什么情况下不会修订,修订的话又可以分为哪几种修订方式。

其次,那体慧关于支谦译经风格的分类可以继续深化。那体慧用二分法为我们解读支谦译经开辟了一条道路,我们既要检讨这种二分法的合理性,也要突破这种二分法,继续把文献分类。不仅不同的译经可以分类,甚至同一部经典内部也可以分类,直至划分出文献的不同层次。

最后,那体慧的词汇分析可以借鉴,但是也不必局限于词汇。那体慧在术语方面已经有了丰富的成果,我们应该拓宽思路,从句子、段落乃至篇章逐层递增,来做分析。

因此,目前来看,支谦译经研究可以从"修订特点研究""句型研究"等作为切入点,有了足够的成果之后,又可以做"支谦译经风格再研究"。如此循序渐进,我们就可以加深对支谦译经的认识,也加深对初期汉译佛典的认识。

参 考 文 献

中文

任继愈：《中国佛教史》，中国社会科学出版社，1985 年。

辛嶋静志：《利用"翻版"研究中古汉语演变——以〈道行般若经〉"异译"与〈九色鹿经〉为例》，载《佛典语言及传承》（裘云青、吴尉琳译），中西书局，2016 年，第 94—117 页。

那体慧：《汉文佛教文献研究》，纪赟译，广西师范大学出版社，2018 年。

纪赟：《〈心经〉疑伪问题再研究》，《福严佛学研究》2012 年第 7 期，第 115—182 页。

纪赟：《评介〈善男寥寥：《郁伽所问经》中的菩萨道：研究与翻译〉》，《新加坡佛学研究学刊》2013 年第 1 期，第 177—213 页。

纪赟：《书评：未来某时：佛教法灭预言研究》，《新加坡佛学研究学刊》2015 年第 2 期，第 197—232 页。

纪赟：《多重视角下的疑伪经研究》，载方广锠主编：《佛教文献研究》第一辑，广西师范大学出版社，2016 年，第 53—96 页。

纪赟：《译者序》，那体慧：《汉文佛教文献研究》，纪赟译，广西师范大学出版社，2018 年。

许理和：《佛教征服中国》，李四龙、裴勇等译，江苏人民出版社，1998 年。

万金川：《〈维摩诘经〉支谦译本的点校——兼论该一经本的译者归属及其底本语言》，《佛光学报》2015 年第 1 期，第 101—232 页。

邓攀：《支谦生平略考》，《南京晓庄学院学报》2008 年第 4 期，第 22—25 页。

释章慧：《〈申日经〉研究》，台北：法鼓文化，2006 年。

苏锦坤：《〈法句经〉"三言"偈颂的标点与试译》，《正观杂志》2015 年第 72 期，第 39—88 页。

苏锦坤:《初期汉译佛典一词多译现象的探讨及省思》,《福严佛学研究》2016 年第 11 期,第 75—116 页。

日文

丘山新:《〈大阿彌陀経〉訳者に関する一仮説》,《印度學佛教學研究》1980 年第 28 卷第 2 号,第 735—738 页。

丘山新:《〈阿彌陀過度人道経〉: 経題とその思想》,《印度學佛教學研究》1986 年第 35 卷第 1 号,第 68—71 页。

宇井伯寿:《譯經史研究》,东京: 岩波书店,1983 年。

香川孝雄:《無量壽經の諸本對照研究》,京都: 永田文昌堂,1984 年。

常盘大定:《後漢より宋齊に至る譯經總錄》,东京: 国書刊行会,1973 年。

胜崎裕彦:《支謙譯〈大明度經〉の譯語の特徵》,《仏教論叢》1985 年第 29 期,第 31—40 页。

胜崎裕彦:《支謙の義訳語の研究(一)——〈大明度經〉の訳語分析》,《大正大学綜合仏教研究所年报》1986 年第 8 期,第 67—93 页。

胜崎裕彦:《支謙の訳語について: 音寫語をめぐって》,《仏教文化研究》1987 年第 32 期,第 179—194 页。

福井文雅:《般若心経の総合的研究: 歴史・社會・資料》,东京: 春秋社,2000 年。

藤田宏达:《浄土三部経の研究》,东京: 岩波书店,2007 年。

英文

Harrison, P. 1998 Women in the Pure Land: Some reflections on the textual sources. *Journal of Indian Philosophy*, 26(6), 553–572.

Harrison, P., Matsuda, K., & Hartmann, J.-U. 2002 Larger Sukhāvatīvyūhasūtra. In Braarvig, J. (ed.), *Buddhist Manuscripts*, vol. 2, Oslo: Hermes Publishing, 179–214.

Lancaster, Lewis R. 1969 The Chinese Translation of the

Aṣṭasāhasrikā-prajñāpāramitā-sūtra Attributed to Chih Ch'ien 支谦, Monumenta Serica 28(1), pp. 246 – 257.

Matsuda, Y. 1988 Chinese Versions of the Buddha's Biography. *Journal of Indian and Buddhist Studies*, 37(1), 489 – 480.

Nattier, J.（那体慧）2001 Water, Water, Everywhere（1）：An Anomaly in the Translations of Zhi Qian 支谦. Paper presented at the American Oriental Society Annual Meeting, Toronto, Ontario, Canada.

Nattier, J.（那体慧）2003 The Ten Epithets of the Buddha in the Translations of Zhi qian 支谦. *Annual Report of The International Research Institute for Advanced Buddhology at Soka Universtiy*, 6, 207 – 250.

Nattier, J.（那体慧）2004 The Twelve Divisions of Scriptures（十二部经）in the Earliest Chinese Buddhist Translations. *Annual Report of The International Research Institute for Advanced Buddhology at Soka Universtiy*, 7, 167 – 196.

Nattier, J.（那体慧）2005 The Proto-History of the Buddhavatamsaka：The *Pusa benye jing* 菩萨本业经 and the *Dousha jing* 兜沙经. *Annual Report of The International Research Institute for Advanced Buddhology at Soka Universtiy*, 8, 323 – 360.

Nattier, J.（那体慧）2006a The Abstinence Day Sutra（斋经）. Working Draft.

Nattier, J.（那体慧）2006b The Names of Amitābha/Amitāyus in Early Chinese Buddhist Translations（1）, *Annual Report of the International Research Institute for Advanced Buddhology*, 9, 183 – 199.

Nattier, J.（那体慧）2007a A Reassessment of the dates and translator attributions of the *Laonuren jing* 老女人经（T559）and the *Laomu jing* 老母经（T561）. *Annual Report of The International Research Institute for Advanced Buddhology at Soka Universtiy*, 10,

529 - 532.

Nattier, J. （那体慧） 2007b The names of amitābha/amitāyus in early Chinese Buddhist translations （2）. *Annual Report of The International Research Institute for Advanced Buddhology at Soka Universtiy*, 10, 359 - 394.

Nattier, J. （那体慧） 2007c Indian Antecedents of Huayan Thought: New Light from Chinese Sources. In Hamar, I. （ed.）, *Reflecting Mirrors: Perspectives on Huayan Buddhism*, Wiesbaden: Harrassowitz, 109 - 138.

Nattier, J. （那体慧） 2008a *A guide to the earliest Chinese Buddhist translations: texts from the Eastern Han* 东汉 *and Three Kingdoms* 三国 *periods*. Tokyo: International Research Institute for Advanced Buddhology, Soka University.

Nattier, J. （那体慧） 2008b Rhymed Verse, Unrhymed Verse, or No Verse at All? Treatments of Indian Poetic Passages in Chinese Buddhist Translations. Paper presented at the American Oriental Society （Western Branch）, Portland State University, U. S.

Nattier, J. （那体慧） 2009 Heaven names in the translations of Zhi Qian. *Annual Report of The International Research Institute for Advanced Buddhology at Soka Universtiy*, 12, 101 - 122.

Nattier, J. （那体慧） 2010 Who produced the *Da mingdu jing* 大明度经 （T225）? A reassessment of the evidence. *Journal of the International Association of Buddhist Studies*, 31(1 - 2), 295 - 337.

Nattier, J. （那体慧） 2016 The *Weimojie jing* 维摩诘经 （T474） and the Corpus of Zhi Qian. Paper presented at the 3rd International Symposium on *Weimo jing* and East Asian Culture, Foguang University, Yilan, Taiwan.

建立"现代海外佛教 研究书目索引"倡议

王 兴

（复旦大学）

现代西方学界一直对佛教这一古老宗教抱有极大兴趣。法国学者尤金·伯诺夫（Eugène Burnouf，1801—1852）于十九世纪初期在欧洲学术界开西方"现代佛教学术研究"之先河（Beinorius，2005），使用现代学术的眼光和手段对流入欧洲的印度佛教文献进行解读。自此以后近200年间，西方现代佛教研究经过不断的发展，已经逐步建立了相对系统、成熟、富有特色的研究方法和理论体系，并仍然在不断发掘新的佛教研究课题与领域，不断更新变化其研究视角与方向。尤其自二战以后，欧美学界的人文社会科学理论与佛教研究不断融汇，使原本局限于关注佛经翻译、语言学以及佛教神话学的西方现代佛教研究打开了全新的视野。现今欧美的佛教研究，已不仅仅局限在大学中传统的"东方学"（Oriental Studies）或宗教学系，而是渗入如人类学、社会学、文学、区域研究、历史学、语言学、哲学、神学、艺术史、考古学、心理学等多种领域学科中（李四龙，2009）。西方现代佛教研究的成果产出量巨大，并且在欧美学术语境中不断产生新的争论和变化，其内容庞杂丰富，是佛教研究学者无法忽略的重要学术资源。

欧美的现代佛教研究又不可避免地打上了一种独特的文化烙印。

西方现代佛教研究从最初殖民主义的话语体系过渡到后殖民、后现代的语境中,被新的西方认识论变化不断影响(林镇国,1997)。作为欧美知识系谱的一部分,西方现代佛教研究必定与西方社会、文化、学术传统发生紧密联系。中国大陆的佛教研究理应全面系统地了解西方长时间积累、体系庞大的现代佛教学术系统,但同时又应当用理性批判的眼光去吸收海外佛教研究的成果。在不同的历史背景、文化视角中研究佛教,西方学者都关注什么话题和材料?用什么方法去研究解读?而中国佛教研究学界又该如何回应海外学者的观点和看法?对这些问题的探索,需要建立在对于海外佛教研究文献的全面、深刻掌握之上。

于中国大陆学界而言,对西方现代佛教研究的整体把握一直是一项挑战,对日本相关研究的整体把握亦是一个漫长的任务。目前国内还没有任何系统的、整合性的海外佛教研究文献索引工具面世。笔者在此倡议建立相对全面细致的现代海外佛教研究书目索引,为中国大陆学者了解域外佛教研究成果提供方便。希望各界学者加入本索引工具编纂计划,以不同的背景与特长不断完善这套索引。由于海外佛教研究文献量巨大,本索引不可能全面收录,需有的放矢地选取材料。本索引拟收录二战以后欧美、日本等地的现代佛教研究专著与合著,以书目为主,特别收录极有影响力、极重要的学者论文。同时收录现今最重要的海外佛教研究期刊、在线数据库、研究工具等,为方便国内学者展开研究。目前本计划预计分几个板块进行(有待调整):

第一章　通史与简史

　　佛教通史与简述

　　印度与中亚佛教史

　　上座部佛教史

　　汉传佛教史

　　藏蒙佛教史

　　日本佛教史

　　朝鲜佛教史

欧美与其他地区佛教史

第二章　佛教典籍文本研究

巴利语文献

梵文文献

藏文文献

汉文文献

西欧诸语言

第三章　早期印度佛教思想概念研究

原始佛教思想

部派佛教思想

早期大乘思想与学派

方便道

般若

如来藏

中观

唯识瑜伽行

菩萨行

涅槃

早期密教

第四章　佛教学派与宗派研究(个别历史、思想、仪轨戒律)

上座部佛教

汉传宗派

天台宗

唯识法相宗

净土宗

禅宗

律宗

华严宗

唐密

东亚诸宗

日本诸宗

朝鲜诸宗

藏蒙佛教

第五章　佛教哲学与比较哲学研究

第六章　佛教社会文化史研究

佛教人物史

佛教政治经济史

佛教文学

佛教与民间社会

佛教与其他宗教交流史

佛教学术研究史

现代佛教

第七章　佛教艺术史与考古研究

附录

1. 佛教研究基本参考书与工具书

2. 佛教研究电子检索网站与数据库

3. 重要海外佛教研究期刊

本计划初步在三到四年内将重要书目的作者编者、书名、出版社与出版年份信息按门类分类,每一小类下设重要著作与其他补充著作两大类。如有余力,希望将重要著作中的条目翻译成中文,方便读者查阅。目前本计划已经初步完成第一章部分与附录部分,在本文末尾附上,供读者参考。诚请各方学者加入到这项重要的工作。

参 考 文 献

Beinorius, Audrius. "Buddhism in the Early European Imagination: A Historical Perspective." in *Acta Orientalia Vilnensia* 6. 2（2005）:

7 – 22.

李四龙：《欧美佛教学术史：西方的佛教形象与学术源流》，北京大学出版社，2009 年。

林镇国：《多音与介入：当代欧美佛学研究方法之省察》，《正观》1997 年第 1 期，第 2 – 27 页。

通史、简史与重要研究工具
（General History, Introductions, and Important Research Tools）

1.1　佛教通史与简述（General History and Introduction of Buddhism）

主要著作

Bechert, Heinz and Richard Gombrich. eds. *The World of Buddhism: Monks and Nuns in Society and Culture*. London: Thames and Hudson, 1984.

Corless, Roger J. *The Vision of Buddhism*. St. Paul, MN: Paragon House, 1989.

de Bary, William Theodore, ed. *The Buddhist Tradition in India, China and Japan*. New York: Random House, 1972.

Gethin, Rupert. *The Foundations of Buddhism*. Oxford: Oxford University Press, 1988.

Harvey, Peter. *An Introduction to Buddhism: Teachings, History and Practices*. Cambridge: Cambridge University Press, 2013.

Kalupahana, David J. *A History of Buddhist Philosophy: Continuities and Discontinuities*. Honolulu: University of Hawai'i Press, 1992.

Lopez, Donald. S. *The Story of Buddhism: A Concise Guide to Its History and Teachings*. New York: Harper Collins, 2001.

Prebish, Charles S. and Damien Keown. *Introducing Buddhism.* London: Routledge, 2010.

Robinson, Richard H. , Willard L. Johnson and Thanissaro Bhikkhu. *In Buddhist Religions: A Historical Introduction.* Belmont, CA: Wadsworth, 2005.

Siderits Mark. *Buddhism as Philosophy: An Introduction.* Indianapolis, Indiana: Hackett Publishing Company, 2007.

Skilton, Andrew. *A Concise History of Buddhism.* Birmingham: Windhorse Publications, 1995.

Strong, John S. *The Experience of Buddhism: Sources and Interpretations.* Belmont, CA: Wadsworth Publishing Company, 1994.

Wynne, Alexander. *Buddhism: An Introduction.* New York: I. B. Tauris & Co Ltd. , 2014.

其他著作与研究

Bapat, P. V. ed. *2500 Years of Buddhism.* New Delhi: Government of India, Publications Division. Issued to commemorate the 2500th anniversary of the Buddha's Final Nirvana, 1956.

Bareau, André. *Les sectes bouddhiques du Petit Vehicule.* Saigon: École Française d'Extrême-Orient, 1955.

Conze, Edward. *Buddhism: Its Essence and Development.* New York: Harper Torchbooks, 1965.

de Berval, Rene. ed. *Presence du bouddhisme.* Saigon: France-Asie, 1959.

Frederic, Louis. *Buddhism* (Flammarion Iconographic Guides) New York: Flammarion, 1995.

Humphreys, Christmas. *Buddhism: An Introduction and Guide.* London: Penguin, 1974.

Humphreys, Christmas. *Exploring Buddhism.* London: Routledge,

2013[1974].

Keown, Daniem. *Buddhism: A Very Short Introduction*. Oxford: Oxford University Press, 2013.

Kitagawa, Joseph M. and Mark D. Cummings. eds. *Buddhism and Asian History*. New York: Macmillan, 1987.

Klostermaier, Klaus K. *Buddhism: A Short Introduction*. London: Oneworld Publications, 1999.

Mitchell, Donald W. *Buddhism: Introducing the Buddhist Experience*. Oxford and New York: Oxford University Press, 2002.

Prebish, Charles S. ed. *Buddhism: A Modern Perspective*. University Park: Pennsylvania State University Press, 1975.

Smith, Huston and Philip Novak. *Buddhism: A Concise Introduction*. San Francisco: Haper One, 2004.

Strong, John S. *Buddhisms: An Introduction*. London: Oneworld Publications, 2015.

1.2　印度与中亚佛教史(Indian and Inner Asian Buddhism)

主要著作

Berkwitz, Stephen C. *South Asian Buddhism: A Survey*. London and New York: Routledge, 2010.

Burnouf, Eugène. *Introduction to the History of Indian Buddhism*. Translated by Katia Buffetrille and Donald S. Lopez Jr. Chicago: University of Chicago Press, 2010.

Conze, Edward. *Buddhist Thought in India*. London: Allen & Unwin, 1962.

Foltz, Richard. Religions of the Silk Road: Premodern Patterns of Globalization. New York: Palgrave Macmillan, 2010.

Gombrich, Richard. F. *How Buddhism Began. The Conditioned Genesis of the Early Teachings*. New Delhi: Munshiram Manoharlal

Publishers Pvt. Ltd. , 1997.

Halbfass, Wilhelm. *Tradition and Reflection: Explorations in Indian Thought*. Albany: SUNY Press, 1990.

Hirakawa, Akira. *A History of Indian Buddhism: From Śākyamuni to Early Mahāyāna*. Honolulu: University of Hawai'i Press, 1990.

King, Richard. *Indian Philosophy: An Introduction to Hindu and Buddhist Thought*. Edinburgh: Edinburgh University Press, 1999.

Lamotte, Étienne. 1988. *History of Indian Buddhism: From the Origins to the Śaka Era*. Translated by Sara Webb-Boin. Louvain-la-Neuve, Belgium: Université Catholique de Louvain Institut Orientaliste.

Neelis, Jason E. *Early Buddhist Transmission and Trade Networks: Mobility and Exchange within and beyond the Northwestern Borderlands of South Asia*. Leiden: Brill, 2011.

Puri, Baij N. *Buddhism in Central Asia*. Delhi: Motilal Banarsidass, 1987.

Utz, David A. *A Survey of Buddhist Sogdian Studies*. Bibliographia Philologica Buddhica Series Minor III. Tokyo: Reiyūkai Library, 1978.

Walter, Mariko N. "Buddhism in Central Asian History." in *The Wiley Blackwell Companion to East and Inner Asian Buddhism*. Edited by Mario Poceski, 21 – 39. Malden, MA: Wiley Blackwell, 2014.

Warder, A. K. *Indian Buddhism*. Delhi: Motilal Banarsidass Publishers, 2000.

Williams, Paul and Anthony Tribe. *Buddhist Thought: A Complete Introduction to the Indian Tradition*. London: Routledge, 2000.

Williams, Paul. *Mahāyāna Buddhism: The Doctrinal Foundations*. London: Routledge, 2008.

其他著作与研究

Amstrong, Karen. *Buddha*. London: Penguin Books, 2004.

Basham, A. L. *The Wonder That Was India*. London: Sidgwick & Jackson, 1954.

Bronkhorst, Johannes. *Greater Magadha: Studies in the Culture of Early India*. Leiden, The Netherlands, and Boston: Brill, 2007.

Brough, John. "Comments on Third-Century Shan-Shan and the History of Buddhism." *Bulletin of the School of Oriental and African Studies* 28. 3 (1965): 582 - 612.

Dani, Ahmad H., V. M. Masson, J. Harmatta, et al. *History of Civilizations of Central Asia*. Paris: UNESCO, 1992.

Gombrich, Richard. "How the Mahāyāna Began." In *Buddhism: Critical Concepts in Religious Studies*. Vol. 3, The Origins and Nature of Mahāyāna Buddhism; Some Mahāyāna Religious Topics. Edited by Paul Williams, 74 - 83. London: Routledge, 2005.

Gombrich, Richard. F. *What the Buddha Thought*. London and Oakville, CT: Equinox, 2009.

Hamilton-Blyth, Sue. *Early Buddhism: A New Approach: The I of the Beholder*. London: Routledge, 2000.

Litvinsky, Boris A. *Die Geschichte des Buddhismus in Ostturkestan*. Wiesbaden, Germany: Harrassowitz, 1999.

Neelis, Jason. "Buddhism in Gandhāra." In *Oxford Bibliographies in Buddhism*. London and New York: Oxford University Press, 2013.

Sengupta, Sudha. *Buddhism in the Classical Age (c. 400 - 750 A. D.)*. Delhi: Sundeep Prakashan, 1985.

Strong, John S. *The Buddha: A Short Biography*. Oxford: Oneworld, 2001.

1. 3 南传佛教史 (Theravada and South/Southeast Asia Buddhism)

主要著作

Collins, Steven. *Nirvana and Other Buddhist Felicities*. Cambridge,

UK: Cambridge University Press, 1998.

Crosby, Kate. *Theravada Buddhism: Continuity, Diversity, and Identity.* Hoboken, NJ: John Wiley & Sons, 2013.

Gombrich, Richard. F. *Theravada Buddhism: A Social History from Ancient Benares to Modern Colombo.* London: Routledge & Kegan Paul, 1988.

Sengupta, Sukumar. *Buddhism in South-east Asia: Mainly Based on Epigraphic Sources.* Calcutta: Atisha Memorial Publishing Society, 1994.

Swearer, Donald. *The Buddhist World of Southeast Asia.* 2d ed. Albany: State University of New York Press, 2009.

Tilakaratne, Asanga. *Theravada Buddhism: The View of the Elders.* Honolulu: University of Hawai'i Press, 2012.

Udita, Galle. *Brief History of Buddhism in South East Asia with Special Reference to Singapore.* Singapore: Buddha Vihara Society, 2002.

其他著作与研究

Carter, John Ross. *On Understanding Buddhists: Essays on the Theravada Tradition in*

Dutt, Nalinaksha. *Early History of the Spread of Buddhism and the Buddhist Schools.* New Delhi, Allahabad: Rajesh Publications, 1925.

Holt, John. *Spirits of the Place: Buddhism and Lao Religious Culture.* Honolulu: University of Hawai'i Press, 2011.

Law, B. C. *A History of Pali Literature.* London: Kegan Paul, Trench, Trubner & Co., Ltd., 1933.

Sri Lanka. Albany: SUNY Press, 1993.

1.4 汉传佛教史（Sino-Buddhism）

主要著作

Beal, Samuel. *Buddhism in China.* North Stratford, NH: Ayer

Company Publishers, 1977.

Chen, Kenneth Kuan Sheng. *Buddhism in China: A Historical Survey.* Princeton, NJ,: Princeton University Press, 1964.

Chen, Kenneth Kuan Sheng. *The Chinese Transformation of Buddhism.* Princeton, NJ: Princeton University Press, 1973.

Gernet, Jacques. *Buddhism in Chinese Society: An Economic History from the Fifth to Tenth Centuries.* Translated by Franciscus Verellen. New York: Columbia University Press, 1995.

Kiely, Jan, Goossaert, Vincent and Lagerwey, John, ed. *Modern Chinese Religion II: 1850 - 2015.* Leiden: Brill, 2015.

Liu, Jee-loo. *An Introduction to Chinese Philosophy: From Ancient Philosophy to Chinese Buddhism.* Malden, MA: Wiley-Blackwell Publishing, 2006.

Lopez, Donald S. , ed. *Religions of China in Practice.* Princeton, NJ: Princeton University Press, 1996.

Marsone, Pierre and Lagerwey, John, ed. *Modern Chinese Religion I: Song-Liao-Jin-Yuan* (960 - 1368 AD). Leiden: Brill, 2014.

Tsukamoto, Zenryu. *A History of Early Chinese Buddhism: From Its Introduction to the Death of Hui-Yuan.* Translated by Leon Hurvitz. New York: Kodansha America, 1985.

Welch, Holmes. *The Practice of Chinese Buddhism.* Cambridge, MA: Harvard University Press, 1967.

Wright, Arthur F. *Buddhism in Chinese History.* Palo Alto, CA: Stanford University Press, 1956.

Zürcher, Erik. *The Buddhist Conquest of China: The Spread and Adaptation of Buddhism in Early Medieval China.* Leiden: Brill, 2007.

其他著作与研究

Edelglass, William, and Jay Garfield, eds. *Buddhist Philosophy:*

Essential Readings. Oxford：Oxford University Press，2009.

Goossaert，Vincent and Palmer，David. *The Religious Question in Modern China*. Chicago：University of Chicago Press，2012.

Mou，Bo，ed. *History of Chinese Philosophy*. Abingdon，UK，and New York：Routledge，2009.

Zürcher，Erik. *Buddhism in China: Collected Papers of Erik Zürcher*. Edited by Jonathan A. Silk. Leiden：Brill，2013.

1.5 藏蒙佛教史（Mongol-Tibetan Buddhism）

主要著作

Danzan，Narantuya. *Religion in* 20*th Century Mongolia: Social Changes and Popular Practices*. Saarbrücken，Germany：VDM，2008.

Jerryson，Michael K. *Mongolian Buddhism: The Rise and Fall of the Sangha*. Seattle：University of Washington Press，2007.

Kapstein，Matthew T. *The Tibetans*. Malden，MA：Blackwell，2006.

Kapstein，Matthew. *Buddhism Between Tibet and China*. MA：Wisdom Publications，2009.

Novick，Rebecca. *Fundamentals of Tibetan Buddhism*. Santa Cruz：Crossing Press，1999.

Powers，John. *Introduction to Tibetan Buddhism*. Ithaca，NY：Snow Lion Publications，1995.

Samuel，Geoffrey. *Civilized Shamans：Buddhism in Tibetan Societies*. Washington，DC：Smithsonian Institute Press，1993.

Samuel，Geoffrey. *Introducing Tibetan Buddhism*. London：Routledge，2012.

Snellgrove，David L.，and Hugh Richardson. *A Cultural History of Tibet*. Boston：Shambhala，1986.

Stein，Rolf. A. *Tibetan Civilization*. Translated by J. E. Stapleton

Driver. London: Faber and Faber, 1972.

Tucci, Giuseppe. *The Religions of Tibet*. Translated by Geoffrey Samuel. Los Angeles: University of California Press, 1980.

Wallace, Vesna A. , ed. *Buddhism in Mongolian History, Culture, and Society*. Oxford: Oxford University Press, 2015.

其他著作与研究

Cheney, George A. *The Pre-Revolutionary Culture of Outer Mongolia*. Occasional Papers 5. Bloomington, IN: Mongolia Society, 1968.

Hoffmann, H. *Die Religionen Tibets*. Freiburg. Breisgau. 1956.

Snellgrove, David L. *Buddhist Himalaya: Travels and Studies in Quest of the Origins and Nature of Tibetan Religion*. Oxford: Cassirer, 1957.

1.6 日本佛教史(Japanese Buddhism)

主要著作

Bowring, Richard John. *The Religious Traditions of Japan, 500 - 1600*. Cambridge, UK: Cambridge University Press, 2005.

Covell, Stephen G. *Japanese Temple Buddhism: Worldliness in A Religion of Renunciation*. Honolulu: University of Hawai'i Press, 2005.

Deal, William E. , and Brian Ruppert. *A Cultural History of Japanese Buddhism*. Malden, MA: Wiley-Blackwell Publisher, 2015.

Earhart, H. Byron. *Japanese Religion: Unity and Diversity*. Belmont, CA: Wadsworth-Thomson Learning, 2004.

Eliot, Charles. *Japanese Buddhism*. London: Curzon, 1994.

Matsunaga, Daigan, and Alicia Matsunaga. *Foundation of Japanese Buddhism*. Los Angeles: Buddhist Books International, 1974.

Matsuo, Kenji. *A History of Japanese Buddhism*. Leiden: Brill, 2007.

Tamura, Yoshiro and Hunter, Jeffrey. *Japanese Buddhism: A Cultural History*. Tokyo: Kosei Shuppan-Sha, 2001.

其他著作与研究

Davies, Roger J. *Japanese Culture: The Religious and Philosophical Foundations*. Vermont: Tuttle Shokai Inc, 2016.

Dolce, Lucia, ed. *Japanese Religions*. London: SAGE Publications Ltd, 2012.

Kasahara, Kazuo, ed. *A History of Japanese Religion*. Translated by Paul McCarthy and Gaynor Sekimori. Tokyo: Kōsei, 2001.

Swanson, Paul, and Clark Chilson, eds. *Nanzan Guide to Japanese Religions*. Honolulu: University of Hawai'i Press, 2006.

Tanabe, George Joji. *Religions of Japan in Practice*. Princeton, NJ: Princeton University Press, 1999.

1.7 朝鲜/韩国佛教史(Korean Buddhism)

主要著作

Baker, Don. *Korean Spirituality: Dimensions of Asian Spirituality*. Honolulu: University of Hawai'i Press, 2008.

Buswell, Robert E., Jr. "Imagining 'Korean Buddhism.'" In *Nationalism and the Construction of Korean Identity*. Edited by Hyung Il Pai and Timothy R. Tangherlini, 73 – 107. Korea Research Monograph 26. Berkeley: Institute of East Asian Studies, University of California, 1998.

Chung Byung-jo. *History of Korean Buddhism*. Korean Studies Series 36. Seoul, Korea: Jimoondang, 2007.

Grayson, James Huntley. *Korea: A Religious History*. Oxford: Clarendon, 1989.

Kim Yong-tae. *Glocal History of Korean Buddhism*. Seoul, Korea: Dongguk University Press, 2014.

The Korean Buddhist Research Institute, ed. *The History and Culture of Buddhism in Korea*. Seoul, Korea: Dongguk University Press, 1995.

Vos, Frits. *Die Religionen Koreas*. Stuttgart: Kohlhammer, 1977.

其他著作与研究

Buswell, Robert E., Jr., ed. *Currents and Countercurrents: Korean Influences on the East Asian Buddhist Traditions*. Honolulu: University of Hawai'i Press, 2005.

Cho, Sungtaek. "Reconsidering the Historiography of Modern Korean Buddhism: Nationalism and Identity in the Chogye Order of Korean Buddhism." in *Buddhism and Violence: Militarism and Buddhism in Modern Asia*. Edited by Vladimir Tikhonov and Torkel Brekke, 54 – 71. Routledge Studies in Religion. New York and London: Routledge, 2013

Lancaster, Lewis R. "The Significance of Korean Buddhism in East Asia." in Papers of the First International Conference on Korean Studies. Edited by The Academy of Korean Studies, 470 – 479. Sŏngnam: Academy of Korean Studies, 1979.

Starr, Frederick. *Korean Buddhism, History—Condition—Art: Three Lectures*. In Project Gutenberg. Boston: Marshall Jones, 1918.

1.8 欧美与其他地区佛教史(Euro-American Buddhism and the Global Transmission of Buddhism)

主要著作

Cox, Laurence. *Buddhism and Ireland: From the Celts to Counterculture and Beyond*. Bristol, CT: Equinox, 2013.

Harding, John S., Victor Sōgen Hori, and Alexander Soucy, eds. *Wild Geese: Buddhism in Canada*. Montreal and Kingston, ON: McGill-Queen's University Press, 2010.

Mitchell, Scott A. *Buddhism in America: Global Religion, Local Contexts*. New York: Bloomsbury, 2016.

Numrich, Paul David, ed. *North American Buddhists in Social Context*. Religion and the Social Order 15. Leiden: Brill, 2008.

Obadia, Lionel, ed. Special Issue: *Le Bouddhisme en Occident: Approches sociologiques et anthropologiques*. Recherches Sociologiques 31.3, 2000.

Prebish, Charles S. *Luminous Passage: The Practice and Study of Buddhism in America*. Berkeley: University of California Press, 1999.

Prebish, Charles S., and Kenneth K. Tanaka, eds. *The Faces of Buddhism in America*. Berkeley: University of California Press, 1998.

Seager, Richard Hughes. *Buddhism in America*. Rev. ed. Columbia Contemporary American Religion. New York: Columbia University Press, 2012.

Williams, Duncan Ryuken and Christopher S. Queen, eds. *American Buddhism: Methods and Findings in Recent Scholarship*. Richmond, UK: Curzon Press, 1999.

其他著作与研究

Baumann, Martin. "American Buddhism: A Bibliography on Buddhist Traditions and Schools in the USA. and Canada." *Journal of Global Buddhism*, 1999.

Baumann, Martin. "Buddhism in Europe: An Annotated Bibliography." *Journal of Global Buddhism*, 2001.

de Jong, J. W. *A Brief History of Buddhist Studies in Europe and America*. Tokyo: Kosei, 1997.

Fields, Rick. *How the Swans Came to the Lake. A Narrative History of Buddhism in America*. Boulder, CO: Shambhala Publication, 1992.

Layman, Emma. *Buddhism in America*. Chicago: Nelson-Hall, 1976.

Prebish, Charles S. *American Buddhism*. North Scituate, MA: Duxbury Press, 1979.

1.9 重要工具书与在线资源(Important Textual Tools and Online Resources)

主要工具书

Bechert, Heinz, and Richard F. Gombrich. *The World of Buddhism: Buddhist Monks and Nuns in Society and Culture*. New York: Facts on File, 1984.

Bingenheimer, Marcus. Bibliography of Translations from the Chinese Buddhist Canon into Western Languages. http://mbingenheimer. net/tools/bibls/transbibl. html.

Buswell, Robert E. Jr. and Donald S. Lopez Jr. , ed. *The Princeton Dictionary of Buddhism*. Princeton, NJ: Princeton University Press, 2013.

Buswell, Robert E. , Jr. , ed. *Encyclopedia of Buddhism*. 2 vols. New York: Macmillan Reference USA, 2004.

Buswell, Robert E. , Jr. , ed. *Encyclopedia of Buddhism*. New York: Macmillan Reference, 2004.

Buswell, Robert E. , Jr. , ed. *Religions of Korea in Practice*. Princeton Readings in Religions. Princeton, NJ: Princeton University Press, 2007.

Demiéville, Paul, Hubert Durt, and Anna Seidel. *Répertoire du Canon Bouddhique Sino-Japonais. Édition de Taishō (Taishō Shinshū Daizōkyō)*. Fascicule Annexe du Hōbōgirin. Paris: Librairie d'Amérique et d'Orient Adrien-Maisonneuve, 1978.

Elverskog, Johan. *Uygur Buddhist Literature*. Turnhout, Belgium:

Brepols, 1997.

Emmerick, Ronald Eric. *A Guide to the Literature of Khotan*. 2d ed. Tokyo: International Institute of Buddhist Studies, 1992.

Gethin, Rupert. *Sayings of the Buddha: New Translations from the Pali Nikāyas*. New York: Oxford University Press, 2008.

Gethin, Rupert. *Sayings of the Buddha: New Translations from the Pali Nikāyas*. New York: Oxford University Press, 2008.

Hinüber, Oskar von. *A Handbook of Pali Literature*. Berlin and New York: Walter de Gruyter, 1996.

Irons, Edward. A. *Encyclopedia of Buddhism*. New York: Facts On File, 2008.

Jerryson, Michael. *The Oxford Handbook of Contemporary Buddhism*. Oxford: Oxford University Press, 2016.

Jerryson, Michael. *The Oxford Handbook of Contemporary Buddhism*. Oxford: Oxford University Press, 2016.

Jones, Lindsay, ed. *Encyclopedia of Religion*. Detroit: Macmillan Reference USA, 2005.

Keown, Damien. *A Dictionary of Buddhism*. Oxford: Oxford University Press, 2003.

Lopez, Donald S., Jr., ed. *Buddhist Scriptures*. London: Penguin, 2004.

Mario Poceski. *The Wiley Blackwell Companion to East and Inner Asian Buddhism*. Malden, MA: Wiley Blackwell, 2014.

Muller, A. Charles, and Ockbae Chun, eds. *A Korean-English Dictionary of Buddhism*. Seoul, Korea: Unjusa, 2014.

Park Young-eui, ed. *The Practical Dictionary of Korean-English Buddhist Terms*. Pusan, Korea: Hongbeop, 2010.

Pfandt, Peter. *Mahāyāna Texts Translated into Western Languages:*

A Bibliographical Guide. Rev. ed. Leiden and Cologne：Brill，1986.

Potter, Karl H., ed. *Encyclopedia of Indian Philosophies.* Delhi：Motilal Banarsidass, 1996－2003.

Potter, Karl, et al., ed. *Encyclopedia of Indian Philosophies.* Delhi：Motilal Banarsidass Publishers, 1999.

Prebish, Charles S. and Damien Keown, ed. *Encyclopedia of Buddhism.* London：Routledge, 2009.

Strong, John S. *The Experience of Buddhism: Sources and Interpretations.* 3d ed. Belmont, CA：Thomson/Wadsworth, 2007.

在线资源

宗教历史数据库 The Database of Religious History（加拿大）：

https://religiondatabase. org/landing/

全球人文社科佛教研究在线联络网 Global Humanities and Social Science Buddhism Studies

Online Network(H. NET)（美国）：

https://networks. h-net. org/h-buddhism

牛津大学文献索引 Oxford Bibliography Index（英国）：

http://www. oxfordbibliographies. com/obo/page/buddhism

佛教研究工具目录 Tools for Buddhist Studies（美国/学者个人网页）：

http://mbingenheimer. net/tools/indexTools. html

奥斯陆大学多语种佛经数据库 Multi-lingual Buddhist Canon Database（挪威）：

https://www2. hf. uio. no/polyglotta/index. php? page = library& bid = 2

梵语经典数据库 Sanskrit Canon（美国）：

http://www. dsbcproject. org/

巴利语经典数据库 Pali Canon（跨国）：

https://www2. hf. uio. no/polyglotta/index. php? page = library & bid = 22

中国佛教文献索引 Bibliography for Chinese Buddhism（美国）：

http://bib. buddhiststudies. net/

现代中国佛教数据库 Database for Modern Chinese Buddhism（中国台湾）：

http://buddhistinformatics. ddbc. edu. tw/dmcb/Main_Page

西方语言佛教研究文献索引 Bibliography of Buddhist Studies Bibliographies in Western Languages（跨国/学者个人网页）：

http://buddhism. lib. ntu. edu. tw/FULLTEXT/JR-MISC/101820. htm

台湾大学图书馆佛学数位图书馆暨博物馆（中国台湾）：

http://buddhism. lib. ntu. edu. tw/DLMBS/index. jsp

亚洲研究文献索引 Bibliography of Asian Studies（美国）：

https://www. ebsco. com/products/research-databases/bibliography-asian-studies

佛学规范资料库 Buddhist Studies Authority Database Project（中国台湾）：

http://authority. dila. edu. tw/

佛教经典研究数据库 The Buddhist Canons Research Database（美国）：

http://databases. aibs. columbia. edu/

牛津大学佛教研究中心在线资源整合 Oxford Buddhist Studies Centre Online Resources（英国/整合多种数据库）：

https://ocbs. org/resources/

南亚数字图书馆 Digital South Asia Library（美国）：

http://dsal. uchicago. edu/

美国神学图书馆联合会宗教学数据库 ATLA Religion Database

（美国）：

https: //www. ebsco. com/products/research-databases/atla-religion-database-atlaserials

亚洲古典文献录入数据库 The Asian Classics Input Project（美国）：

http: //www. asianclassics. org/

佛教传道协会英译大藏经数据库 BDK（Bukkyo Dendo Kyokai）Database(日本)：

http: //21dzk. l. u-tokyo. ac. jp/BDK/bdk_search. php

佛教研究在线联络网（H. NET）佛教文献索引计划 H-Buddhism Bibliography Project（美国）：

https: //www. zotero. org/groups/73933/h-buddhism_bibliography_project?

汉文大藏经电子书（中华佛典电子协会）Chinese Buddhist Electronic Text Association（CBETA）（中国台湾）：

http: //www. cbeta. org/

佛学电子图书馆 Buddhist eLibrary（澳大利亚）：

http: //www. buddhistelibrary. org/

珍危贝叶经数据库 The Database of the Fragile Palm Leaves Foundation（跨国）：

http: //fpl. tusita. org/

印度学佛教学论文数据库 Indian and Buddhist Studies Treatise Data-base（日本）：

https: //www. inbuds. net/

藏传佛教资源核心文献集 Tibetan Buddhism Resource Center Core Text Collection（美国）：

https: //www. tbrc. org/#! footer/about/newhome

ProQuest 宗教学数据库 Pro-Quest Religion Database（美国）：

https: // www. proquest. com/products-services/pq_religion. html

电子佛教辞典 Digital Dictionary of Buddhism（美国）：

http: // www. buddhism-dict. net/ddb/

佛教史研究地理学资源 Geographic Resources for the Study of Chinese Buddhist History（美国）：

http: // mbingenheimer. net/tools/histgis/index. html

数字丝路计划 Digital Silk Road Project（日本）：

http: // dsr. nii. ac. jp/

国际敦煌项目 International Dunhuang Project（英国/跨国）：

http: // idp. bl. uk/

东洋学文献类目检索（日本）：

http: // ruimoku. zinbun. kyoto-u. ac. jp/ruimoku7/index. html. ja

早期佛典与翻译数据库（跨国）

https: // suttacentral. net/

1.10　重要外文期刊（Important Foreign Language Journals）

Aries：Journal for the Study of Western Esotericism. ISSN 1570 - 0593.（德国/荷兰）

Asia Major. ISSN 0004 - 4482.（中国台湾）

Asian Ethnology. ISSN 1882 - 6865.（日本）

Asian Philosophy. ISSN 1469 - 2961.（跨国）

Buddhist Studies Review. ISSN 0265 - 2897/1747 - 9681.（英国）

Buddhist-Christian Studies. ISSN 1527 - 9472/0882 - 0945.（跨国）

Bulletin de l'École française d'Extrême-Orient. ISSN 0336 - 1519.（法国）

Bulletin of the School of Oriental and African Studies-University of London. ISSN 0041 - 977X.（英国）

Canadian Journal of Buddhist Studies. ISSN 1710 - 825X/1710 - 8268.（加拿大）

Comparative Philosophy. ISSN 2151－6014.（美国）

Contemporary Buddhism. ISSN 1463－9947.（英国）

Critical Review for Buddhist Studies. ISSN 1975－2660.（韩国）

Dao：A Journal of Comparative Philosophy. ISSN 1540－3009/1569－7274.（中国香港）

Eastern Buddhist. ISSN 0012－8708.（日本）

European Journal for Philosophy of Religion. ISSN 1689－8311.（跨国）

Frontiers of Philosophy in China. ISSN 1673－355X.（跨国）

Gonda Indological Studies. ISSN 1382－3442.（荷兰）

Harvard Journal of Asiatic Studies. ISSN 0073－0548.（美国）

History of Religions. ISSN 0018－2710.（美国）

India International Centre Quarterly. ISSN 0376－9771.（印度）

Indo-Iranian Journal. ISSN 1572－8536.（荷兰）

Inner Asia. ISSN 2210－5018.（英国）

International Journal for Philosophy of Religion. ISSN 0020－7047/1572－8684.（美国）

International Journal of Asian Studies. ISSN 1479－5914.（跨国）

Japanese Journal of Religious Studies. ISSN 0304－1042.（日本）

Japanese Religions. ISSN 0448－8954.（日本）

Journal for the Study of Religions and Ideologies. ISSN 1583－0039.（罗马尼亚）

Journal of Asian History. ISSN 0021－910X.（德国）

Journal of Buddhist Ethics. ISSN 1076－9005.（美国）

Journal of Buddhist Philosophy. ISSN 2374－2488.（美国）

Journal of Buddhist Philosophy. ISSN 2374－2488/2374－247X.（美国）

Journal of Chan Buddhism. ISSN 2589－7179.（加拿大）

Journal of Chinese Buddhist Studies. ISSN 2313 – 2000/2313 – 2019. （中国台湾）

Journal of Chinese Philosophy. ISSN 0301 – 8121/1540 – 6253. （跨国）

Journal of Chinese Religions. ISSN 0737 – 769X/2050 – 8999. （美国）

Journal of Contemporary Religion. ISSN 1353 – 7903. （英国）

Journal of Continental and Comparative Philosophy. ISSN 1757 – 0638/1757 – 0646. （美国）

Journal of Dharma Studies. ISSN 2522 – 0926/2522 – 0934. （跨国）

Journal of Feminist Studies in Religion. ISSN 8755 – 4178. （美国）

Journal of Global Buddhism. ISSN 1527 – 6457. （跨国）

Journal of Indian and Buddhist Studies. ISSN 1884 – 0051/0019 – 4344. （日本）

Journal of Indian Philosophy. ISSN 0022 – 1791/1573 – 0395. （跨国）

Journal of Indological Studies. （日本）

Journal of Japanese Studies. ISSN 1549 – 4721/0095 – 6848. （跨国）

Journal of Korean Religions. ISSN 2167 – 2040. （韩国）

Journal of Religion in Japan. ISSN 2211 – 8349. （跨国）

Journal of Religion. ISSN 0022 – 4189. （美国）

Journal of Religious History. ISSN 0022 – 4227/1467 – 9809. （美国）

Journal of the American Academy of Religion. ISSN 0002 – 7189. （美国）

Journal of The American Oriental Society. ISSN 0003 – 0279. （美国）

Journal of the International Association of Buddhist Studies. ISSN 0193－600X/2507－0347.（跨国）

Journal of the International Association of Tibetan Studies. ISSN 1550－6363.（跨国）

Journal of the Oxford Centre for Buddhist Studies. ISSN 2047－1076.（英国）

Journal of the Pali Text Society. ISSN 0958－8892.（英国）

Material Religion. ISSN 1743－2200.（跨国）

Method & Theory in the Study of Religion. ISSN 1570－0682.（美国）

Monumenta Nipponica. ISSN 0027－0741/1880－1390.（日本）

Numen：International Review for the History of Religions. ISSN 1568－5276.（德国）

Pacific World：Journal of Institute of Buddhist Studies. ISSN 0897－3644.（美国）

Philosophy East & West. ISSN 0031－8221/1529－1898.（美国）

Politics and Religion. ISSN 1755－0483.（跨国）

Religion and the Arts. ISSN 1568－5292.（美国）

Religion. ISSN 0048－721X.（跨国）

Religions. ISSN 2077－1444.（瑞士）

Religious Studies in Japan. ISSN 2186－9952.（日本）

Religious Studies. ISSN 0034－4125/1469－901X.（跨国）

Review of Religion and Chinese Society. ISSN 2214－3955.（美国）

Review of Religious Research. ISSN 0034－673X/2211－4866.（美国）

Revue de l'histoire des religions. ISSN 0035－1423/2105－2573.（法国）

Sociology of Religion. ISSN 1069－4404.（美国）

Studies in Chinese Religions. ISSN 2372－9988/2372－9996.（中国）

Studies in Humanistic Buddhism. ISSN 2223－800X.（中国香港）

Sungkyun Journal of East Asian Studies. ISSN 1598－2661.（韩国）

T'oung Pao. ISSN 0082－5433.（荷兰）

The Indian International Journal of Buddhist Studies. ISSN 0972－4893.（印度）

The Journal of Asian Studies. ISSN 0021－9118/1752－0401.（美国）

The Journal of Japanese Philosophy. ISSN 2327－0209.（日本）

Transformierte Buddhismen. ISSN 1867－4240.（德国）

Tricycle：The Buddhist Review. ISSN 1055－484X.（美国）

Udaya：Journal of Khmer Studies. ISSN 1683－7274.（柬埔寨）

书评: 张德伟著 *Thriving in Crisis: Buddhism and Political Disruption in China*, *1522 – 1620*[*]

于君方

(美国哥伦比亚大学)

本书对我们理解"晚明佛教复兴"作出了重要贡献。作者的研究结合了严谨的数据分析和引人入胜的深度历史叙事,而他对丰富多样的原始文献颇具匠心的运用,则进一步强化了这两种方法。本书将成为研习明代佛教者必不可少的参考书。

张德伟对"晚明佛教复兴"定义如下:"一种席卷所有社会阶层的对于寺院佛教(Monastic Buddhism)热情强烈的、现象级的、大规模的复苏;这种热情以精神、智力和物质形式,同时投射于僧伽内外。"(第5页)他使用案例研究和计量分析,在时间、地域和社会三个维度上,追溯了寺庙修建与高僧活动的变化。在时间上,正如其副题所示,本书横跨百年,覆盖了嘉靖和万历两朝;在地域上,北京和江南是其关注重点;而社会则指各种政治-社会力量。作者的讨论没有局限于万历朝,而是从嘉靖年间开始研究,这种长视角让我们看到了佛教于嘉靖时期衰落、

---

[*] 本书评原发表于 H-Buddhism, H-Net Reviews. October, 2020. https://www. h-net. org/reviews/showrev. php? id=55481。由于国内获取不便,经作者授权译为中文,译者对文中个别引用依据原著作了校改。

万历年间复兴而达顶峰,至十七世纪末期再度衰落的演进轨迹。张德伟追问是什么使"晚明佛教复兴"成为可能,我们对其又应如何理解。他援引并赞同吴疆的看法:"(佛教)的兴-衰循环不能以佛教活动强度来衡量,而应以(佛教活动)是否越出或缩回社会为其所设置的边界来衡量。"[1]但是,他怀疑这种越界或回归自身就是需要解释的结果而不是决定佛教发展的原因,因此我们有必要探索社会为佛教所设界限与佛教兴衰之间的关系。

因此,张德伟认为有必要进行此前所缺乏的系统、有效的政治研究。本书书名中的"危机"(crisis)和"兴盛"(thriving)两词,揭示了政治所扮演的举足轻重的角色。"危机"指内廷和士大夫党争造成的政治危机,而吊诡的是,政治危机给佛教的兴盛带来了机会。

除引言和结论外,本书共八章。我先分章概述,然后突出其中一些关键论点以供讨论。第一章给出了"晚明佛教复兴"的背景。它强调明初所制定的佛教政策的影响,结构性地制约了佛教在社会中的角色;而嘉靖时期"大礼议"和万历时期"国本之争"所引发的混乱和党争,则让士大夫感到幻灭,转向王阳明(1472—1529)心学和佛教寻求安慰。宫廷政治和佛教命运的密切关系是本书贯穿始终的主题,张德伟简洁地将其概括为:"'晚明佛教复兴'在其复杂展开过程中,于方向和步调上都结构性地受制于政治。事实上,该复兴的关键转捩点无不对应重大政治事件,包括攘佛皇帝嘉靖的登基,持续数十年攘佛政策在嘉靖死后的翻转,慈圣皇太后作为成功的佛教利益协调者的及时进入政治竞技场,以及因党争而进一步恶化的慈圣与万历间的紧张关系。"(第232页)

随后六章分别考察了影响"晚明佛教复兴"的关键人物:第二章讨论嘉靖(1522—1566年在位),第三章讨论慈圣太后(1545—1614),第四章讨论宦官,第五章讨论士大夫,第六章关于憨山德清(1546—1623)、紫柏真可(1543—1604)和妙峰福登(1540—1612)三名高僧。

---

[1] Jiang Wu, *Enlightenment in Dispute: The Reinvention of Chan Buddhism in Seventeenth-Century China*. New York: Oxford University Press, 2008, p.280.

第七章转向五个寺院案例研究,包括两所北京寺院和三所江南寺院。它们的命运起伏与宫廷和地方社会间的合作和竞争密切关联,受外部力量操控而无法掌控自身命运,由此折射出僧伽独立性的丧失。第八章有八个表格,对其时高僧的时空位移模式与寺庙修建活动的变化进行了详细的计量分析。通过追溯这两个指标的变化,张德伟描绘出了该复兴曲折演进及最终受挫的清晰图景。

本书在几个方面提供了对"晚明佛教复兴"的新认知。它不仅考察了该复兴是如何发生的,也追问了它为何未能在万历时期以后持续。多数学者专注于慈圣和万历对佛教的资助、士大夫对佛教的兴趣以及高僧的活动,认为它们促进了此次复兴的发生,张德伟的解释则要复杂得多。

张德伟没有从慈圣和万历的资助(patronage)开始讨论,而是提出应首先考虑嘉靖如何对待佛教。他将嘉靖皇帝的统治均分为两个时段,各二十年左右。嘉靖在前二十年中尊道抑佛,其立场可由 1566 年关闭天宁寺戒坛为象征,但在此后二十年中他放松了限制,甚至约束一些过于热心的地方官员大规模地毁寺。张德伟由此指出,尽管佛教遭受长期压制,但它存活了下来,维持住了在万历年间合适时机时复兴的可能。

学者们在谈及"晚明佛教复兴"时通常将慈圣的贡献归功于万历皇帝,但本书第三章专门探讨慈圣,清楚地揭示出她才是佛教真正的首要施主,其子万历皇帝则有时跟她合作,有时跟她对抗。慈圣的成功得力于她编织一张关系网络,整合了宦官、宫廷妇女、士大夫、皇族和高僧等诸种势力。她通过捐资建寺、颁赐藏经和支持高僧等方式襄助佛教。张德伟将慈圣(万历年间)资助佛教的四十二年生涯,大约分为四个十年。第一个十年她的兴趣完全集中在北京-华北(North China),但在下个十年中其捐助范围开始向南延伸至中原和江南。[1] 张德伟以三

---

〔1〕 译注:原著对于"华北"即 North China 与江南这两个概念的空间范围有特别界定,见第 67—68 页。

个图表说明，在获得慈圣经济性支持的总共四十九座寺庙中，前二十年占比71%，此后则急剧下降，第三个十年中受到资助的寺庙数量与前十一年相比下降了71%，而这种情况只有在其生命的最后十年中才又有了温和反弹（第68页）。张德伟总结说，该曲线与1595年至1604年这十年中慈圣-万历母子关系的亲疏变化密切吻合。

慈圣围绕"国本问题"与万历的对抗恶化了二人关系，而这对母子间的冲突对佛教发展影响深远，对佛教中心从北方转移至南方也起了关键作用。"国本之争"指在选择皇储时他们在万历两个儿子间的不同决定：慈圣支持王贵妃的儿子朱常洛（1620年在位），而万历想立自己宠爱的郑贵妃之子朱常洵。这对母子的冲突，也牵扯了士大夫、宦官以及憨山德清和紫柏真可这样的高僧。1581年与慈圣同一立场的德清在五台山祈嗣，此后朱常洛诞生；1594年十一月至1595年二月间某个时候慈圣拜德清为师，甚至也要求万历礼敬德清画像。德清与慈圣的密切关系造成了他与万历皇帝的疏离，在1595年二月被捕入狱，最终被流放。真可也因为卷入与"国本之争"相关的宫廷阴谋和党争，最后死于狱中。宦官们曾和慈圣一起争当佛教的强力支持者，此时却因害怕激怒万历而大幅度减少了对佛教活动的参与。而士大夫却离开公职，回到江南，开始支持地方寺庙。佛教中心由此从北京转至江南，该转变将是长期性的。

张德伟提出了一个重要问题：为何该佛教复兴在万历以后未能原样继续？对此他指出至少有两个根本性原因：一是僧伽缺少独立性，寺院经济不够稳定；一是支持僧伽的个人和群体同样地既不稳定也不可靠。本书以南京大报恩寺僧人被迫卖掉部分寺院田产以偿还为其方丈举办葬礼所欠债务这一悲惨故事开篇，张德伟令人信服地指出，佛教兴衰与以寺田形式呈现的寺院经济密不可分。明代寺院田产大幅缩减所导致的寺院经济衰落影响了僧伽健康，而元代佛教寺院经济则很繁荣。例如，元代寺院田产总量高达300 000顷（4 941 000英亩），其中半数来自皇帝的赐赠。与此形成鲜明对照的是，明代皇帝在赏赐田土给

寺庙方面则难称慷慨，最大一笔颁赐给了北京大功德寺仅有 400 顷（6 588 英亩），而第二大给南京灵谷寺只有 250 顷（4 118 英亩）（第 25 页）。寺产削弱与其税赋地位有关。明代的寺田分两类，皇家赏赐者完全免征赋税，其余的虽需缴纳税赋，但它们被视为"公田"，与"民田"相比所缴赋税只占它们所收地租的一部分，所以剩余部分仍然可以用来维持僧人生计。但在嘉靖年间，这种制度安排被滥用了。正如一位士大夫所观察到的，"闾右之豪因以为利，若故业然，加赋减租"（第 128 页）即江南的一些地方大族蚕食甚或完全吞没寺庙田产。此外，施主选择何物捐施，则是造成寺庙田产不足的另一个原因。张德伟发现，流向苏州、杭州和南京这些江南核心地区和城市中僧伽的资源，多数不是添置地产而是用于如（重）修寺庙、修缮殿堂、铸钟和立碑等工程，难以提升寺庙的经济健康。与此相反的一个例子是北京潭柘寺：因为积聚了巨量田产，在数百年中该寺一直能够维持经济稳定。

张德伟对为何是次复兴在万历以后未能原样延续的第二个解释，是僧伽无法获得私人和群体的稳定支持。宦官和士大夫捐助佛教模式的变化证明了这一点。在北京及其周边地区，宦官在捐助佛教方面是仅次于慈圣和皇室的主要群体，但是这种地位也随着政治变化而变化。张德伟用一个表格表明宦官是嘉靖-万历年间资助建寺的最大群体："与皇族成员一起，他们支持了几乎四分之三的寺庙建造。作为对比，地方人士、僧人和士大夫支持了其余的四分之一。"（第 93 页）太监为何支持佛教？张德伟认为仅以宗教信仰并不能充分解释，佛教发挥多种功能以满足宦官生前、身后的个人利益，其实才是更强大的动力。在内廷宦官二十四衙门中，资深宦官（"本管"）和手下太监（"名下"）之间会形成一种类似父子的半宗族关系，而有这层关系的太监经常会组成"义会"。由资深太监组成的"义会"买地、建庙，安排僧人照管，然后围绕此庙四周成为太监墓地。但是这种支持并不稳定，因为一旦某个较有影响力的资深太监死亡或失势，经常就意味着围绕他所建立的"义会"的消失。在万历早期，宦官作为一种重要力量在北京为佛教创

造了一种最为有利的环境,宦官徐正光使真可引起了慈圣的注意。但是,在慈圣-万历母子的冲突因"国本问题"而益发升级以后,宦官们就远离佛教而转向了受万历恩宠的郑贵妃所支持的道教:在万历在位的后二十年中,宦官参与的佛教项目减少了 60%,而慈圣对佛教的捐助在此时段也同时剧减(第 118 页)。

　　士大夫是支持佛教并助其复兴的另一群体。考虑到此前研究倾向于聚焦两者间的"舒服关系",张德伟提醒我们需要关注士大夫和佛教之间的"黑历史"(dark history)。在嘉靖治下,失去了国家佑护而又被地方大族蚕食鲸吞寺产,江南僧伽濒临破产。张德伟以冯梦桢(1548—1608)和袁宏道(1568—1610)为例,研究了支持佛教的士大夫。他们在宗教生活中接受法师指引,以各种方式支持佛教,提升了佛教可见度。但是,作为服务国家的儒学官员和在家的佛教信徒,他们一直面临着双重身份的挑战,袁宏道恰如其分地将此困境描述为"骑两头马"(第 144 页)。袁宏道和冯梦桢都试图远离宫廷政治,然而他们对宗教修行的渴求最终都只能让步于为国服务的需求,重要原因是后者毕竟是其生计之所出。活跃于 1598—1602 年间的葡萄社,其命运之起伏是政治侵入宗教的另一例子。葡萄社由袁宏道及其兄袁宗道组建,成员多是北京有名望的士大夫。葡萄社的解散亦牵涉"国本之争":太子朱常洛全部九位讲官中有五位是该社主要成员,袁宗道即其中之一,该社由此成为支持太子的朝廷官员的聚会之所。与朱常洛的关联让该社招来猜忌,当德清和真可被迫害时,该社也被迫解散。与江南那些在与佛教来往中更少受宫廷政治牵连的地方精英相比,北京官员受到更多的限制,这是佛教中心从北京移至江南的原因之一。

　　佛教文献总是将佛教的繁荣归功于高僧活动,但对张德伟来说,与慈圣和本书的其他参与者相比,高僧对于"晚明佛教复兴"的作用未必更为重要。他挑选真可、德清和福登三位高僧作了案例研究。这三位高僧是同一圈子的亲密朋友,各发誓愿完成一项重大佛教工程:德清要重修南京大报恩寺,真可要完成《嘉兴藏》刊刻,而福登则要铸造三

座铜殿供奉于五台山、峨眉和宝华寺（原计划供奉于普陀山，慑于海盗威胁而改供于此）。与德清完全依赖慈圣、真可极为倚重士大夫不同，福登在山西地方社会建立了基地，使自己独立于慈圣和万历。福登铸造铜殿是一个极好例子：该工程的支持，同时来自内廷和地方社会的捐施。三人中唯有福登实现了誓愿，德清没能修复大报恩寺，而真可也没能看到《嘉兴藏》刊刻完成。同时福登也是唯一避免了不幸的人，他在后半生中致力于各种修寺建桥事业，被认为是中国历史上最杰出的建筑师之一。然而，他似乎在死后声名不彰，而德清和真可则被推崇为其时两"大高僧"（great master）。

在考察这三位僧人的生平时，张德伟也提出了一个有趣的问题："谁有权力、以何种标准来决定谁能成为高僧？"（第 157 页）张德伟认为，德清和真可名列"四大高僧"与受江南士大夫的推重不无关系。这些士大夫"倾向于褒奖政治积极参与（activism），鼓励对抗当朝皇帝。在与万历的斗争中，他们与慈圣和僧人日渐团结（solidarity），因此他们将德清和真可塑造为维护公共利益——不管为僧伽的或是为政治——的受害者，创造了英雄叙事来铭记他们的损失，提升他们的地位甚而至于吹捧。"（第 196 页）这种解释尽管很有吸引力，却有失细察。《高僧传》中一直有"兴福"部分，收载那些通过造福众生来积累功德的僧人——福登即为此类高僧——是佛教史学者而非带有政治动机的士大夫制定了此类标准。袾宏是另一个例子：他从未参与政治，跟宫廷更无瓜葛，终其僧人生涯都没有离开出生地杭州，然而他无疑是一位高僧。[1]

本书勾勒了"晚明佛教复兴"的发展轨迹。张德伟以中晚明时期佛教寺院的修建以及北京-华北、江南两地吸引高僧居留（retention）的情况，标识了其起伏过程。佛教中心之所以从北向南转移，有两个核心因素：施主和僧人。内廷精英是北京佛教的主要施主，而士大夫则在

[1] Chün-fang Yü, *The Renewal of Buddhism in China: Zhuhong and the Late Ming Synthesis*. 1981; Repr., New York: Columbia University Press, 2020.

江南发挥了类似作用。万历年间北京吸引了三分之一的高僧，而在1580—1590 年间这个数字甚至更高（第 233 页）。但是，大部分北京高僧并非当地人，北京也没能培养出本地高僧，北京-华北的佛教比江南对政治的变化更为敏感。与此相比，江南佛教在吸引地方精英参与方面做得更好，也因此而能在本地培养出大部分高僧。

张德伟清楚地表明："宫廷政治最终决定了'晚明佛教复兴'的方向和步调。……本书证明了政治是一个统摄全局（overarching）的关键变量，在政策的结构性层面，以及真实生活、环境依赖的互动（context-dependent interactions）层面，同时发挥了作用。"（第 244 页）的确，本书成功地证明了此点。因此，让人心生好奇的是，作者在两页后随即谈道："尽管在作为影响因素的政治和作为结果的复兴之间相关程度很高，我们也不能简单地建立起关联：政治和佛教复兴之间，拒绝简单的、化约的因果关系。尽管没有其时的政治危机该佛教复兴就可能永远不会发生，但危机自身并不能保证复兴的一定发生或者决定其复杂性。"（第 246 页）鉴于政治并不能完全解释此复兴，那么还需要什么来让这一图景更为完整呢？这是一个呼吁，祈请更多学者进入这个非常有意思的研究领域。张德伟的著作，于此当然是一个最为恰当的开始。

（赵凌云 译）

图书在版编目(CIP)数据

汉语佛学评论.第七辑／中山大学哲学系佛学研究中心,岭南佛教文化研究院主办. —上海:上海古籍出版社,2021.5
ISBN 978-7-5325-9976-9

Ⅰ.①汉… Ⅱ.①中… ②岭… Ⅲ.①佛教—研究—丛刊 Ⅳ.①B948-55

中国版本图书馆 CIP 数据核字(2021)第076942号

汉语佛学评论(第七辑)

中山大学哲学系佛学研究中心
岭南佛教文化研究院　　　主办
上海古籍出版社出版发行
(上海瑞金二路272号　邮政编码200020)
(1) 网址:www.guji.com.cn
(2) E-mail:guji1@guji.com.cn
(3) 易文网网址:www.ewen.co
常熟市文化印刷有限公司印刷
开本 635×965　1/16　印张 20.25　插页 2　字数 272,000
2021 年 5 月第 1 版　2021 年 5 月第 1 次印刷
ISBN 978-7-5325-9976-9
B·1211　定价:76.00元
如有质量问题,请与承印公司联系